Animate 2021

微|课|版

Animate

动画制作立体化教程

宗莲松 张露萍 ◎ 主编

高荣贵 ◎ 副主编

人民邮电出版社

北 京

图书在版编目（CIP）数据

　　Animate 动画制作立体化教程：Animate 2021：微课版 / 宗莲松，张露萍主编. -- 北京：人民邮电出版社，2025. --（新形态立体化精品系列教材）. -- ISBN 978-7-115-67513-2

　　Ⅰ. TP391.414

　　中国国家版本馆 CIP 数据核字第 2025VB8215 号

内 容 提 要

　　本书以 Animate 2021 为蓝本，系统地讲解 Animate 的各种功能和工具、使用 Animate 制作各类动画的方法及实战案例。本书采用项目任务式结构讲解知识点。其中，项目 1 主要讲解 Animate 动画的基础知识和 Animate 2021 的工作界面及基本操作；项目 2～项目 4 主要讲解 Animate 中的各种工具及功能；项目 5～项目 9 主要讲解不同类型动画的制作方法，以及制作完成后测试、优化、发布和导出动画的方法；项目 10 为综合性的商业设计案例，主要讲解运用相关软件操作和设计技巧完成商业设计的方法。

　　本书知识全面、讲解详尽、案例丰富；融入设计素养知识，落实"立德树人"根本任务；设置实用性和趣味性强的特色小栏目，同时配有视频讲解，有助于学生理解知识点，分析与制作设计案例；职教特色鲜明，将职业场景引入课堂教学，以理论联系实际，着重培养学生的实际应用能力和职业素养。

　　本书可作为高等职业院校动画设计相关课程的教材，也可作为社会各类培训学校相关课程的教材，还可供 Animate 初学者及准备从事动画设计工作的人学习和参考。

◆ 主　　编　宗莲松　张露萍

　　副 主 编　高荣贵

　　责任编辑　徐金鹏

　　责任印制　王　郁　焦志炜

◆ 人民邮电出版社出版发行　　　　北京市丰台区成寿寺路 11 号

　　邮编　100164　电子邮件　315@ptpress.com.cn

　　网址　https://www.ptpress.com.cn

　　三河市君旺印务有限公司印刷

◆ 开本：787×1092　1/16

　　印张：14.75　　　　　　　　　　2025 年 8 月第 1 版

　　字数：400 千字　　　　　　　　2025 年 8 月河北第 1 次印刷

定价：59.80 元

读者服务热线：(010)81055256　印装质量热线：(010)81055316

反盗版热线：(010)81055315

Animate是Adobe公司旗下一款广受欢迎的动画设计软件，适用于创建二维动画、交互式动画和网络动画，并在广告、互联网、教育等领域发挥着重要作用，深受动画设计师的青睐。根据现代教学的需要和市场对设计人才的要求，我们组织了一批优秀的、教学经验和实践经验丰富的老师组成作者团队，编写了这套"新形态立体化精品系列教材"。

这套"新形态立体化精品系列教材"进入学校已有多年时间。在这段时间里，我们很庆幸这套教材能够帮助教师授课，得到广大教师的认可；同时我们更加庆幸，很多教师给我们提出了宝贵的建议。为了与时俱进，让本书更好地服务于广大师生，我们全面学习党的二十大精神，深刻领悟"实施科教兴国战略，强化现代化建设人才支撑"的重大意义与重要内涵，并根据一线教师的建议优化编写思路。本书拥有"知识更全""案例更新""练习更多""资源更多""与行业结合更紧密"等优点，更能满足现代教学需求，更能培养德技双馨的高技能人才。

教学方法

本书将素质教育贯穿教学全过程，引领学生从党的二十大精神中汲取砥砺奋进力量，并学以致用，以理论联系实际，树立社会责任感，弘扬工匠精神，培养职业素养。本书采用多段式教学法，将职业场景、软件知识、行业知识进行有机整合，各个环节环环相扣，浑然一体。

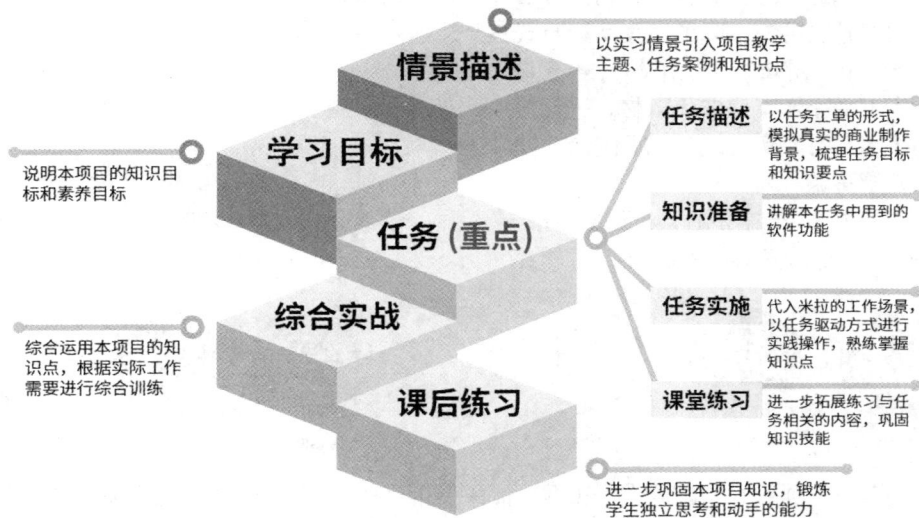

情景描述　以实习情景引入项目教学主题、任务案例和知识点

学习目标　说明本项目的知识目标和素养目标

任务描述　以任务工单的形式，模拟真实的商业制作背景，梳理任务目标和知识要点

知识准备　讲解本任务中用到的软件功能

任务(重点)

任务实施　代入米拉的工作场景，以任务驱动方式进行实践操作，熟练掌握知识点

综合实战　综合运用本项目的知识点，根据实际工作需要进行综合训练

课堂练习　进一步拓展练习与任务相关的内容，巩固知识技能

课后练习　进一步巩固本项目知识，锻炼学生独立思考和动手的能力

教材特色

本书旨在帮助学生循序渐进地掌握Animate动画设计的相关知识，并在完成案例的过程中融会贯通，具体特点如下。

（1）情景带入，生动有趣

本书以职场和实际工作中的任务为主线，通过主人公米拉的实习日常，以及公司资深设计师洪钧威（人称"老洪"）对米拉的工作指导，引出项目和任务案例，并将实际工作情形贯穿于知识点、案例操作的讲解中，有助于学生了解相关知识点在实际工作中的应用情况，做到"学思用贯通，知信行统一"。

（2）栏目新颖，实用性强

本书设有"知识补充""疑难解析""设计素养"3类小栏目，用以提升学生的软件操作技能，拓宽学生的知识面，同时注重培养学生的思考能力和专业素养。

（3）立德树人，素质提升

本书精心设计、因势利导，依据专业课程的特点，采取恰当方式以自然融入中华传统文化、科学精神和爱国情怀等元素，注重挖掘其中的素质教育要素，弘扬精益求精的专业精神、职业精神和工匠精神，培养学生的创新意识，将"为学""为人"结合起来。

（4）校企合作，双元开发

本书由学校教师和富有设计经验的企业设计师共同开发，参考了市场上各类真实设计项目案例，由常年深耕教学一线、有丰富教学经验的教师执笔，将项目实践与理论知识相结合，体现了"做中学，做中教"的职业教育理念，保证教材的职教特色。

（5）项目驱动，产教融合

本书精选企业真实案例，将实际工作过程真实再现到本书中，在教学过程中培养学生的项目开发能力。以项目驱动的方式展开知识介绍，提高学生学习和认知的热情。

（6）创新形式，配备微课

本书为新形态立体化教材，针对重点、难点，录制了微课视频，可以利用计算机或移动终端学习，实现线上线下混合式教学。

教学资源

本书提供丰富的配套资源和拓展资源，读者可以登录人邮教育社区（www.ryjiaoyu.com）获取相关资源。

| 素材文件和效果文件 | + | 微课视频 | + | PPT、大纲和教学教案 | + | 设计理论基础 | + | 题库软件 | + | 拓展案例资源 | + | 拓展设计技能 |

本书由宗莲松、张露萍担任主编，高荣贵担任副主编。虽然编者在编写本书的过程中倾注了大量心血，但恐百密之中仍有疏漏，敬请广大读者批评指正。

编　者

2025年4月

01

02

目录

04

05

目 录

06

项目6 制作引导动画和遮罩
动画……………………122

07

项目7 制作摄像头动画和骨骼
动画……………………143

目 录

项目1

走进Animate
动画设计

情景描述

　　米拉是一名动画设计专业的在校学生，为了毕业后能更好地适应社会，并深入了解当前动画行业对人才的要求，她进入一家动画公司实习，公司安排她在资深设计师洪钧威（人称"老洪"）的团队中承担设计助理的职责。

　　实习第一天，老洪向米拉介绍了公司的业务情况："我们公司专注于承接各类动画设计项目，与多个企业建立密切的合作关系。我的团队主要采用Animate制作动画，现在你先熟悉一下公司章程和团队以往的Animate动画作品，初步了解本团队的动画设计风格，稍后我会给你安排一些基础的设计任务，帮助你更快地适应工作。"

学习目标

知识目标
- 熟悉Animate动画的基础知识。
- 熟悉Animate的工作界面。
- 掌握Animate的基础操作。

素养目标
- 明确动画设计师的岗位职责，提升职业素养。
- 在动画作品中传递积极向上的价值观。
- 在工作和学习中善于归纳总结，树立求真务实、开拓进取的态度。

任务1.1　认识Animate动画

由于老洪的团队常使用Animate制作动画，为了在后续工作中能发挥该软件的优势以及突出该软件所制作动画的特点，米拉决定先查阅动画的概念与原理、分类等相关知识，再分析Animate动画的特点和应用领域、平台类型和文件格式，以及制作流程，挖掘Animate动画的精髓。

1. 动画的概念与原理

动画能直观地表达人们的情感，将现实中不可能看到的事件、人物等以动态变化的形式展现出来，激发人们的想象力和创造力，因此从诞生以来便受到人们的喜爱。然而要想制作出引人入胜的动画作品，需要先了解动画的概念和原理，深入理解动画的本质。

（1）动画的概念

动画（animation）一词源自拉丁文字根"anima"，意思为"灵魂"。因此，我们可以这样理解：动画是使用绘画的手法，使原本不具有生命的东西像获得了生命一般，它是一种创造生命运动的艺术。图1-1所示为上海美术电影制片厂制作的《小蝌蚪找妈妈》动画，采用水墨绘画的方式，展现青蛙跃入水中的过程，视觉效果生动，为青蛙赋予生命力。

图1-1　上海美术电影制片厂制作的《小蝌蚪找妈妈》动画

（2）动画的原理

视觉暂留是指光信号在视网膜上产生的视觉形象在光消失后，仍在人的视网膜上保留一段时间的现象，而动画与电影、电视作品都是基于人眼的视觉暂留原理产生的。

例如，在黑暗的房间里，让两盏相距2m的小灯以25～400ms的时间间隔交替点亮和熄灭，观察者看到的就是一盏小灯在两个位置之间"跳来跳去"的画面，而不是两盏灯分别点亮和熄灭的画面。这是视觉暂留原理造成的，当一盏灯点亮时，这个画面会在观察者的视网膜上停留十分短暂的时间，此时另一盏灯点亮，在视觉上就会将两盏灯混合为一盏，感觉像一盏灯移到了另一盏灯的位置。

因此在制作一组只有细小差别并具有连续性的画面时，往往第一个画面还没有从视网膜上消失，下一个画面就显现出来了，这种连续变化的画面便产生了动画效果。

2. 动画的分类

自1892年诞生以来，随着科技水平的提升和各类艺术形式的不断产生，动画的种类越来越多，通常将动画按照制作形式、传播途径或动画播放效果3种方式来分类。

（1）按制作形式分类

动画按制作形式可分为平面动画、中止动画和计算机合成动画。

- **平面动画**。平面动画早期在纸面上绘制，以纸面绘画为主，然后通过各种工艺制作成动画，是较为传统的动画类型，如图1-2所示。常见的平面动画又可分为单线平涂动画、水墨动画和剪纸动画。

- **中止动画**。中止动画是通过连续拍摄静态图像的方式制作的动画，静态图像中的物体多为实物，并不是单纯地在纸上作画所得，如图1-3所示。常见的中止动画有人偶动画、实物动画和真人合成动画。
- **计算机合成动画**。计算机合成动画即使用Animate、Animo等计算机软件合成的动画，如图1-4所示。

图1-2　平面动画 　　　　　　　　图1-3　中止动画 　　　　　　　　图1-4　计算机合成动画

（2）按传播途径分类

动画按传播途径可分为影院动画、电视动画和网络动画。

- **影院动画**。影院动画是指在影院上映的动画，分为短片与长片。影院动画具有一定的叙事性，其叙事结构与传统影视剧类似，具有明确的因果关系和完整的起承转合以推动剧情发展。
- **电视动画**。电视动画是指在电视机中播放的动画，常以集的形式呈现，每集长度约为20min。与影院动画相比，电视动画的播放时间较长，更新速度快，制作成本相对较低，但精细效果略逊于影院动画。
- **网络动画**。网络动画是指通过互联网传播的动画。网络动画比影院动画和电视动画的制作成本更低，并且互联网和新媒体技术的发展还赋予了网络动画更加丰富的表现形式。

（3）按动画播放效果分类

动画按动画播放效果可分为顺序动画和交互式动画。

- **顺序动画**。顺序动画是指依据某个顺序进行连续动作而形成的动画，这是一种常见的动画形式，市面上多数动画都依据帧顺序播放来呈现动画内容。
- **交互式动画**。交互式动画是指在动画播放时支持事件响应和交互功能的一种动画，如需要在动画中单击"下一页""上一页"按钮才能继续展示某些动画内容。交互式动画在播放时可以接受某种控制，该控制可以是动画播放者的某种操作，也可以是在制作动画时预先准备的操作。

3. Animate动画的特点和应用领域

随着科技水平的提高，在制作方面更省时省力的计算机合成动画逐渐成为主流，而Animate凭借其诸多特点在计算机合成动画制作中占有一席之地。另外，随着软件版本的不断升级，Animate的功能也越来越强大，制作出的动画更加生动活泼，表现手法更加丰富，视觉效果大幅度提高，应用领域也越来越广泛。

（1）Animate动画的特点

Animate动画之所以深受设计师喜爱，主要得益于以下6个特点。

- **高保真和传播方便：** Animate动画一般由矢量图制作，无论将其放大多少倍都不会失真，且动画文件较小，利于传播。因此无论是在计算机、平板电脑还是手机等设备上播放Animate动画，都可以获得非常好的画质与动画效果。

- **具有交互性：** 可以通过单击、选择、输入或按键等方式与Animate动画进行交互，从而控制动画的运行过程与结果，这一点是传统动画无法比拟的，也是很多游戏开发者甚至很多网站使用Animate制作动画的原因。

- **制作成本低：** 使用Animate制作动画能够大大地减少人力、物力资源的消耗，同时节省制作时间。

- **技术先进：** Animate动画采用先进的"流"式播放技术，可以边下载边观看，完全适应当前网络的需要。另外，在Animate的脚本中加入等待程序，可在下载完毕后再观看，提升观看体验、节约带宽资源（带宽资源是指计算机网络中可用的传输带宽，用于表示网络每秒传输数据量的能力），满足在网络环境下播放大型动画的需求。

- **适配性强：** Animate支持导入多种文件，除了图片外，还可以导入视频、声音等。可导入的文件格式包括JPG、PNG、GIF、AI、PSD、DXF等，其中，导入AI、PSD等格式的文件时，还可以保留其矢量元素及图层信息。

- **互通性强：** 通过Animate的导出功能，可以将动画导出为多种版本。例如导出为HTML网页格式，再将其放到互联网上，就可以通过网络观看Animate动画；导出为GIF动画格式，然后发到QQ群或微信群中，好友们可以轻松查看动画效果。

（2）Animate动画的应用领域

Animate动画作为一种强大的视觉媒介，具有丰富的表现手段，且应用场景也十分广泛。它不仅能够给人们带来娱乐享受，还能够在广告、互联网、影视、教育等领域中发挥重要的作用，并对各行各业产生积极的影响。

- **广告领域。** 动画形式的广告可通过生动、有趣的动画内容来吸引观众的注意力，并在有限的时间内传达广告的核心信息。相较于传统的广告，动画广告的创意表现力和叙事能力更强、色彩更加丰富。图1-5所示为某装修公司的动画广告，该广告以憨态可掬的熊猫拟人化形象为主角，展现常人面对装修时困扰和不知所措的情绪，以感同身受般的表达形式，拉近与观众的距离。

图1-5　某装修公司的动画广告

- **互联网领域。** 互联网领域比较重视观众的体验，因此常常会在网页中添加动画，通过动态效果和交互元素来提升观众体验并吸引其注意力，增加网页界面的动感和流畅感。常见的网页动画有页面过渡动画、鼠标指针悬停动画、网页滚动动画、网页背景动画、网页加载动画等。图1-6所示为某网页的加载动画，该动画以放射线条的不断变化为主要内容，暗示网页正在加载，并且鼠标指针也添加了悬停动画，观众可以通过鼠标指针与网页加载动画互动。

图1-6　某网页的加载动画

● **影视领域**。在影视作品中，可以通过动画将人物、场景或道具以逼真的效果呈现在观众面前，大大提升作品的表现力，创造出虚幻和超现实的场景和元素，加强影视作品的情感表达，提升审美层次和艺术价值，增强视觉效果，并在商业层面带来更多的利润和市场价值等。图1-7所示为某美食节目的片头动画，该动画采用动画的形式，生动形象地展示烹饪蘑菇菜品的过程，有效吸引观众的目光，并点明该节目的内容与美食、烹饪相关，让对这些内容感兴趣的观众期待接下来的节目内容。

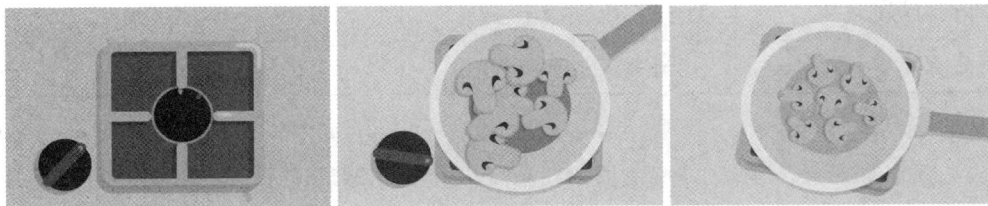

图1-7　某美食节目的片头动画

● **教育领域**。动画形式的教学课件是动画在教育领域的典型应用。通过动画能将枯燥的理论知识生动形象地展示给学生，既便于学生理解知识，又能激发学生的学习兴趣，提高教学效果。图1-8所示为某教学课件的动画，该动画以丰富多彩的画面，形象地讲述周长的相关知识。

图1-8　某教学课件的动画

● **电子商务领域**。将动画运用于电子商务领域，可通过生动的图像、流畅的动作和有趣的故事来展示产品或服务的特点、优势和使用场景，强调产品或服务的价值，以吸引消费者的关注，使其产生购买行为。图1-9所示为方太出品的《陪着你住进童话里》推广动画，该动画展现了兔子妈妈看到兔子宝宝因盘子脏了而闷闷不乐时，巧用方太洗碗机使其重获笑颜的故事情节，凸显了洗碗机的强大功能。

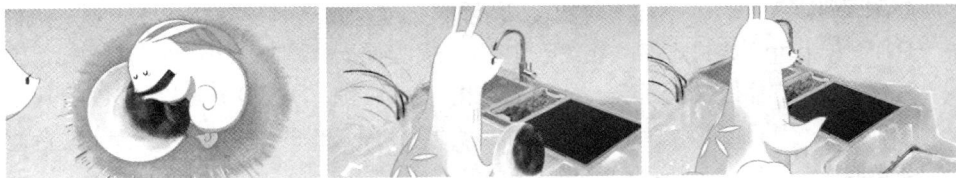

图1-9　方太出品的《陪着你住进童话里》推广动画

4．Animate动画的平台类型和文件格式

Animate 提供了多种不同的平台类型，以适应不同的播放环境。另外，设计师在新建动画文件时，若选择不同的平台类型，则发布动画后还会产生不同格式的动画文件。

（1）Animate动画的平台类型

Animate 动画的平台类型包括 HTML5 Canvas、ActionScript 3.0、AIR fcr Desktop、AIR for Android 和 AIR for iOS 5 种，各平台类型的适用环境和运行环境如表 1-1 所示。

表 1-1 Animate 动画平台类型的适用环境和运行环境

Animate 动画的平台类型	适用环境	运行环境
HTML5 Canvas	适用于制作网页中使用的动画	跨平台、支持HTML5的浏览器
ActionScript 3.0	常用类型，适用于大多数领域	跨平台、FlashPlayer
AIR for Desktop	适用于多媒体应用程序	Windows 操作系统
AIR for Android	适用于多媒体应用程序	Android 操作系统
AIR for iOS	适用于多媒体应用程序	iOS

由于AIR for Desktop、AIR for Android、AIR for iOS这3种平台类型的动画文件必须安装在对应的操作系统中，因此，本书主要讲解ActionScript 3.0和HTML5 Canvas平台类型的动画制作。

（2）Animate动画的文件格式

Animate动画保存后会产生FLA格式的文件；ActionScript 3.0平台类型的动画文件发布后，会产生SWF格式的文件；HTML5 Canvas平台类型的动画文件发布后，会产生HTML、JS或PNG格式的文件。

- **FLA（*.fla）格式。** FLA格式是Animate的源文件格式，可以保存文件中所有的元素、图形、动画、代码、音频和视频等资源。通过编辑FLA文件，可以修改、增加元素或删除已有元素，以调整动画效果。

- **SWF(*.swf)格式。** SWF格式是一种多媒体文件格式，也是Animate自身生成的文件格式，通常用于网络动画、游戏和应用程序的交互式动画。其主要特点包括小巧、可压缩、高度可定制性，可支持的设备、平台范围广泛。

- **HTML（*.html）格式。** 严格意义上来说，HTML是一种标记语言，它通过标签来标记要显示在网页中的内容。为此在制作网页动画时，Animate提供了发布HTML格式文件的功能，以便制作出的动画可以更加方便地在网页中使用。

- **JavaScript（*.js）。** 与HTML相似，JavaScript是一种用于网页开发的编程语言，它可以为网页添加交互式功能和动态效果。通过灵活运用JavaScript的语法和特性，可以实现从简单动画到复杂网页中应用的各种功能和效果。

- **PNG（*.png）格式。** PNG格式可以使用无损压缩方式（指没有任何偏差和失真，且压缩编码后的数字媒体信息能够完全恢复到压缩前的状态的压缩方式）压缩图像文件，从而保证图像的质量，并且可以为图像定义256个透明层次，使图像的边缘与背景平滑地融合，从而得到透明的、没有锯齿边缘的高质量图像效果。

5. Animate动画的制作流程

Animate动画的制作流程包括前期策划、搜集与编辑素材、制作动画、后期调试与优化、测试动画和发布动画6个阶段。

- **前期策划**。在制作动画前，应该明确制作动画的目的、所针对的目标群体、动画的风格、动画的色调等，然后根据客户的需求制订一套完整的设计方案，对动画中出现的人物、背景、音频及剧情等要素做具体的安排，以方便素材的搜集。
- **搜集与编辑素材**。根据前期策划有目的地搜集素材，若搜集不到所需的图形素材，还可采用绘制的方式自行制作。素材搜集完毕后可以先按制作需求使用软件编辑素材，以便后期制作。
- **制作动画**。这一阶段直接决定动画作品的成功与否，因此要注意动画的每个环节，随时预览动画、观察动画效果以便及时发现动画中的不足并调整。
- **后期调试与优化**。动画制作完毕后应全方位地调试与优化动画，使整个动画看起来更加流畅、紧凑，且按期望的效果进行播放。调试与优化主要针对动画对象的细节、分镜头和动画片段的衔接、音频与动画播放是否同步等方面，以保证动画作品的高质量。
- **测试动画**。动画制作完成并调试优化后，应测试动画的播放是否流畅和加载时长，因为计算机软硬件配置大都不相同，所以测试时应尽量在不同配置的计算机上进行，然后根据测试结果及时调整动画，使其在不同配置的计算机上均有很好的播放效果。
- **发布动画**。发布动画时，可以设置动画的格式、画面和音频品质。需要注意的是，应根据动画的用途、使用环境等因素进行设置，而不是一味地追求较高的画面质量、音频品质等。

任务1.2　认识Animate 2021的工作界面

米拉打开工位上的计算机，双击Animate 2021图标以启动Animate 2021，新建文件后进入工作界面，该工作界面主要由菜单栏、工具箱、场景、标题栏、"时间轴"面板和常用面板组成，如图1-10所示。

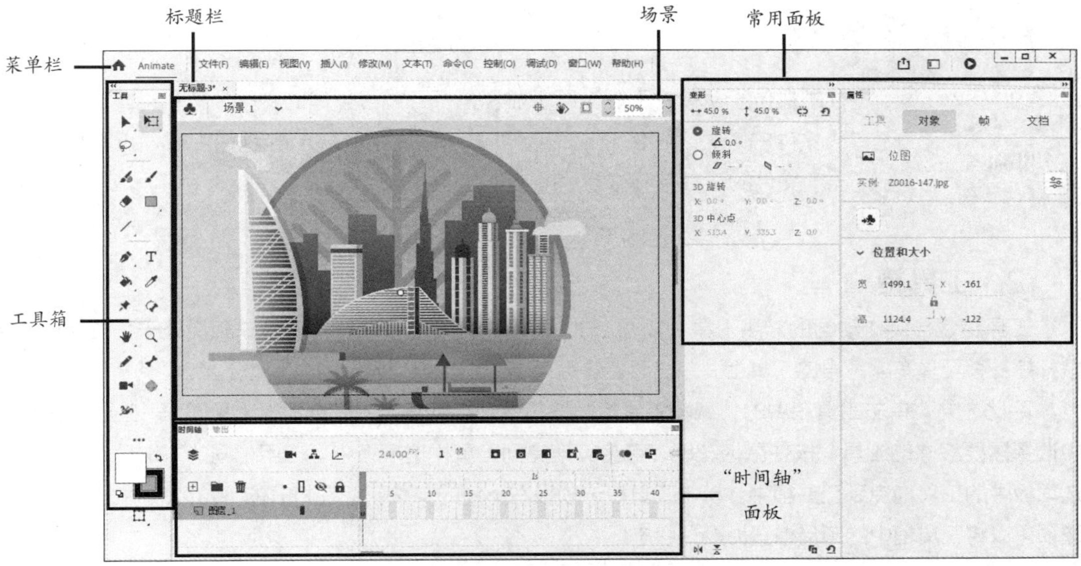

图1-10　Animate 2021的工作界面

1. 菜单栏

菜单栏由"文件""编辑""视图""插入""修改""文本""命令""控制""调试""窗口""帮助"11个菜单组成，每个菜单中都包含多个命令。若命令右侧标有▶符号，则表示该命令还有子菜单；若某些命令呈灰色显示，则表示该命令没有激活或当前不可用。各菜单的主要作用介绍如下。

- **"文件"菜单：** 包含常用的文件操作命令，如"新建""保存""导入""导出"等，使用该菜单可导入外部图形、图像、声音、动画文件。
- **"编辑"菜单：** 主要用于对舞台上的对象以及帧进行选择、复制、粘贴、撤销、重做、全选等操作。
- **"视图"菜单：** 主要用于设置环境和舞台属性，包含"放大""缩小""缩放比率""预览模式"等命令。
- **"插入"菜单：** 主要用于创建图层、元件、动画，以及插入帧。
- **"修改"菜单：** 主要用于修改动画中的对象，包括位图、元件、形状等，同时对对象进行合并、排列、对齐、组合等操作。
- **"文本"菜单：** 主要用于对文本的字体、大小、样式、对齐方式、字母间距、字体嵌入等进行设置。
- **"命令"菜单：** 主要用于保存、查找、运行命令。
- **"控制"菜单：** 主要用于控制和测试动画，包含"播放""后退""转到结尾""前进一帧""后退一帧""测试""测试影片""测试场景""清除发布缓存"等命令。
- **"调试"菜单：** 主要用于调试播放动画，包含"调试""调试影片""继续""结束调试会话""跳入""跳过""跳出""切换断点"等命令。
- **"窗口"菜单：** 主要用于控制各功能面板是否显示，以及面板的布局设置，包括对编辑栏、时间轴、工具、属性、库、画笔库、动画预设、VR视图、帧选择器等面板的控制。
- **"帮助"菜单：** 主要用于获取Animate的帮助信息，包含"Animate帮助""Animate社区论坛""提交错误/功能申请""在线教程"等命令。

标题栏

知识补充

标题栏位于菜单栏下方，用于显示已打开或已创建的文件名称和格式，其右侧还有该文件的"关闭"按钮×。另外，将鼠标指针移至标题栏上时，标题栏旁会显示当前文件的详细存储位置。

2. 工具箱

工具箱包含制作动画的常用工具，如图1-11所示，右下角有◢符号表示该工具处于工具组内，将鼠标指针移至具有◢符号的工具上，单击鼠标右键可展开工具组，显示组内其他工具。

除此之外，单击工具箱中的"编辑工具箱"按钮┅，可打开工具栏选项板（见图1-12）。在工具箱中选择需要移除的工具，按住鼠标左键，可将其拖曳到工具栏选项板中。使用相同的方法也可将工具栏选项板中的工具拖曳到工具箱中。单击工具栏选项板右上角的☰按钮，在打开的下拉列表中选择"重置"选项可以将工具箱中的工具重置为默认状态。

图1-11　工具箱

图1-12　工具栏选项板

3. 场景

场景是用于绘制和编辑图形、创作动画的主要区域，一个文件可以包含多个场景。选择【窗口】/【场景】命令，或按【Shift + F2】组合键打开"场景"面板，如图1-13所示，单击"场景"面板底部的"添加场景"按钮、"重制场景"按钮和"删除场景"按钮，可进行场景的添加、重制和删除操作。在不同场景中制作动画后，Animate将按照场景名称递增的顺序逐一播放场景中的内容。

图1-13　"场景"面板

另外，场景顶部为编辑栏，中央的矩形区域为舞台，舞台的四周为粘贴板，这3个部分分别具有不同的功能。

（1）编辑栏

编辑栏包含编辑场景和元件的常用按钮，如图1-14所示。

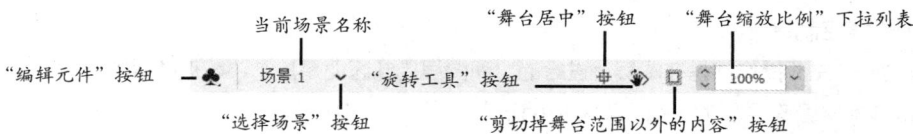

图1-14　场景的编辑栏

- **"编辑元件"按钮♣：**单击该按钮，将弹出当前文件中的所有元件列表，选择任意元件，可进入对应元件的编辑窗口。
- **当前场景名称 场景1 ：**用于显示当前所处场景的名称。
- **"选择场景"按钮 ～：**单击该按钮，在打开的下拉列表中显示当前文件中所有场景的名称，选择任意名称，可切换到对应场景。
- **"舞台居中"按钮⊕：**滚动鼠标滚轮，或拖曳场景中的滚动条调整舞台位置后，单击该按钮，可使舞台重新位于场景中心位置。
- **"旋转工具"按钮：**单击该按钮，激活旋转工具，此时，舞台中将显示十字形的旋转轴心点，按住鼠标左键并拖曳鼠标可旋转舞台。单击"舞台居中"按钮⊕可重置舞台的旋转角度。

- **"剪切掉舞台范围以外的内容"按钮 ▫：** 单击该按钮，可将舞台以外的内容裁剪掉。
- **"舞台缩放比例"下拉列表：单击该下拉列表右侧的 ⌄ 按钮，可在打开的下拉列表中选择舞台缩放比例。** 除了数字比例选项外，选择"符合窗口大小"选项可缩放窗口，以完全适应当前软件窗口的大小；选择"显示帧"选项可缩放窗口，以完全显示当前帧的内容；选择"显示全部"选项可缩放窗口，以完全显示当前帧的内容，如果当前帧无内容，则显示整个舞台。

（2）舞台和粘贴板

在场景中，舞台相当于实际表演中的舞台，舞台四周的黑色轮廓线是视图轮廓线，也是与粘贴板的分界线，如图1-15所示。舞台的大小便是动画文件的尺寸，只有在舞台中的内容才能在最终输出的动画文件中显示，如图1-16所示。

图1-15　舞台

图1-16　最终输出的动画文件

舞台四周的灰色区域为粘贴板，相当于舞台表演的后台，通常为动画元素进入和离开舞台的地方。例如，当需要制作一个气球出现和消失的动画时，可以先将气球放置在任意一侧的粘贴板中，然后让气球以动画形式出现在舞台中，再将气球放置到另一侧的粘贴板中，以动画的形式表现气球进入舞台到消失的过程。

4．"时间轴"面板

"时间轴"面板是创建动画和控制动画播放进程的重要区域，可分为左侧的图层控制区和右侧的时间线控制区。

（1）图层控制区

制作动画的主要操作都是在图层上进行的，而图层控制区便是控制和管理图层的区域，按照堆叠顺序显示当前文件中所有图层的名称、类型和状态等，如图1-17所示。

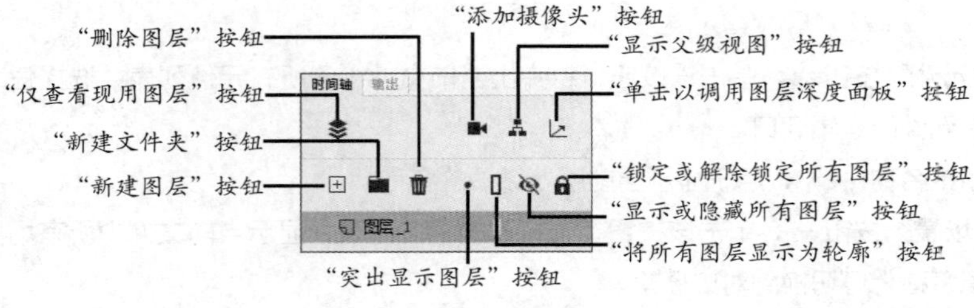

图1-17　图层控制区

- **"删除图层"按钮 🗑：** 用于删除当前选择的图层。另外，选择图层后，单击鼠标右键，在弹出的快捷菜单中选择"删除图层"命令，也可以删除图层。
- **"仅查看现用图层"按钮 ▥：** 选择图层后，单击该按钮，"时间轴"面板中将只显示该图层，但舞台中仍显示其他图层的对象。

- **"新建文件夹"按钮 ▣：**用于创建文件夹。单击该按钮，新文件夹会出现在所选图层或文件夹的上方。
- **"新建图层"按钮 ⊞：**用于创建新图层。此外，在任意图层上单击鼠标右键，在弹出的快捷菜单中选择"插入图层"命令也可新建图层。
- **"突出显示图层"按钮 •：**用于以醒目的方式显示图层，有助于在复杂的动画项目中快速识别和聚焦正在编辑的特定图层。
- **"将所有图层显示为轮廓"按钮 ▯：**用于使图层中的对象以轮廓线的形式显示。
- **"显示或隐藏所有图层"按钮 ◓：**用于显示或隐藏图层中的内容。
- **"锁定或解除锁定所有图层"按钮 🔒：**用于锁定或解锁图层。
- **"单击以调用图层深度面板"按钮 ∟：**用于打开"图层深度"面板。
- **"显示父级视图"按钮 ⛦：**用于显示父子层次结构。
- **"添加摄像头"按钮 ■◂：**用于创建摄像头图层。

（2）时间线控制区

时间线控制区用于选择和播放位于时间轴中的帧画面，由帧、播放头、帧标尺、时间标尺等部分组成，如图1-18所示。

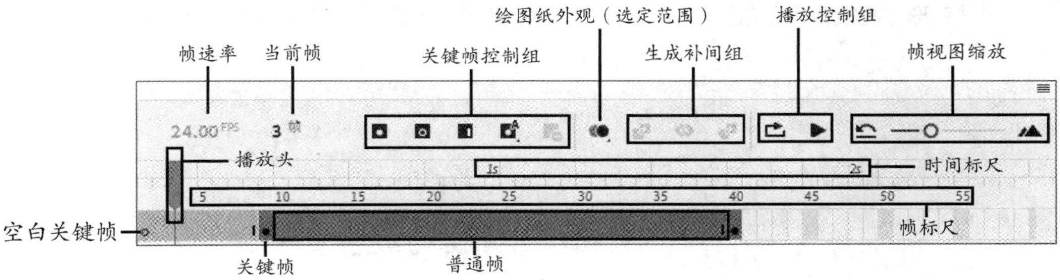

图1-18　时间线控制区

- **帧速率：**用于显示当前动画的帧速率。
- **当前帧：**用于显示当前画面所在帧的位置。
- **关键帧控制组：**用于插入不同类型的帧，从左到右依次为"插入关键帧"按钮 ▣、"插入空白关键帧"按钮 ▣、"插入帧"按钮 ▣、"自动插入关键帧"按钮 ▣ 和"删除帧"按钮 ▣。另外，在"自动插入关键帧"按钮 ▣ 上长按鼠标左键，或单击鼠标右键，可在打开的下拉列表中单击"自动插入空白关键帧"按钮 ▣ 以切换功能。
- **绘图纸外观（选定范围）：**用于将选定范围内的帧同时显示在舞台上。
- **生成补间组：**用于对选定的帧范围插入补间动画，从左到右依次为"插入传统补间"按钮 ▣、"插入补间动画"按钮 ↔、"插入形状补间"按钮 ▣。
- **播放控制组：**单击"循环"按钮 ↺ 可循环播放选定范围内的帧；单击"播放"按钮 ▶ 可播放所有帧。
- **帧视图缩放：**用于改变时间轴上帧与帧的显示比例。
- **播放头：**用于精确定位帧所在位置。
- **时间标尺：**用于显示当前帧所在位置的时间。
- **帧标尺：**用于显示帧的编号，帮助设计师快速定位帧。

- **关键帧：** 关键帧是决定动画内容的帧，也是可以改变动画内容的帧。在时间轴上，以实心圆点表示关键帧，前一个关键帧与后一个关键帧用黑色线段来划分。
- **空白关键帧：** 空白关键帧是指在舞台上没有内容的关键帧，若添加内容则会变为关键帧，常用于清除前一个关键帧留下的内容。在时间轴上，以空心圆点表示空白关键帧。
- **普通帧：** 普通帧是指能在舞台上显示对象，但不能编辑的帧，常用于延续两个关键帧之间的内容，是Animate利用推算算法自动生成的。在两个关键帧之间的普通帧数量越多，它们之间内容的过渡就越慢。在时间轴上，以灰色小方格表示普通帧。

5. 常用面板

常用面板有"帧选择器"面板、"输出"面板、"编译器错误"面板、"属性"面板、"变形"面板、"信息"面板和"历史记录"面板等，这些面板只需在"窗口"菜单中选择相应命令，即可显示在工作界面中。

- **"帧选择器"面板：** 用于直观地预览并选择图形元件的第1帧，以设置图形元件的循环选项。
- **"输出"面板：** 用于在测试动画效果时显示相应信息，帮助设计师排除文件中的故障。
- **"编译器错误"面板：** 用于显示Animate制作交互动画时，编译或执行ActionScript代码期间遇到的错误，并快速定位到错误的代码行。
- **"属性"面板：** 用于调整工具、对象、帧和当前文件的属性，并且根据调整对象划分为4个选项卡，如图1-19所示，4个选项卡的参数不固定，会根据当前选择内容的不同而变化。
- **"变形"面板：** 用于缩放、旋转和倾斜对象，主要参数如图1-20所示。

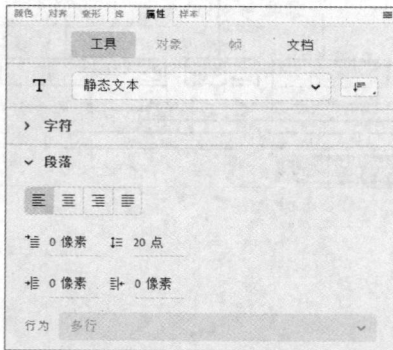

图1-19 "属性"面板

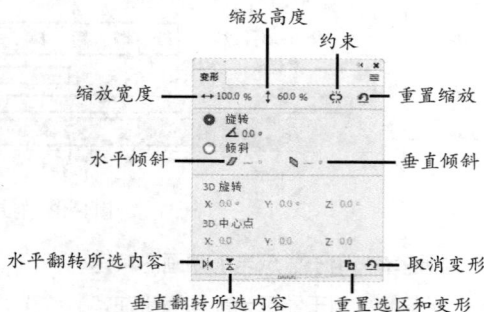

图1-20 "变形"面板

- **"信息"面板：** 用于显示当前选中对象的尺寸、坐标，当前鼠标指针的坐标、所在位置的颜色值，当前鼠标指针所处位置边线的宽度，如图1-21所示。
- **"历史记录"面板：** 用于显示自创建动画文件或打开某个动画文件以来，在该文件中执行的操作，如图1-22所示。

图1-21 "信息"面板

图1-22 "历史记录"面板

常用面板通常默认在工作界面右侧，并且自动与已显示的面板组合成一个面板组。同时显示所有常用面板会使工作界面凌乱不堪，为此设计师可以在"窗口"菜单中选择命令来关闭对应面板。单击面板组右上角的 » 按钮可以将面板折叠，单击 « 按钮可重新展开面板。

任务1.3　合成"雪花飘落"动画

米拉熟悉了 Animate 2021 的工作界面后，便收到了老洪发来的合成"雪花飘落"动画的任务。老洪告诉米拉，该动画所需的素材被放置在不同文件中，其他图形素材则需要米拉自行搜集和导入，并将所有素材统一添加到一个文件中，用于合成动画。这需要米拉熟练掌握 Animate 的基本操作。

【任务描述】

任务背景	某民宿需要设计以四季交替为主题的田园场景动画，用于在店铺中播放，以营造闲适的氛围感。米拉负责的是在秋冬过渡时期，某个乡间小屋外雪花纷飞的动画，需要让白色的雪花在棕色调的深秋场景中飞舞，营造出宁静感
任务目标	① 合成尺寸为1280像素×720像素，帧速率为24帧/秒，时长为3s，平台类型为ActionScript 3.0的动画文件
	② 调整动画文件的帧速率，将多个素材汇总到同一个文件中
	③ 调整图层堆叠顺序来布局动画中的元素，使画面简洁美观，动画效果流畅，整体观看体验较佳
知识要点	新建文件、打开文件、导入文件、复制与粘贴图层、调整图层堆叠顺序、辅助线、调整文件属性、保存文件

本任务的参考效果如图1-23所示。

图1-23　合成"雪花飘落"动画参考效果

素材位置： 素材\项目1\雪花.fla、场景素材.fla、篱笆.png、地面.png

效果位置： 效果\项目1\"雪花飘落"动画.fla

效果预览

【知识准备】

在合成"雪花飘落"动画前，老洪让米拉先熟悉 Animate 2021 的基本操作，之后再高效地展开制作。

1. 新建文件

在Animate中，新建文件的方式有两种，一种是新建无任何内容的空白动画文件，另一种是基于Animate提供的模板来新建文件，创建的文件将采用模板中的内容。

（1）新建空白动画文件

选择【文件】/【新建】命令，或按【Ctrl + N】组合键，打开"新建文档"对话框，如图1-24所示。先选择所需的文件类型和预设尺寸，然后在详细信息区域中设置除宽、高以外的参数，单击 创建 按钮可创建空白动画文件。若预设尺寸区域没有所需的文件尺寸，可在选择文件类型后，直接在详细信息区域中设置宽、高等参数，再单击 创建 按钮。详细信息区域各参数的作用如下。

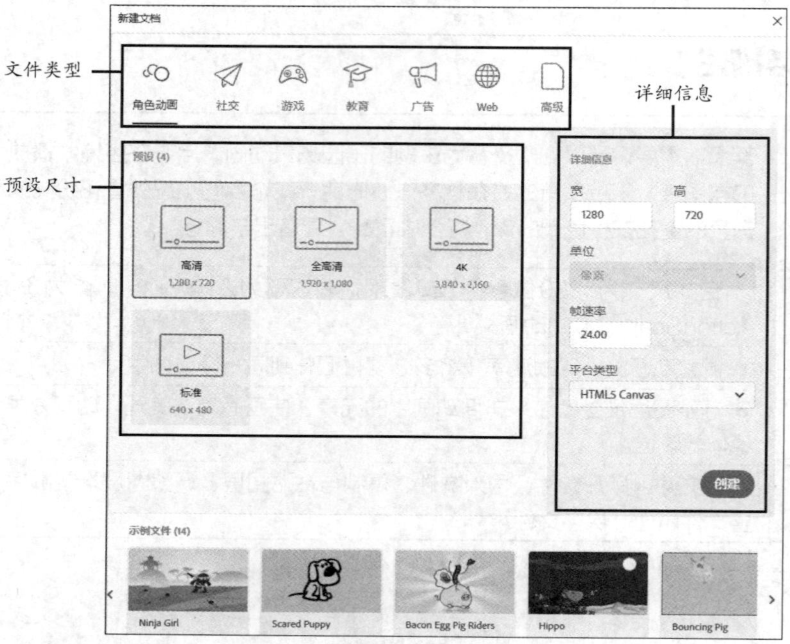

图1-24 "新建文档"对话框

- **宽/高：**用于设置文件的宽度和高度。
- **单位：**用于设置文件的尺寸单位。除高级文件类型外，其他文件类型默认单位皆为像素（像素指的是图像中最小的显示单元，像素的数量决定其清晰度）。在高级文件类型中，除了使用像素单位外，还会使用磅、厘米、毫米等常见的长度单位。
- **帧速率：**也称帧率刷新率，是指在视频、动画或游戏中每秒显示的图像帧数，用于衡量连续图像序列的流畅度，常用单位是"帧/秒"。在动画领域中，常用的帧速率为24帧/秒或25帧/秒，这两种帧速率足以创造出连贯的动画效果，同时可以节省制作时间和人力成本。
- **平台类型：**用于设置新文件的平台类型。"平台类型"下拉列表中的选项根据选择的文件类型而变动。

（2）新建模板文件

选择【文件】/【从模板新建】命令，或按【Ctrl + Shift + N】组合键，打开"从模板新建"对话框，选择模板类别、模板选项后，在右侧可预览效果，单击 确定 按钮可基于模板新建一个文件，舞台左下方会出现红色提示文字（不同模板的红色提示文字内容不同），红色提示文字主要展示该模板的一些使用说明，如图1-25所示。

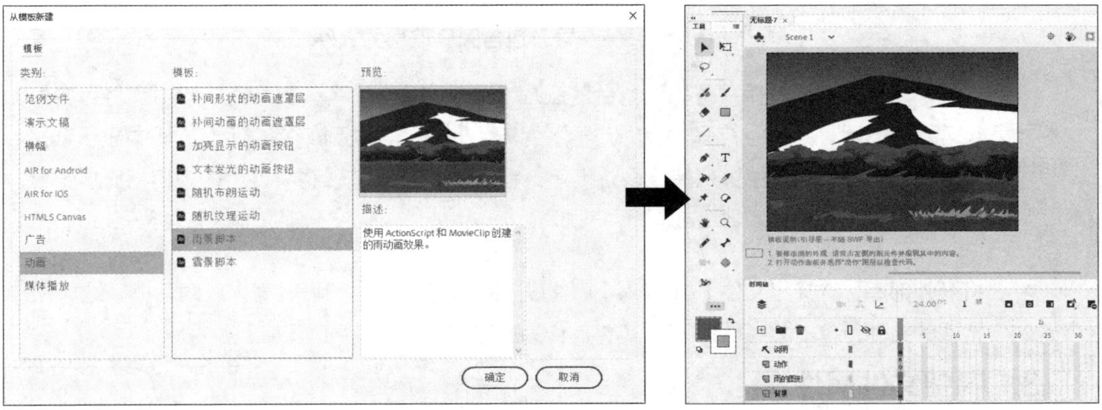

图1-25　新建模板文件

2. 打开和导入文件

如果需要查看或编辑文件，则需要将其打开；如果需要为新建或打开的文件添加一些外部素材，则需要将素材导入文件。

（1）打开文件

常用的打开文件的方法有以下两种。

- 选择【文件】/【打开】命令，或按【Ctrl + O】组合键，打开"打开"对话框，选择单个文件，单击 [打开(O)] 按钮，将打开该文件。在"打开"对话框中，按住【Ctrl】键，依次单击要打开的文件，单击 [打开(O)] 按钮，将逐个打开选择的多个文件。
- 选择【文件】/【打开最近的文件】命令，在右侧的列表中选择需要打开的文件，可以快速打开最近打开过的文件。

（2）导入文件

导入文件的常用方法有以下3种。

- **导入舞台**：选择【文件】/【导入】/【导入到舞台】命令，打开"导入"对话框，选择素材文件，单击 [打开(O)] 按钮，可直接将素材文件中的内容导入舞台显示。若导入的素材文件为位图，则该文件不仅会在舞台中显示，并且还会被保存到"库"面板中；若导入的素材文件为矢量图，则该文件不会被保存到"库"面板中，只会在舞台中显示。

如何区分位图和矢量图？

疑难解析　由于位图由多个像素（每个像素代表图像中一个离散、单一的色块）构成，将位图放大到一定程度后，可看到一个个小方块，并且当放大到一定比例时，图像会变模糊。常见的位图格式有PNG、JPEG、GIF和BMP。而矢量图是使用一系列计算机指令来描述和记录的图像，清晰度不受缩放影响，常见的矢量图格式有SVG、EPS和AI。

- **导入库**：选择【文件】/【导入】/【导入到库】命令，打开"导入"对话框，选择素材文件，单击 [打开(O)] 按钮，可将素材文件导入"库"面板，而不在舞台中显示。

● **打开外部库：** 选择【文件】/【导入】/【打开外部库】命令，打开"导入"对话框，选择FLA格式的文件，单击 打开(O) 按钮，可将其作为库打开并使用其中的元素。

3. 调整文件属性

当文件的舞台尺寸（即文件尺寸）、舞台颜色和帧速率不符合需求时，除了可以重新创建相应设置的文件外，还可以直接在"属性"面板"文档"选项卡的"文档设置"栏中进行调整，如图1-26所示。

图1-26 "文档设置"栏

（1）调整舞台大小

修改"宽""高"数值可调整舞台的宽度和高度。单击 🔒 按钮，将宽度和高度锁定，可以使宽度和高度等比例变化。勾选"缩放内容"复选框，可使舞台中的内容跟随舞台一同进行缩放。单击 更多设置 按钮，或选择【修改】/【文档】命令，可打开"文档设置"对话框，如图1-27所示，在该对话框中可更细致地调整文件，其中各参数的作用如下。

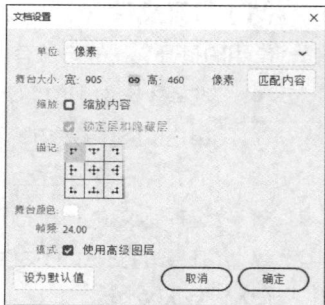

图1-27 "文档设置"对话框

● **单位：** 用于设置舞台大小的度量单位，包括"英寸""英寸（十进制）""点""厘米""毫米""像素"选项。其中"点"是指印刷上的一个标准点，等于1/72in，约0.3527mm。

● **舞台大小：** 用于设置舞台的宽度和高度。 🔗 按钮与 🔒 按钮的作用一致。单击 匹配内容 按钮，则自动将舞台调整为刚好容纳舞台中已有对象的大小。

● **缩放内容：** 勾选该复选框，舞台中的对象将随着舞台大小的变化而变化，并且"锁定层和隐藏层"复选框将被激活，而"锚记"被禁用。

● **锁定层和隐藏层：** 勾选该复选框，锁定层和隐藏层中的对象将随着舞台大小的变化而变化。

● **锚记：** 用于设置舞台大小发生变化时，舞台扩展或收缩的方向。在图1-28中，左图为舞台大小为1280像素×720像素的效果，右图为修改舞台大小为600像素×400像素后的效果。

图1-28 调整舞台大小

- **舞台颜色：** 用于设置舞台的颜色。
- **帧频：** 用于设置动画的放映速度，即帧速率。
- **使用高级图层：** 勾选该复选框，所有图层中的对象都会被发布为元件，并且当前文件将开启高级图层功能，以支持使用图层效果和图层深度、建立图层父子关系，以及创建摄像头动画。
- 设为默认值 **按钮：** 单击该按钮，当前在"文档设置"对话框中设置的舞台颜色将作为默认选项被保存，此后新建文件，舞台将沿用该设置。

（2）调整舞台颜色

调整舞台颜色时，可使用 Animate 预设的颜色，也可使用自定义颜色。

- **使用预设的颜色：** 在"文档设置"栏中单击舞台右侧的色块，在弹出的色板中可选择预设的颜色作为舞台颜色，并且色板左上角会显示对应的颜色值，如图 1-29 所示。
- **使用自定义颜色：** 弹出色板后，单击色板右上角的 ⚪ 按钮，打开"颜色选择器"对话框，如图 1-30 所示，在该对话框中拖曳颜色滑块，可改变颜色框中的颜色范围，在颜色框中单击，可选取需要的颜色，颜色值将显示在对话框右下方的"#"文本框中；也可以直接在"#"文本框中输入颜色值，颜色框中将自动选中相应的颜色，单击 确定 按钮，设置的颜色生效。

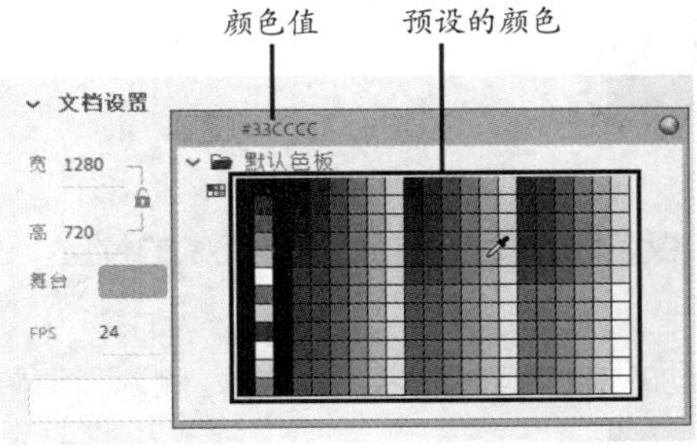

图1-29 色板

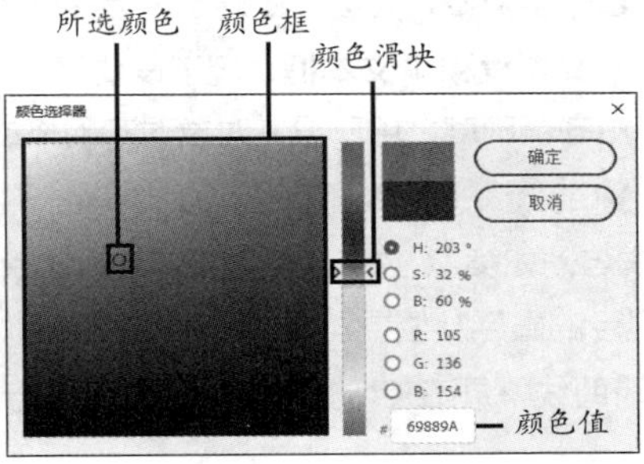

图1-30 "颜色选择器"对话框

在 Animate 中，舞台颜色默认为白色，粘贴板通常为浅灰色，在"文档设置"栏中勾选"应用于粘贴板"复选框，可使粘贴板的颜色与舞台相同。

（3）调整帧速率

在"文档设置"栏的"FPS"数值框中修改数值可以调整帧速率。由于帧速率决定了每秒播放图像的数量，因此调整帧速率会导致当前文件的持续时间发生变化，从而影响动画效果。若勾选"缩放间距"复选框，可按照更改比例（设置的"FPS"数值/当前帧数）来缩放帧，以免动画效果受到影响。

4. 使用辅助工具

当需要精准定位对象时，可以使用标尺、辅助线和网格这3种辅助工具，如图 1-31 所示。使用的标尺、网格和辅助线都不会出现在最终的动画效果中。

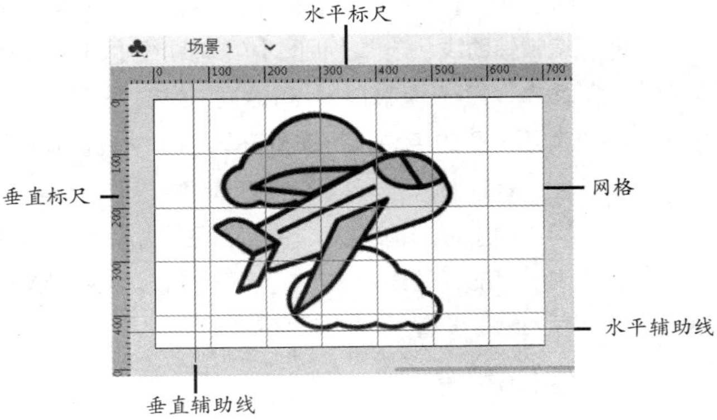

（1）标尺

默认情况下，标尺处于隐藏状态，启用标尺后，标尺会显示在场景的左侧和上方，以测量场景中指定对象的高度和宽度。

图1-31 使用辅助工具定位对象

启用标尺的具体方法：选择【视图】/【标尺】命令，或按【Ctrl + Alt + Shift + R】组合键。再次选择该命令，或按【Ctrl + Alt + Shift + R】组合键，将隐藏标尺。

（2）网格

网格是指舞台上横竖交错的网状图案，在制作动画时，网格能帮助设计师定位对象位置。启用网格的具体方法：选择【视图】/【网格】/【显示网格】命令，或按【Ctrl + '】组合键，此时网格默认显示在所有对象的下面，颜色为浅灰色，网格单元的大小为10像素×10像素。

若需要调整网格，可选择【视图】/【网格】/【编辑网格】命令，打开"网格"对话框，如图1-32所示，在其中自行设置后，单击 确定 按钮。"网格"对话框中各参数的作用如下。

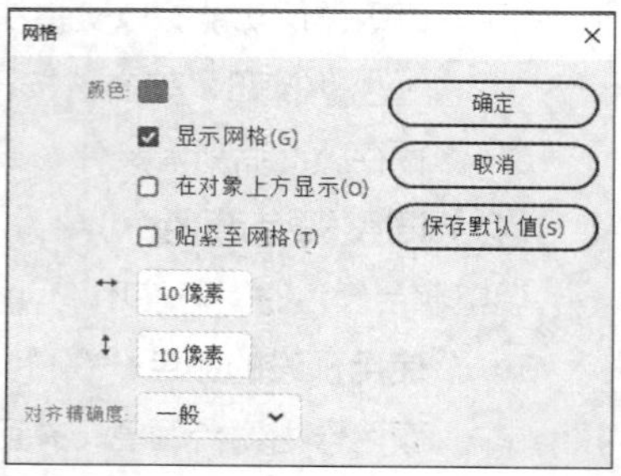

图1-32 "网格"对话框

- **颜色：** 用于设置网格的颜色。
- **显示网格：** 取消勾选该复选框，可将已启用的网格隐藏。
- **在对象上方显示：** 勾选该复选框，可在对象上方显示网格。
- **紧贴至网格：** 勾选该复选框，当移动舞台中的对象时，对象会被吸附到邻近的网格处。
- **↔文本框和↕文本框：** 用于设置网格单元的大小。
- **对齐精确度：** 用于设置对象对齐网格的精确度。

（3）辅助线

辅助线与网格类似，是一种横竖交错的线条，不仅可以在舞台中辅助定位元素的位置，还可以根据需要设置显示的数量及位置。

添加辅助线需要在启动标尺的情况下进行，添加完毕后可以移动、锁定、删除、清除和编辑辅助线。

- **添加辅助线：** 将鼠标指针移至标尺上，按住鼠标左键并向舞台方向拖曳，释放鼠标后，可在鼠标指针处添加一条辅助线。
- **移动辅助线：** 选择选择工具▶，将鼠标指针移至辅助线上，当鼠标指针变为▶形态时拖曳辅助线，此时辅助线在目标位置变为黑色，释放鼠标后辅助线位置改变。
- **锁定辅助线：** 选择【视图】/【辅助线】/【锁定辅助线】命令，可锁定已创建的辅助线，防止操作时改变辅助线的位置。
- **删除和清除辅助线：** 当不再需要某条辅助线时，可将辅助线拖曳至场景外将其删除。选择【视图】/【辅助线】/【清除辅助线】命令，可清除已创建的所有辅助线。
- **编辑辅助线：** 选择【视图】/【辅助线】/【编辑辅助线】命令，打开"辅助线"对话框，如图1-33所示。单击颜色右侧的色块，可在打开的色板中设置辅助线的颜色，默认为青色；勾选"锁定辅助线"复选框，可锁定场景中所有的辅助线；单击 全部清除(A) 按钮，可清除场景中所有的辅助线；单击 保存默认值(S) 按钮，可将当前设置保存为默认设置。

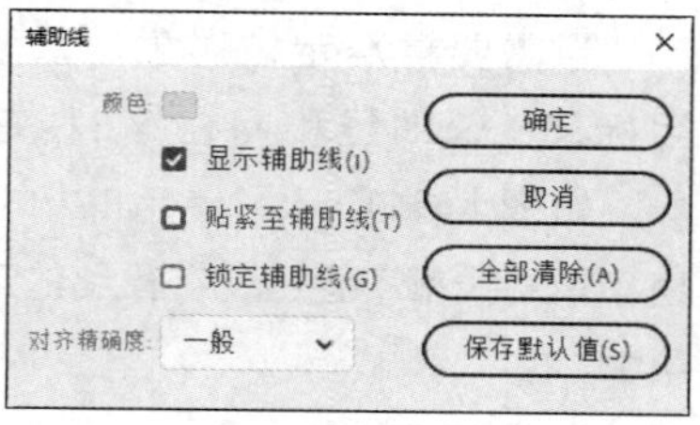

图1-33 "辅助线"对话框

5. 使用图层

制作一个动画往往需要用到很多图层，跨文件移动动画效果时，也需要用到图层。因此，图层是制作各类动画效果的基础。设计师不但需要熟练掌握图层的基本操作，还要掌握修改图层属性的方法，以便制作出符合实际需求的动画效果。

（1）图层的基本操作

图层的基本操作包括选择、重命名、复制图层等。

- **选择图层：** 在"时间轴"面板中单击图层名称可直接选择该图层，此时该图层呈蓝底，表示该图层当前处于选中状态。按住【Shift】键，单击任意两个图层，可选择两个图层之间的所有图层。按住【Ctrl】键并单击任意图层，可选择多个不相邻的图层。
- **重命名图层：** 双击图层名称，当图层名称出现蓝色背景时，可以输入新名称。
- **复制图层：** 选择【编辑】/【时间轴】/【直接复制图层】命令，或在需要复制的图层上单击鼠标右键，在弹出的快捷菜单中选择"复制图层"命令。
- **剪切与粘贴图层：** 选择图层，单击鼠标右键，在弹出的快捷菜单中选择"剪切图层"命令，然后在需要粘贴图层的位置单击鼠标右键，在弹出的快捷菜单中选择"粘贴图层"命令，可将剪切的图层粘贴到选定图层上方。该方法可跨文件使用，并可将文件A图层中所有的元素、帧、动画效果粘贴到文件B中。
- **调整图层的堆叠顺序：** 选择并拖曳图层，拖曳时"时间轴"面板中会出现一条黑色横线，在目标位置释放鼠标，可调整图层的堆叠顺序。
- **将图层放入文件夹：** 选择需要移动到文件夹中的图层，将其拖曳到文件夹图标上，释放鼠标，可将图层放入文件夹。
- **展开或折叠文件夹：** 单击文件夹名称左侧的▶按钮或◀按钮，可展开或折叠该文件夹。
- **将图层移出文件夹：** 展开图层所在的文件夹，选择需要移出的图层，将其拖曳到文件夹外，可将图层移出文件夹。

（2）修改图层的属性

选择图层，单击鼠标右键，在弹出的快捷菜单中选择"属性"命令，打开"图层属性"对话框，如图1-34所示，在其中设置参数后，单击 确定 按钮。其中各参数的作用介绍如下。

- **名称：** 用于设置当前图层的名称。
- **锁定：** 勾选该复选框，可锁定当前图层。
- **连接至摄像头：** 勾选该复选框，则当前图层将与文件中的摄像头图层连接，从而影响当前图层中对象的显示效果。
- **可见性：** 用于设置当前图层中的对象在舞台上是否可见。选中任一单选项，将会以与名称对应的透明度显示。
- **类型：** 用于设置当前图层的类型，选中任一单选项，当前图层将转化为与名称对应的类型。其中，"一般"单选项是指普通图层，"引导层"单选项是指普通引导层。
- **轮廓颜色：** 单击右侧的色块选择颜色，勾选"将图层视为轮廓"复选框，可以使用选择的颜色描绘当前图层中的内容，并以轮廓的方式显示，如图1-35所示。
- **图层高度：** 用于设置当前图层的高度，如图1-36所示。

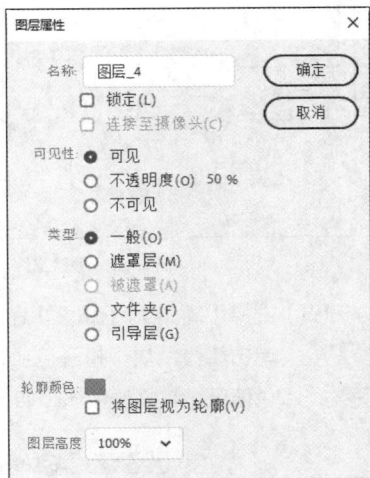

图1-34 "图层属性"对话框

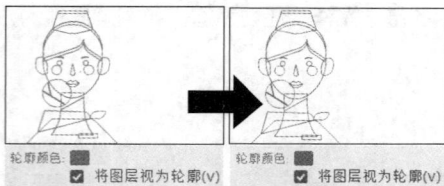

图1-35 调整轮廓颜色

图1-36 调整图层高度

【任务实施】

1. 新建文件并调整舞台颜色

米拉准备先创建符合设计要求的文件，再将场景文件中的图像素材添加到新文件，接着调整新文件的舞台颜色，以构成棕色调的场景画面，具体操作如下。

（1）启动Animate进入主页界面，单击 新建 按钮，打开"新建文档"对话框，单击"角色动画"，在"预设"中选择"高清"选项，在右侧"详细信息"栏中设置帧速率为"24.00"、平台类型为"ActionScript 3.0"，单击 创建 按钮，如图1-37所示。

（2）选择【文件】/【打开】命令，打开"打开"对话框，选择"场景素材.fla"动画文件，单击 打开(O) 按钮，如图1-38所示。

微课视频

新建文件并调整舞台颜色

图1-37 新建文件

图1-38 打开"场景素材.fla"文件

（3）选择【窗口】/【属性】命令，打开"属性"面板，打开"文档"选项卡，在"文档设置"栏中单击舞台色块，打开色板，复制颜色值，切换到新建的文件，使用同样的方法打开色板并在颜色值区域粘贴颜色值，如图1-39所示，调整舞台颜色的前后对比效果如图1-40所示。

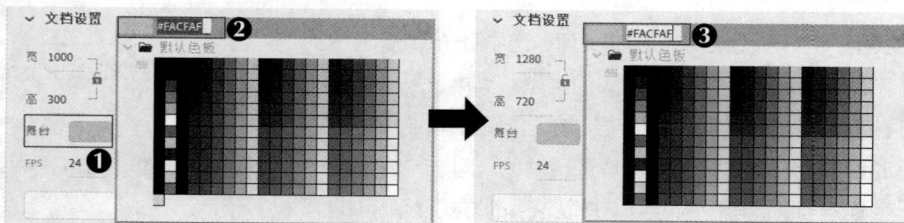

图1-39 复制与粘贴舞台颜色值

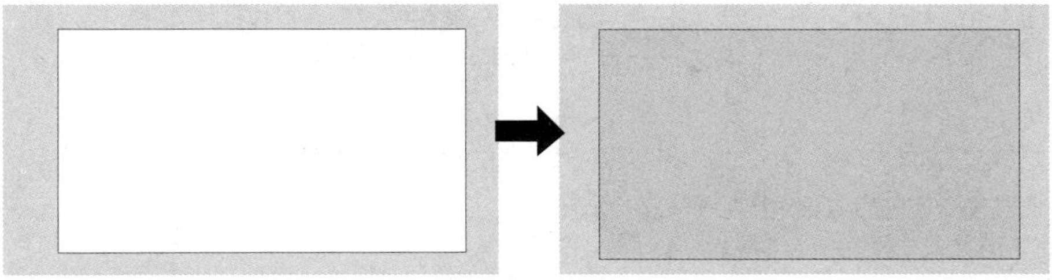

图1-40 调整舞台颜色的前后对比效果

2. 复制、粘贴图层并导入素材

调整完新文件的舞台颜色后，米拉准备通过复制与粘贴图层的方式，将场景文件中的图像素材添加到新文件中，再导入自行搜集的图像素材，为后续布局画面做铺垫，具体操作如下。

微课视频

复制、粘贴图层并导入素材

（1）切换到"场景素材.fla"动画文件，按住【Shift】键单击第一个和最后一个图层，以选择所有图层，然后单击鼠标右键，在弹出的快捷菜单中选择"拷贝图层"命令。

（2）切换到新建文件，选择"图层_1"，单击鼠标右键，在弹出的快捷菜单中选择"粘贴图层"命令，结果如图1-41所示，舞台效果如图1-42所示。

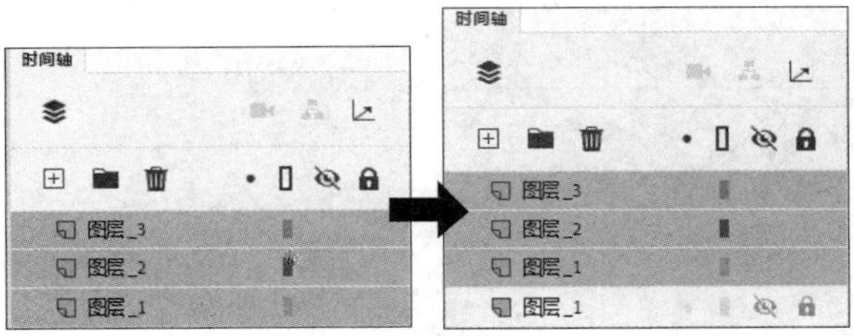

图1-41 复制与粘贴图层

图1-42 复制与粘贴图层后的效果

（3）选择最下方的"图层_1"，选择【文件】/【导入】/【导入到舞台】命令，打开"导入"对话框，按住【Ctrl】键并单击"地面.png""篱笆.png"文件，单击 打开(O) 按钮，将素材导入舞台，如图1-43所示。

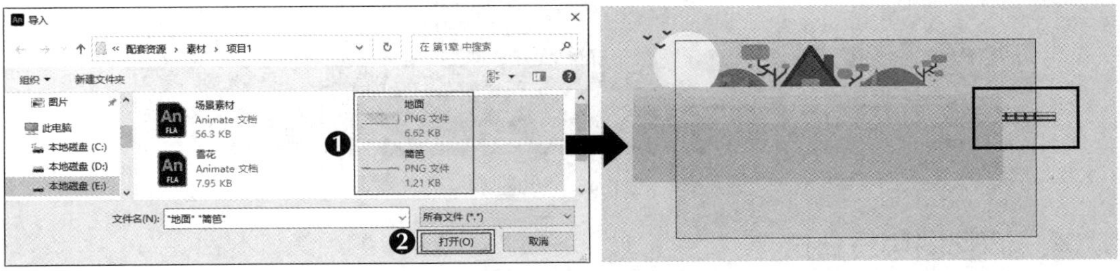

图1-43 导入素材到舞台

（4）将鼠标指针移至最下方的"图层_1"的第74帧处并单击，按【F5】键以插入普通帧，将导入素材的持续时间与其他素材的持续时间调整一致。

微课视频

调整帧速率并剪切图层

3. 调整帧速率并剪切图层

米拉打算采用剪切图层的方式，将雪花动画素材文件中的元素添加到新文件中。

但是该动画文件的帧速率与客户的要求不符，因此需要先调整帧速率，具体操作如下。

（1）选择【文件】/【打开】命令，打开"打开"对话框，选择"雪花.fla"文件，单击 打开(O) 按钮。

（2）打开"属性"面板，在"文档设置"栏中先勾选"缩放间距"复选框，再设置FPS为"24"，调整帧速率前后效果对比如图1-44所示。

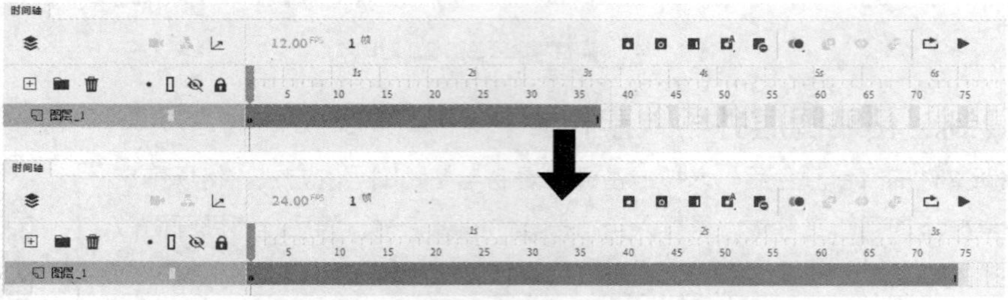

图1-44　调整帧速率前后效果对比

（3）选择"图层_1"，单击鼠标右键，在弹出的快捷菜单中选择"剪切图层"命令，然后切换到新文件，选择"图层_3"，单击鼠标右键，在弹出的快捷菜单中选择"粘贴图层"命令，如图1-45所示。

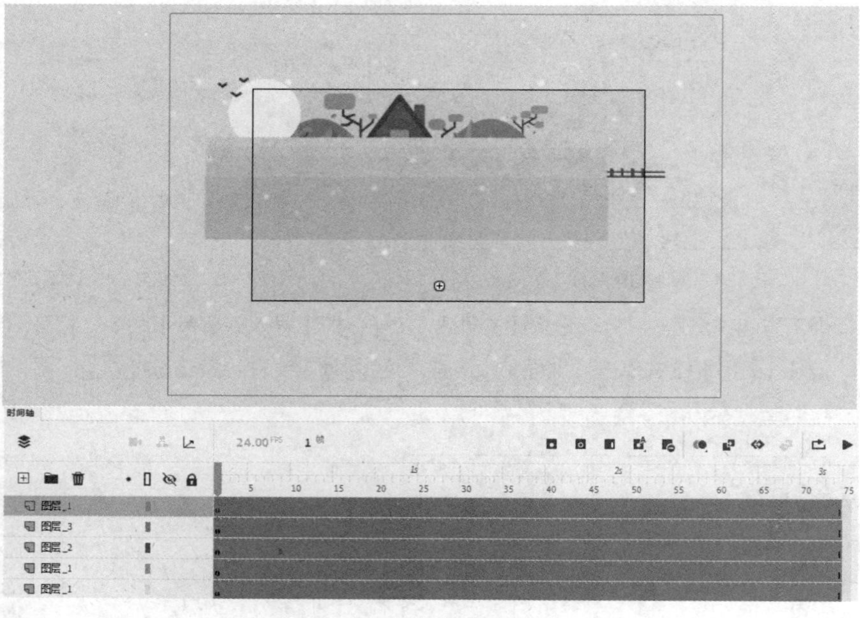

图1-45　剪切图层

4. 调整图层堆叠顺序

合成动画的所需素材都已添加完毕，但还需要调整素材的堆叠顺序来调整画面的显示效果，具体操作如下。

（1）选择"图层_3"，按住鼠标左键并向下拖曳，图层上方出现 ⊶图标，拖曳到底层时释放鼠标，如图1-46所示。此时"图层_3"中的图像自动被选中，使用选择工具 ▶ 调整图像位置。

微课视频

调整图层
堆叠顺序

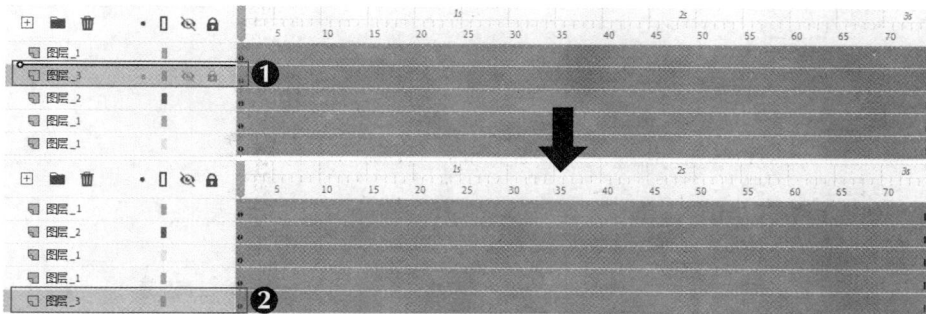

图1-46 调整"图层_3"的堆叠顺序

（2）选择"图层_3"上方的"图层_1"，按照与步骤（1）相同的方法，将其上移到"图层_2"的下方，并调整图像位置。

（3）选择"图层_2"，按照与步骤（1）相同的方法，将其下移到"图层_3"的上方，并调整图像位置，如图1-47所示。

图1-47 调整"图层_2"的堆叠顺序

（4）选择"图层_2"上方的"图层_1"，使用选择工具▶调整图像位置，单击场景编辑栏中的"剪切掉舞台范围以外的内容"按钮▢。

5. 保存与关闭文件

"雪花飘落"动画已经合成完毕，米拉需要将其保存为同名的文件，并关闭文件，以便将文件发送给老洪查看，具体操作如下。

（1）按【Enter】键播放动画以预览合成效果，如图1-48所示。

微课视频

保存与关闭文件

图1-48 合成动画效果

（2）选择【文件】/【保存】命令，打开"另存为"对话框，选择保存位置，设置文件名为"雪花飘落"，单击 保存(S) 按钮，如图1-49所示。

（3）选择【文件】/【全部关闭】命令，Animate将逐一关闭所有文件并回到主页界面。主页界面右侧保留"雪花飘落"动画效果文件的信息，如图1-50所示。后续直接单击文件名称，在未修改该文件存储位置或名称的前提下，可以将其打开。

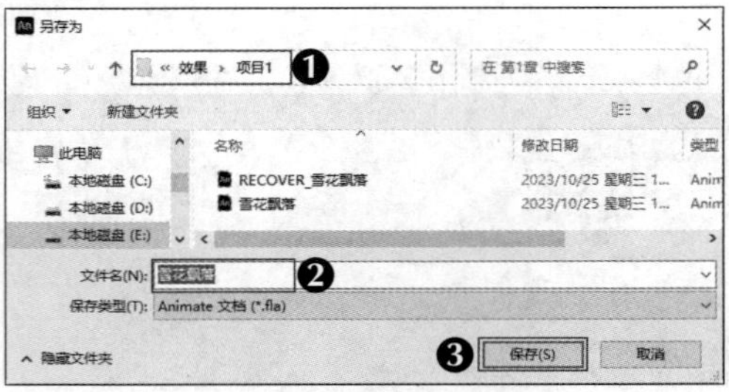

图1-49 保存文件

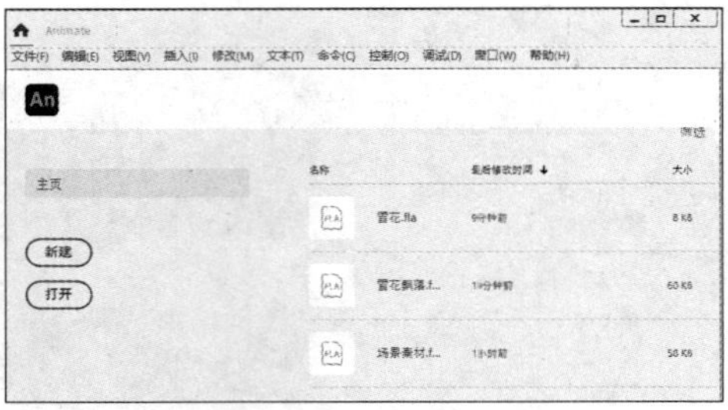

图1-50 主页界面

合成"大象行走"动画

课堂练习

某益智动画需要制作一段"大象行走"动画，要求动画文件大小为1280像素×720像素，帧速率为24帧/秒，大象行走动作流畅。设计师可先打开"草地.fla"文件，调整帧速率和舞台大小，再将"大象.fla"文件中的元素复制到"草地.fla"文件中，参考效果如图1-51所示。

图1-51 "大象行走"动画的参考效果

素材位置： 素材\项目1\大象.fla、草地.fla
效果位置： 效果\项目1\"大象行走"动画.fla

效果预览

综合实战 合成"宇宙飞船"动画

老洪很满意米拉合成的"雪花飘落"动画，便把另一个制作思路相似，但动画风格不同的设计任务交给米拉负责，让米拉巩固Animate的基本操作，同时锻炼其制作不同风格动画作品的能力。

【实战描述】

实战背景	某科研爱好者组织准备举办交流会，需要制作一个以宇宙飞船绕行小行星进行勘测为主题的科技风格动画，在会议开始前循环播放，渲染气氛
实战目标	① 合成尺寸为1280像素×720像素，帧速率为24帧/秒，时长为3s，平台类型为ActionScript 3.0的动画文件
	② 调整舞台属性制作动画场景，然后在场景中添加其他素材，布局动画画面，突出宇宙飞船绕小行星运动的动画效果
	③ 画面元素丰富，色彩鲜明，动画效果丰富
知识要点	打开文件、调整文件属性、导入文件

本实战的参考效果如图1-52所示。

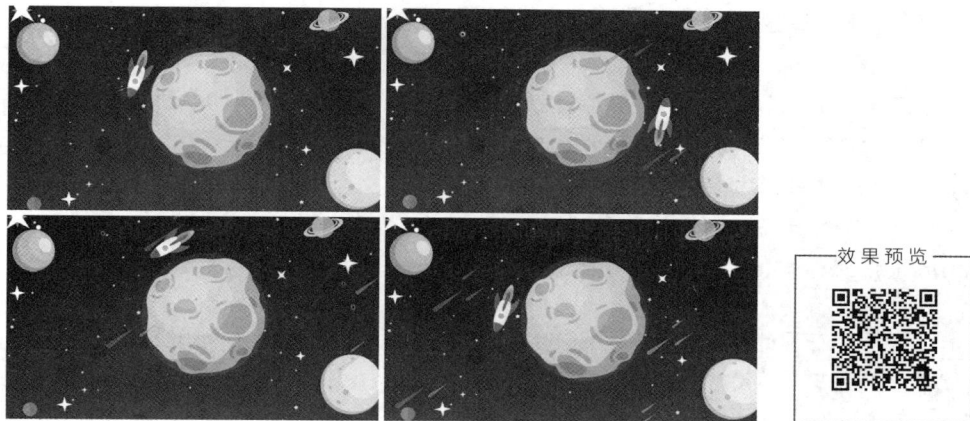

图1-52 "宇宙飞船"动画的参考效果

素材位置： 素材\项目1\宇宙场景.fla、小行星.png、陨石.fla、飞船.fla
效果位置： 效果\项目1\"宇宙飞船"动画.fla

【思路及步骤】

由于搜集到的场景图像位于FLA格式的文件中，但是该文件的舞台大小不符合要求，因此需要调整后，再将图像素材、动画素材分别添加到场景图像中，其中动画素材的帧速率与场景图像的帧速率不一致，需要调整一致后再添加。制作思路如图1-53所示，参考步骤如下。

① 调整舞台大小并剪切图像

② 新建图层并导入素材

③ 新建图层并复制、粘贴素材

图1-53 合成"宇宙飞船"动画的思路

（1）打开"宇宙场景.fla"动画文件，调整舞台大小和场景图像的位置，剪切掉舞台范围以外的内容。

（2）新建图层，导入"小行星.png"素材到舞台，并调整位置。

（3）打开"陨石.fla"动画文件，调整帧速率，选择陨石素材并复制，切换到"宇宙场景.fla"动画文件，新建图层并粘贴陨石素材。

（4）按照与步骤（3）相同的方法调整"飞船.fla"动画文件，并将其添加到"宇宙场景.fla"动画文件中。

（5）预览动画效果后，另存文件，并重命名文件为"'宇宙飞船'动画"，关闭所有文件。

微课视频

合成"宇宙飞船"动画

设计素养　在设计科技风格的作品时，可以采用现代感强烈的元素，如使用简洁、抽象的几何图形，以及鲜明的色彩和光影效果，突出科技感。另外，选择与科技密切相关的对象，如飞船、机械、线路等，为其制作动态效果，有助于塑造作品的科技风格，让观众直观地感受到较强的科技感。

课后练习　合成"童趣森林"动画

某客户需要制作一个以"童趣森林"为主题的动画，要求卡通人物在场景中逐一出现，主题文字紧随其后出现，并展示在画面中间，文件大小为800像素×500像素，帧速率为24帧/秒，时长为3s左右，平台类型为ActionScript 3.0。可搜集不同类型的素材文件，通过调整帧速率、舞台大小，导入文件，复制和粘贴图层等操作，将其合成到同一个文件中，最后重命名并保存文件，参考效果如图1-54所示。

效果预览

图1-54　"童趣森林"动画的参考效果

素材位置： 素材\项目1\背景.jpg、卡通人物.fla、文字.fla
效果位置： 效果\项目1\"童趣森林"动画.fla

项目2
绘制与编辑图形

老洪观察到米拉对Animate的操作已经十分熟练，便先让米拉辅助资深的设计师同事进行相关工作，完成客户交给公司的各项设计任务。由于图形是构成Animate动画的基础元素之一，同事在制作动画时需要用到大量的图形素材，因此，除了客户提供和从网上搜集的素材，还需要米拉自行绘制图形，并运用各种编辑方法，使其更符合客户需求。同事希望米拉在按时完成任务的基础上，充分发挥创意，提升图形的视觉效果，并通过这些任务，提升绘制与编辑图形的能力。

情景描述

学习目标

知识目标
- 掌握绘制图形的方法。
- 掌握填充图形颜色的方法。
- 掌握编辑图形的方法。

素养目标
- 培养色彩审美能力，提升对色彩的把控能力。
- 在绘制图形的过程中提升创意思维和审美水平。

任务 2.1　绘制卡通动物

在绘制卡通动物的任务中，米拉先在纸上设计了多个卡通动物的草图，选定最终方案后，便准备在 Animate 中进行绘制，以制作出完整的角色效果图。米拉向老洪请教如何又快又好地完成设计任务，老洪告诉她，可以先分析角色的外形特点，将角色从一个整体转换为各个"零件"，然后选择合适的工具绘制每个"零件"，再将其组合成一个完整的角色。

【任务描述】

任务背景	某动物环保组织准备制作一部以犬类动物为主角的动画，并将其发布在各大社交平台上，通过角色们的日常生活来展示关于犬类动物的有趣知识。现委托设计公司制作该动画，米拉负责绘制一个活泼可爱的棕色小狗形象
任务目标	① 制作尺寸为 1280 像素 × 720 像素，平台类型为 ActionScript 3.0 的动画文件
	② 使用工具绘制动物轮廓的各个部分，并美化绘制效果，如去除多余的线条、调整线条宽度等
	③ 动物的造型具有拟人化特点，模拟人的站姿，姿态生动，表情可爱
知识要点	线条工具、钢笔工具、铅笔工具、宽度工具、"属性"面板、橡皮擦工具、选择工具、部分选取工具、画笔工具

本任务的参考效果如图 2-1 所示。

图 2-1　卡通动物的参考效果

效果位置： 效果\项目 2\卡通动物.fla

【知识准备】

米拉发现卡通动物的外形基本由各种直线和曲线组成，适合先采用线条和路径相结合的方式绘制各个部分的轮廓，再调整绘制效果并填充颜色。因此，米拉准备先熟悉常用的绘制线条和路径的工具，以及调整绘制效果的工具，以提升绘制效率。

1. 线条工具

如果需要绘制不同样式的直线，可使用线条工具 ╱。具体操作方法：在工具箱中选择线条工具 ╱，在"属性"面板的"工具"选项卡中自行设置参数，然后在舞台中单击以确定起始点，按住鼠标左键并拖曳，鼠标指针将由┼状态变为┿状态，此时沿着拖曳轨迹将绘制出直线，释放鼠标便结束绘制。

线条工具／"属性"面板中的"工具"选项卡如图2-2所示，其中各参数作用如下。

- **"对象绘制模式"按钮**▣：对象绘制模式是确定两条直线相交时，能否拆分直线的关键。正常绘制模式下，绘制两条相交的直线后，使用选择工具▶选择绘制的直线，发现直线已经自动拆分，可分别编辑已拆分的直线。图2-3所示的黑线为正常绘制模式下绘制的直线，选择黑线时，呈现拆分状态。单击"对象绘制模式"按钮▣后，绘制的线条将作为整体进行显示，不会自动拆分。图2-4所示的黄线为对象绘制模式下绘制的直线，在选择状态下呈现不拆分的状态。

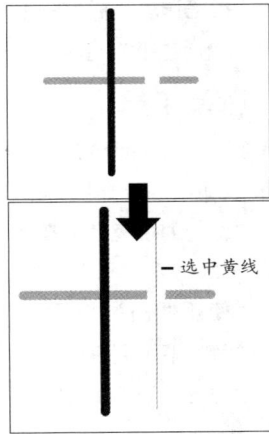

图2-2　线条工具的"工具"选项卡　　　图2-3　正常绘制模式　　　图2-4　对象绘制模式

- **笔触：** 在Animate中，绘制的直线、曲线、路径、图形的边线统称为笔触，单击笔触左侧的色块，可在弹出的面板中设置直线的颜色；在右侧的▨数值框中输入数值，可设置直线的不透明度。

- **笔触大小：** 用于设置直线的宽度。

- **样式：** 用于设置直线的样式，共有7种。另外，单击右侧的"样式选项"按钮…，在打开的下拉列表中选择"编辑笔触样式"选项，可在打开的"笔触样式"对话框中编辑当前选择的直线样式。

- **宽：** 用于设置直线的宽度样式。默认情况下，绘制的直线各部分的宽度是相同的。通过设置该参数，直线可以非等宽。

- **缩放：** 用于设置缩放直线的方式，包括"一般""水平""垂直""无"4个选项。

- **提示：** 勾选"提示"复选框，启用直线提示，防止出现模糊的直线。

- **▤ ◖ ▢ 按钮组：** 用于设置直线终点的样式，从左到右依次为"平头端点"按钮▤、"圆头端点"按钮◖（默认选中该按钮）和"矩形端点"按钮▢。

- **▱ ◿ ◖ 按钮组：** 用于设置两条直线的相接方式，从左到右依次为"尖角连接"按钮▱、"斜角连接"按钮◿和"圆角连接"按钮◖（默认选中该按钮）。

- **尖角：** 当选择的直线相接方式为"尖角连接"时，为了避免尖角接合处倾斜，可设置尖角限制，超过这个部分的直线都将被切为方形，而不形成尖角。

2．铅笔工具

与线条工具 ╱ 相比，铅笔工具 ✐ 不仅能够绘制直线，还能绘制曲线，并且该工具的使用方法与线条工具 ╱ 的基本一致。选择铅笔工具 ✐ 后，"属性"面板的"工具"选项卡如图2-5所示，其中新增的参数作用如下。

图2-5　铅笔工具的"工具"选项卡

- **"铅笔模式"按钮** ：用于设置铅笔工具 ✐ 的绘制模式，包括"伸直""平滑""墨水"3种。"伸直"模式用于绘制规则的线条；"平滑"模式用于绘制流畅、自然的线条；"墨水"模式用于绘制类似手绘的线条。

- **"铅笔选项"栏：**只包含"平滑"参数，并且只在"平滑"模式下被激活。通过拖曳滑块可以设置参数值，值越大，绘制的线条越平滑、流畅。

3．画笔工具

画笔工具 ✐ 的使用方法和功能与铅笔工具 ✐ 的一致，该工具"属性"面板的"工具"选项卡如图2-6所示，其中新增的参数作用如下。

图2-6　画笔工具的"工具"选项卡

- **"绘制为填充色"按钮** ：单击该按钮，则绘制的图形不再是线条，而是色块。

- **"使用倾斜"按钮** ✕：单击该按钮，"颜色和样式"栏"宽"下拉列表中的"斜度感应"选项被选中，即启用斜度敏感度。在绘制线条时，Animate将自动调整线条的倾斜程度。

- **"使用压力"按钮** ：单击该按钮，"颜色和样式"栏"宽"下拉列表中的"使用压力"选项被选中，即启用压力敏感度。在绘制线条时，Animate将通过画笔压力自动调整线条效果。

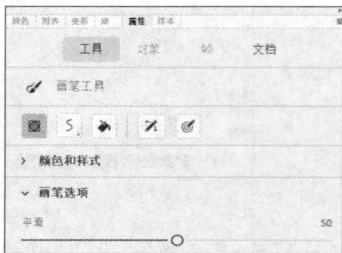

根据新增参数的作用，设计师可自行抉择使用画笔工具 ✐ 或铅笔工具 ✐ 来绘制线条。

4．钢笔工具组

钢笔工具组包括钢笔工具 ✐、添加锚点工具 ✐、删除锚点工具 ✐ 和转换锚点工具 ⌐，这些工具可绘制路径并形成图形。路径是指在二维或三维空间中描述物体轨迹、线条或形状的连续线条，从外观上看，路径由线条、锚点、控制柄等组成，如图2-7所示。

图2-7　路径的组成

- **线条：**路径上的线条可分为直线和曲线两种。

- **锚点：**路径上连接直线或曲线的小正方形就是锚点，当锚点显示为实心小正方形时，表示该锚点处于选中状态。

- **控制柄：**控制柄由方向线和控制点组成，选择锚点后，该锚点上将显示控制柄，拖曳控制点，可调整方向线的位置、长短、角度，从而修改路径的形状和弧度。

（1）钢笔工具

钢笔工具 ✐ 主要用于绘制精确的路径。具体操作方法：选择钢笔工具 ✐，在"属性"面板"工具"选项卡中自行设置参数，然后在舞台中单击以确定起始锚点，移动鼠标指针，在合适位置单击可创建直线路径；单击后，按住鼠标左键并拖曳，松开鼠标左键后可创建曲线路径。当鼠标指针重回起始锚点并变为 状态时，单击该锚点可创建闭合式路径；也可以在绘制时按【Esc】键来创建开放式路径。

钢笔工具不同的绘制状态

知识补充

在使用钢笔工具 绘制路径时，若鼠标指针呈现 状态，这代表下一次单击时，将创建起始锚点，所有新路径都从起始锚点开始。钢笔工具 其他绘制状态的详细信息可扫描右侧二维码查看。

知识补充

钢笔工具不同的绘制状态

（2）添加锚点工具、删除锚点工具和转换锚点工具

当使用钢笔工具 绘制出的路径不符合需求时，除了重新绘制外，还可以使用添加锚点工具 、删除锚点工具 或转换锚点工具 来调整路径。

- **添加锚点工具** ：用于在路径上添加锚点。选择该工具，将鼠标指针移动到路径上，当鼠标指针变为 形状时，单击可添加一个锚点。
- **删除锚点工具** ：用于删除路径上的锚点。选择该工具，将鼠标指针移动到路径的锚点上，当鼠标指针变为 形状时，单击可删除锚点。
- **转换锚点工具** ：用于转换锚点的类型。选择该工具，鼠标指针变为 形状，将其移动到平滑点（连接曲线的锚点）上，单击，平滑点将转换为角点（连接直线或转角曲线的锚点）；在角点上按住鼠标左键并拖曳，角点将转换为平滑点。

5. 选择工具组

绘制完线条或路径后，若需要对其进行编辑，通常先要将其选中，此时便可使用工具箱中选择工具组下的选择工具 或部分选取工具 。

（1）选择工具

选择工具 用于选择任意对象，选择对象后还可以移动对象。具体操作方法：选择该工具，将鼠标指针移到舞台中需要选择的对象上，当鼠标指针变为 形状时，单击可选择该对象；按住鼠标左键并拖曳，可以移动选择的对象。

（2）部分选取工具

部分选取工具 常用于选择路径、选择锚点、移动锚点和调整锚点控制柄。

- **选择路径：** 选择该工具，将鼠标指针移动到路径上，单击，该路径将被选中，并且该路径上的锚点也将显示出来，此时按住鼠标左键并拖曳，可移动路径。
- **选择锚点：** 选择该工具，将鼠标指针移动到锚点上，单击可将其选中，并显示该锚点的控制柄。
- **移动锚点：** 使用该工具选中锚点后，按住鼠标左键并拖曳，可移动该锚点，从而改变路径的形状。
- **调整锚点控制柄：** 使用该工具选中锚点后，将鼠标指针移动到该锚点的控制柄上，按住鼠标左键并拖曳，可通过调整该锚点的控制柄来调整两侧路径的形状。

6. 橡皮擦工具

绘制线条和路径时若出现失误，除了可以按【Ctrl + Z】组合键撤销操作外，还可以使用橡皮擦工具◆擦除不需要的部分。具体操作方法：选择该工具，在"属性"面板的"工具"选项卡中自行设置参数，在需要擦除的区域单击，或按住鼠标左键并拖曳，可擦除移动轨迹下的线条或路径。

在"属性"面板"工具"选项卡中可设置橡皮擦的擦除模式、形状和大小，如图2-8所示。单击"橡皮擦模式"按钮◉，在打开的下拉列表中可选择橡皮擦的擦除模式；单击"橡皮擦类型"按钮◉，在打开的下拉列表中可选择橡皮擦的形状；在"橡皮擦选项"栏中拖曳"大小"滑块，或直接在右边输入数值可调整橡皮擦的大小。

图2-8　橡皮擦工具的"工具"选项卡

7. 宽度工具和墨水瓶工具

绘制完线条和路径后，如果需要调整其形状，可以使用工具箱中的宽度工具 ✎ 和墨水瓶工具 ✎。

（1）宽度工具

宽度工具 ✎ 常用于调整线条和路径的宽度，从而改变其形状。具体操作方法：选择该工具，鼠标指针将变为 ✎ 形状，将鼠标指针移至需要修改的线条或路径上，单击确定一点后，按住鼠标左键并拖曳鼠标指针，便可调整其宽度，如图2-9所示，并且在拖曳过程中，将显示调整后线条的轮廓简略图。

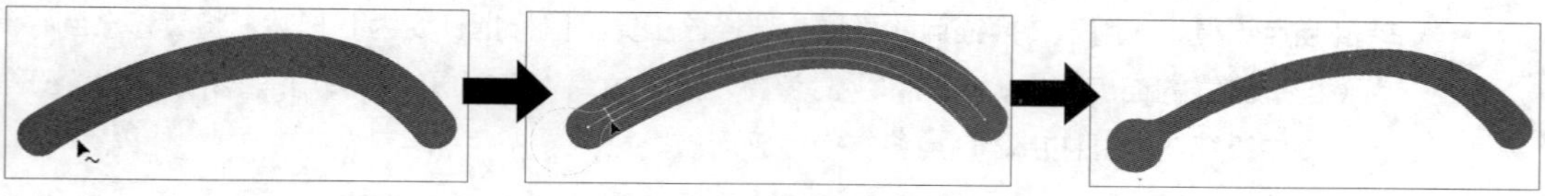

图2-9　使用宽度工具调整线条的形状

（2）墨水瓶工具

墨水瓶工具 ✎ 用于修改线条和路径的颜色、粗细、样式等属性。具体操作方法：选择该工具，在"属性"面板的"工具"选项卡中设置笔触、宽、样式等属性，然后在需修改的线条或路径上单击，以修改对应属性。

🔧【任务实施】

1. 绘制卡通动物的头部

米拉根据草图将整个绘制过程分为绘制头部、绘制身体、调整绘制效果3部分，由于头部的线条比较圆润，因此她准备运用钢笔工具绘制，具体操作如下。

微课视频
绘制卡通动物的头部

（1）新建宽为"1280像素"、高为"720像素"、平台类型为"ActionScript 3.0"的动画文件，选择【视图】/【网格】/【编辑网格】命令，打开"网格"对话框，勾选"显示网格"复选框，其他参数的设置如图2-10所示，单击 确定 按钮，启用网格来辅助定位对象。

（2）选择钢笔工具 ✎，在"属性"面板的"工具"选项卡中设置笔触大小为"0.3"，其余保持默认，如图2-11所示。将鼠标指针移至网格1排3列处，单击以创建起始锚点，在起始锚点左侧按住鼠标左键并拖曳，绘制一条曲线路径，如图2-12所示。

（3）按住【Alt】键，将自动切换到转换锚点工具 ✎，此时，向右上方拖曳左侧的控制柄，如图2-13所示。

（4）松开【Alt】键，将鼠标指针向左下方移动一定距离，然后按住鼠标左键并拖曳，再绘制一条曲线路径。按照与步骤（3）相同的方法，再绘制一条曲线路径，按【Esc】键结束绘制，完成左侧耳朵的绘制，效果如图2-14所示。

（5）按照与步骤（2）~步骤（4）相同的方法，绘制右侧耳朵和脸型，在绘制脸型时需要闭合路径，因此当鼠标指针移至脸型的起始锚点，并变为◦状态时，单击该锚点闭合路径，效果如图2-15所示。

（6）按照与步骤（2）~步骤（4）相同的方法，在脸型区域内绘制眉毛、鼻子、眼睛、嘴巴等部分，完成头部的绘制，效果如图2-16所示。

图2-10　设置网格参数

图2-11　设置钢笔工具参数

图2-12　绘制曲线路径

图2-13　调整控制柄

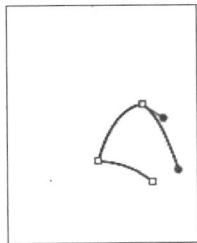

图2-14　绘制左侧耳朵

图2-15　绘制右侧耳朵和脸型

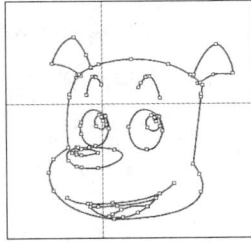

图2-16　头部绘制效果

2. 绘制卡通动物的身体

由于身体部分的线条以曲线和直线为主，并且手指区域的关节较多，为了保证美观度，米拉决定使用钢笔工具、线条工具和铅笔工具来绘制。具体操作如下。

（1）由于部分身体与头部存在重叠关系，为避免已绘制好的头部路径受到破坏，可在新图层上绘制动物的身体部位。锁定并隐藏"图层_1"，新建图层。

（2）选择钢笔工具 ✎，在网格2排3列处单击，创建上衣的起始锚点，在起始锚点的右上方按住鼠标左键并朝右上方拖曳，重复操作，绘制一条曲线路径。

（3）选择线条工具 ╱，在"属性"面板的"工具"选项卡中设置笔触大小为"0.3"，其余保持默认，如图2-17所示。将鼠标指针移至曲线路径的左侧，按住鼠标左键并朝右下方拖曳，如图2-18所示，在合适位置松开鼠标左键，完成直线的绘制。不断重复操作，绘制成图2-19所示的效果。

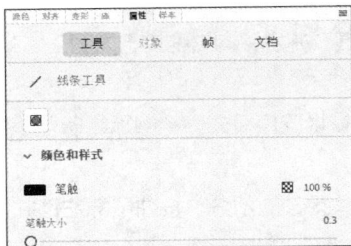

微课视频

绘制卡通动物的身体

图2-17　设置线条工具参数

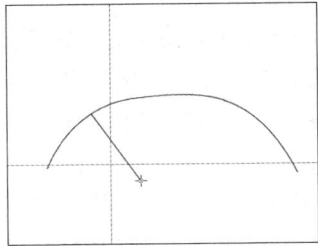

图2-18　绘制直线效果

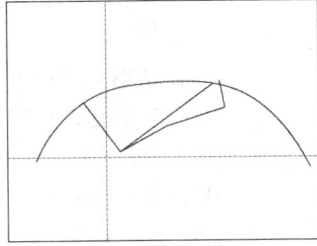

图2-19　绘制其他直线

（4）按照与步骤（2）相同的方法绘制身体部分的曲线轮廓，按照与步骤（3）相同的方法绘制身体部分的直线轮廓，留下手部区域，效果如图2-20所示。

（5）选择铅笔工具，在"属性"面板的"工具"选项卡中设置铅笔模式为"平滑"、笔触大小为"0.3"、平滑为"72"，如图2-21所示。

（6）将鼠标指针移至身体右侧的手部区域，按住鼠标左键并向左下方拖曳，绘制手背，如图2-22所示。

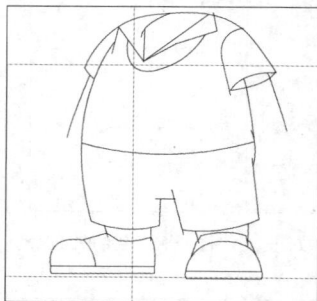

图2-20　绘制效果

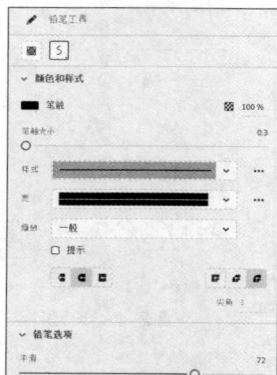

图2-21　设置铅笔工具参数

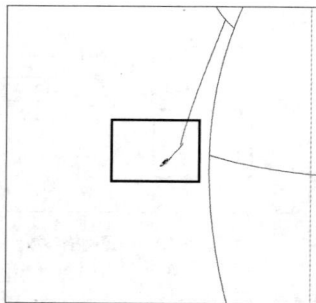

图2-22　绘制手背

（7）按照与步骤（6）相同的方法绘制右手部分，效果如图2-23所示；继续绘制左手部分，效果如图2-24所示；此时身体部分的效果如图2-25所示。

图2-23　绘制右手效果

图2-24　绘制左手效果

图2-25　身体效果

3. 调整卡通动物的绘制效果

将绘制好的头部和身体部分移至同一个图层，擦除多余的笔触，使绘制效果简洁美观；由于眉毛笔触过窄，因此需要适当加宽；调整完绘制效果后再填充颜色，具体操作如下。

微课视频

调整卡通动物的绘制效果

（1）选择选择工具，按住鼠标左键并拖曳框选身体部分的所有线条，按【Ctrl+X】组合键剪切线条，删除"图层_2"。

（2）解除锁定并显示"图层_1"，选择该图层，按【Ctrl+V】组合键粘贴线条，使用选择工具拖曳线条到剪切前的位置，如图2-26所示。

（3）选择宽度工具，将鼠标指针移至右边眉毛处，按住鼠标左键，并水平向右拖曳，如图2-27所示。重复操作，将左边眉毛也加宽，效果如图2-28所示。

（4）选择橡皮擦工具，在"属性"面板的"工具"选项卡中设置橡皮擦模式为"擦除线条"、橡皮擦类型为"　"大小为"1"，如图2-29所示。

（5）将舞台显示比例调至"600%"，将鼠标指针移至头部与身体重叠的部分，按住鼠标左键并拖曳，擦除头部中多余的身体部分的线条，擦除前后效果对比如图2-30所示。

图2-26 调整线条位置

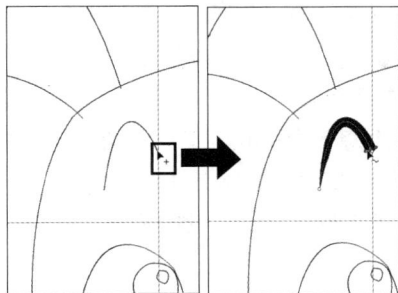

图2-27 加宽右边眉毛

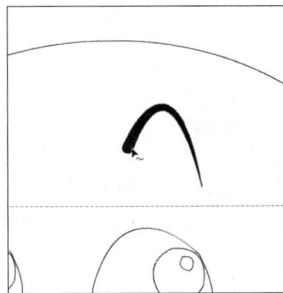

图2-28 加宽左边眉毛

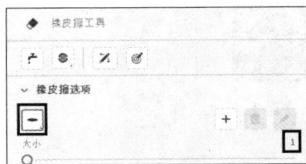

图2-29 设置橡皮擦工具参数

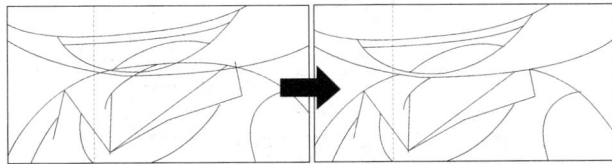

图2-30 擦除前后效果对比

（6）按照与步骤（5）相同的方法，将线条交界处多余的部分擦除，如图2-31所示。此时，完成卡通动物的绘制。选择【视图】/【网格】/【显示网格】命令，隐藏网格，效果如图2-32所示。

（7）选择颜料桶工具 ，在"属性"面板中设置封闭大小为"封闭大空隙"、填充为"#D4A877"，将鼠标指针移至卡通动物的面部，单击以填充颜色。

（8）按照与步骤（7）相同的方式继续为卡通动物填色，其中鞋子和舌头为"#CF3744"，留白区域为"#FFFFFF"，其他区域的颜色值及效果如图2-33所示。按【Ctrl＋S】组合键保存文件，设置文件名称为"卡通动物"。

图2-31 多余的线条

图2-32 卡通动物效果

图2-33 填充卡通动物的效果

设计素养 设计师在绘制图形时，既可以采用艺术性的夸张手法，如放大局部比例、动作、特征等，使其更具有视觉冲击力，也可以采用写实手法，将客观规律、历史文化融入创作，通过作品将自己的视角和情感传递给观众，以获得共鸣。这些创作手法都需要设计师发挥主观能动性，有助于提升创意思维，拓宽设计思路。

绘制卡通书本

某课件动画需要绘制一个卡通书本图形，要求线条流畅、配色美观，造型具有立体感。可结合线条工具和钢笔工具组绘制书本轮廓，使用铅笔工具和画笔工具绘制绿植轮廓和底部装饰，综合运用选择工具和橡皮擦工具调整绘制效果，最后使用颜料桶工具为图形填充颜色，参考效果如图2-34所示。

课堂练习

图2-34　卡通书本的参考效果

效果位置： 效果\项目2\卡通书本.fla

任务2.2　绘制植物App界面图标

米拉拿到绘制植物App界面图标的任务资料后，根据"植物"这一主题上网浏览相关题材的设计作品，以寻求灵感。米拉发现图标多由各种外形规整、视觉美观的图形构成，可以简化为色块与色块的叠加，非常适合使用Animate中可以填充内容的工具来制作。为丰富视觉效果，米拉还准备在图标中填充渐变颜色。

【任务描述】

任务背景	某互联网公司开发了一款以识别植物种类为主要功能的App，现委托设计公司为首页界面设计独特、吸引人且与App定位相符合的图标，以增强App的可识别性和差异性。米拉负责的是放置在"植物夜间知识"超链接板块的图标，图标应能充分体现该板块对应的内容
任务目标	① 制作尺寸为300像素×300像素，平台类型为ActionScript 3.0的动画文件
	② 使用形状工具组绘制图标的主体图形，并在其中绘制阴影和高光部分，塑造主题图形的立体感，提升视觉效果
	③ 使用形状工具组绘制形状规整的装饰图形和底托图形，与外形不规整的主体图形形成反差，增强视觉冲击力
	④ 配色为绿色色系，代表植物为世界增添绿色，同色系的配色加强装饰图形和底托图形与主体图形之间的整体感，使界面图标设计既存在反差，又和谐统一
知识要点	多角星形工具、传统画笔工具、"颜色"面板、矩形工具、椭圆工具、颜料桶工具

本任务的参考效果如图2-35所示。

图2-35 植物App界面图标的参考效果

效果位置： 效果\项目2\植物App界面图标.fla

【知识准备】

根据绘图要求，米拉明确了主体图形为松树。基于该树木的外观特性，她想到可以采用形状工具组来绘制主体，而树木表面不规则的阴影和高光部分，可以采用传统画笔工具 ✐ 或流畅画笔工具 ✎ 来绘制，填充图标底托的颜色则需要用到填充工具组、渐变变形工具 ■、"颜色"面板或"样本"面板。米拉开始研究这些工具和面板的相关知识，以便使绘制过程中的操作思路更加清晰。

1. 形状工具组

形状工具组包括矩形工具 ■、基本矩形工具 ▤、椭圆工具 ◕、基本椭圆工具 ◕ 和多角星形工具 ✦，常用于绘制矩形、圆形、多边形。设计师可以通过调整"颜色和样式"栏中的参数对形状进行更改。

（1）矩形工具和基本矩形工具

矩形工具 ■ 和基本矩形工具 ▤ 常用于绘制矩形和圆角矩形。其中，使用矩形工具 ■ 绘制的矩形，其边线和填充内容是分离的，可以单独进行编辑，而使用基本矩形工具 ▤ 绘制的矩形是一个整体，不能分离或单独进行编辑。

选择矩形工具 ■ 或基本矩形工具 ▤，在"属性"面板的"工具"选项卡（两个工具的参数皆一致）中分别设置笔触和填充等参数，如图2-36所示，直接在舞台中按住鼠标左键并拖曳，可绘制矩形或圆角矩形。

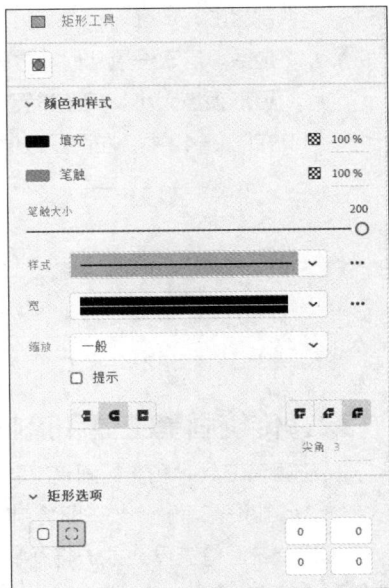

图2-36 矩形工具的"工具"选项卡

- **填充：** 单击左侧的色块，可在弹出的面板中设置填充内容的颜色；在右侧 ▨ 的数值框中输入数值，可设置填充内容的不透明度。

- **"矩形边角半径"按钮 □：** 单击该按钮，可统一设置矩形4个角的半径，输入正值可以绘制出正圆角矩形，如图2-37所示；输入负值可以绘制出倒圆角矩形，如图2-38所示。

● **"单个矩形边角半径"按钮**：单击该按钮，可分别设置矩形4个角的半径，如图2-39所示，输入正值可以绘制出圆角矩形，输入负值可以绘制出倒圆角矩形。

图2-37　正圆角矩形　　　　　　图2-38　倒圆角矩形　　　　　图2-39　分别设置矩形4个角的半径

（2）椭圆工具和基本椭圆工具

椭圆工具 和基本椭圆工具 可用于绘制椭圆，使用椭圆工具 绘制出的椭圆边线和填充内容是分离的，使用基本椭圆工具 绘制出的椭圆是一个整体。合理设置"属性"面板中"椭圆选项"栏的参数（见图2-40）还可以绘制扇形、圆环、圆弧线。

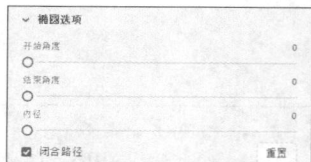

图2-40　"椭圆选项"栏

● **开始角度和结束角度**：用于设置扇形的开始和结束角度，设置参数后，按住鼠标左键并拖曳可绘制扇形。

● **内径**：用于绘制圆环，设置参数后，按住鼠标左键并拖曳可绘制圆环。

● **闭合路径**：默认处于勾选状态，若取消勾选，并设置开始角度和结束角度参数，按住鼠标左键并拖曳可绘制圆弧线。

（3）多角星形工具

多角星形工具 用于绘制几何多边形和星形，通过该工具"属性"面板中的"工具选项"栏（见图2-41）可以设置图形的边数及星形顶点的大小。

● **样式**：在该下拉列表中选择"多边形"选项，可绘制几何多边形；选择"星形"选项，可绘制星形。

● **边数**：用于设置几何多边形或星形的边数，取值范围为3～32。

● **星形顶点大小**：用于设置星形顶点的大小，取值范围为0.00～1.00，数值越大，内角越大。在图2-42中，左图是数值为"0.5"的效果，右图为数值为"1"的效果。

图2-41　"工具选项"栏　　　　　　图2-42　不同星形顶点大小的对比效果

2. 传统画笔工具和流畅画笔工具

传统画笔工具 和流畅画笔工具 在使用方法上与画笔工具 比较相似，但这两个工具只能设置填充参数，不能设置笔触参数，即绘制的图形是填充内容而非线条。

选择传统画笔工具 或流畅画笔工具 ，在"属性"面板的"对应工具名称＋选项"栏中可以设置画笔的大小、形状等参数；单击"颜色与填充"栏上方的"画笔模式"按钮 ，在弹出的下拉列表中有5种画笔模式可以选择，如图2-43所示；"锁定填充"按钮 只在填充渐变颜色时生效，用于锁定渐变填充的中心位置。

● **标准绘画**：在该模式下绘制的图形会直接覆盖下面图形的边线和填充内容。

图2-43　画笔模式

- **颜料填充：** 在该模式下绘制的图形只覆盖填充内容，而不会覆盖边线。
- **后面绘画：** 在该模式下绘制的图形呈现在其他图形的后方。
- **颜料选择：** 在该模式下只能在选择填充内容后，在选择的填充内容中绘制，而不能在边线和外部位置绘制。
- **内部绘画：** 在该模式下无须选择填充内容，但也只能在填充内容中绘图（对边线无影响）。

图2-44所示为应用不同画笔模式绘制图形的效果。

图2-44　应用不同画笔模式绘制图形的效果

3. 填充工具组

若需要为图形的边线和填充内容添加或调整颜色，可使用填充工具组，该工具组包括滴管工具 ⟋ 和颜料桶工具 ⟣ 。

（1）滴管工具

滴管工具 ⟋ 常用于采集图形边线的颜色或填充内容的颜色，然后复制到其他图形的边线或填充内容中，但该工具只负责采集颜色，填充颜色时需切换到其他工具进行操作。具体操作方法：选择该工具，单击某个图形的边线或填充内容，吸取其颜色，再单击其他图形的边线或填充内容，可将吸取的颜色复制到此处，如图2-45所示。另外，滴管工具 ⟋ 在吸取边线颜色后将变为 ⟍ 形态，表示切换到墨水瓶工具 ⟍ ；吸取填充颜色后，滴管工具 ⟋ 将变为 ⟣ 形态，表示切换到颜料桶工具 ⟣ 。

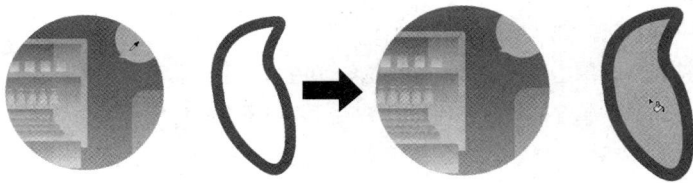

图2-45　使用滴管工具

（2）颜料桶工具

颜料桶工具 ⟣ 常用于填充由线条构成的图形的颜色。具体操作方法：选择该工具，在"属性"面板的"工具"选项卡（见图2-46）中设置填充，再将鼠标指针移至需要填充的区域并单击。

图2-46　颜料桶工具的"工具"选项卡

- **"间隙大小"按钮 ☐ ：** 用于设置线条缺口对填充颜色时的影响程度。单击该按钮，在打开的下拉列表中可以选择"不封闭空隙""封闭小空隙""封闭中等空隙""封闭大空隙"4个选项，影响程度按顺序依次递减。
- **拖动填充：** 用于设置拖曳鼠标时的填充范围，该下拉列表包括"特定区域""所有区域"两个选项。

39

4. "颜色"面板和"样本"面板

在Animate中，若需要填充渐变颜色，可以先在"颜色"面板和"样本"面板中设置好渐变颜色，再使用颜料桶工具 ◇ 为边线内的空白区域填充渐变颜色。

（1）"颜色"面板

"颜色"面板可以用于设置绘图工具的笔触和填充颜色，也可以用于调整当前所选图形的边线和填充内容的颜色。选择【窗口】/【颜色】命令，打开"颜色"面板，如图2-47所示。

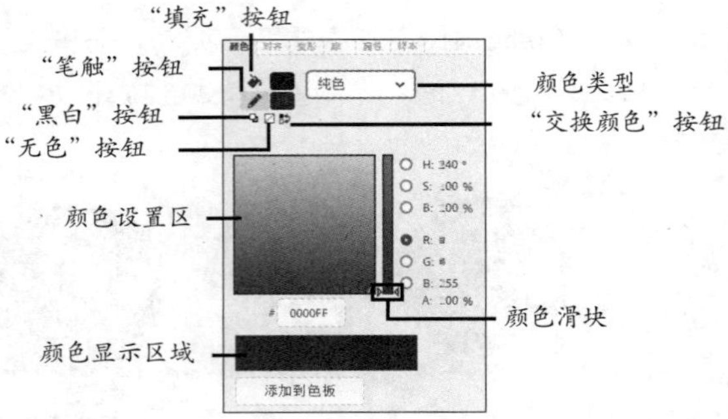

- **"填充"按钮 ◇**：单击该按钮，可以在颜色设置区中设置填充颜色。单击右侧的色块，在打开的面板中可以选择填充颜色。

- **颜色类型：** 在该下拉列表中可以修改笔触颜色和填充颜色的类型，包括"纯色""线性渐变""径向渐变""位图填充"4种类型，如图2-48所示。其中，"位图填充"是指使用位图进行填充，选择该模式时，会自动打开"导入到库"对话框，以选择外部位图来填充。

图2-47 "颜色"面板

原图　　纯色　　线性渐变　　径向渐变　　位图填充

图2-48 4种颜色类型

- **"笔触"按钮 ✎**：单击该按钮，可以在颜色设置区中设置笔触颜色。单击右侧的色块，在打开的面板中可以选择笔触颜色。

- **"黑白"按钮 ▫**：单击该按钮，可设置笔触颜色为黑色、填充颜色为白色。

- **"无色"按钮 ▫**：单击该按钮，可设置笔触颜色或填充颜色为无颜色。

- **"交换颜色"按钮 ▯**：单击该按钮，可交换笔触颜色和填充颜色。

- **颜色设置区：** 在其中单击，可设置笔触颜色或填充颜色。

- **颜色滑块：** 用于设置颜色设置区的颜色范围。

- **H、S、B：** 在该栏中选中某个单选项，再修改其后的数字，可以修改颜色的色相（Hue）、饱和度（Saturation）和亮度（Brightness）。

- **R、G、B：** 在该栏中选中某个单选项，再修改其后的数字，可以修改颜色的红色（Red）、绿色（Green）和蓝色（Blue）的色度值。

- **A（Alpha）：** 用于设置填充颜色的不透明度。

- **0000FF**：在该文本框中输入颜色值可为当前笔触或填充设置对应的颜色。

- **颜色显示区域：** 设置好笔触颜色或填充颜色后，在该区域可以预览颜色效果。当颜色类型选择为"线性渐变"或"径向渐变"时，该区域下方将出现两个滑块，用于调整渐变颜色（单击滑块后可在颜色设置区设置颜色）和位置（左右拖动滑块）；在颜色显示区域单击，还可以增加新的滑块。

● <u>添加到色板</u>**按钮：**单击该按钮，可以添加当前颜色到色板中。

在"颜色"面板中设置好笔触颜色或填充颜色后，选择绘图工具时，在对应的"属性"面板的"颜色和样式"栏中的填充或笔触参数也将使用该设置。因此，当需要绘制渐变颜色的图形时，可先在"颜色"面板中设置渐变颜色，再使用工具绘制图形，以提升效率。

（2）"样本"面板

"样本"面板和"颜色"面板功能类似，都可以设置纯色或渐变填充。选择【窗口】/【样本】命令，打开"样本"面板，"默认色板"文件夹中放置了常用的纯色和渐变颜色，可以单击色块来使用对应的颜色，如图2-49所示。

另外，该面板提供的颜色无法修改，但可以通过单击面板右上角的≡按钮，在弹出的下拉列表中选择"添加颜色"选项，打开"导入到库"对话框，将外置的色板文件以文件夹的形式添加到该面板中。

图2-49 "样本"面板

5. 渐变变形工具

若需要调整填充的渐变颜色，则需要使用渐变变形工具■，但使用该工具调整线性渐变和径向渐变的方法有所不同。

（1）调整线性渐变

使用渐变变形工具■单击应用线性渐变填充的图形，该图形上会显示两条细线（用于显示线性渐变的范围）和3个控制点。

● ⊟**控制点：**拖曳该控制点可以调整线性渐变的范围，如图2-50所示。

● ↻**控制点：**拖曳该控制点可以调整线性渐变的方向，如图2-51所示。

● ○**控制点：**拖曳该控制点可以调整线性渐变的位置，如图2-52所示。

图2-50 调整渐变的范围

图2-51 调整渐变的方向

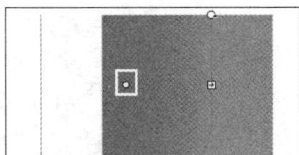

图2-52 调整渐变的位置

（2）调整径向渐变

使用渐变变形工具■单击应用径向渐变填充的图形，该图形上会显示一个圆（用于显示径向渐变的范围）和5个控制点。

● ▽**控制点：**拖曳该控制点可以调整渐变中心的偏移位置，如图2-53所示。

● 𝟾**控制点：**拖曳该控制点可以调整渐变范围的中心位置，如图2-54所示。

● ⊡**控制点：**拖曳该控制点可以拉伸或压缩渐变范围，如图2-55所示。

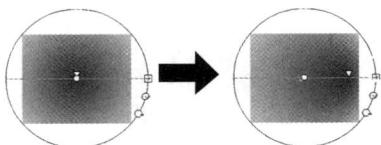

图2-53 调整渐变中心的偏移位置

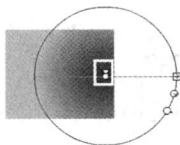

图2-54 调整渐变范围的中心位置

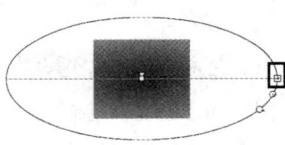

图2-55 拉伸渐变范围

- **☼控制点：** 拖曳该控制点可以缩小或放大渐变范围，如图2-56所示。
- **☼控制点：** 拖曳该控制点可以调整渐变的方向，如图2-57所示。

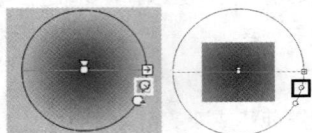

图2-56　放大渐变范围

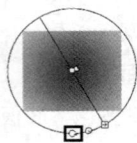

图2-57　调整渐变的方向

🔧【任务实施】

1. 绘制树木图形

基于松树树冠类似三角形、树干类似矩形的特点，米拉决定使用矩形工具绘制树干，使用多角星形工具绘制树冠，将3个树冠和一个树干组合后形成一棵完整的树木，具体操作如下。

微课视频

绘制树木图形

（1）新建宽为"300像素"、高为"300像素"、平台类型为"ActionScript 3.0"的文件。

（2）选择多角星形工具◉，在"属性"面板的"工具"选项卡中设置填充和笔触皆为"#69DCA2"、笔触大小为"18"、宽为"宽度配置文件 2"、样式为"多边形"、边数为"3"，将鼠标指针移至舞台，按住鼠标左键并拖曳绘制三角形，作为第1层树冠，效果如图2-58所示。

（3）新建图层，并将图层移至"图层_1"下方。选择新图层，按照与步骤（2）相同的方法在舞台上绘制一个稍大的三角形，充当第2层树冠，使用选择工具▶调整图形的位置，效果如图2-59所示。

（4）按照与步骤（3）相同的方法在舞台上绘制与第2层树冠相似但稍大的三角形，充当第3层树冠，效果如图2-60所示。

（5）新建图层，将其移至"图层_3"下方，选择矩形工具▣，在"属性"面板的"工具"选项卡中设置填充为"#415A6B"，单击笔触左侧的色块，在打开的面板中单击☑按钮，设置笔触为"无"，将鼠标指针移至第3层树冠下方，按住鼠标左键并拖曳绘制矩形，充当树干，效果如图2-61所示。

图2-58　绘制第1层树冠　　图2-59　绘制第2层树冠　　图2-60　绘制第3层树冠　　图2-61　绘制树干

2. 绘制树冠的阴影和高光

树木图形已初步绘制完毕，但是树冠视觉效果比较平面化，缺乏层次感，米拉决定结合传统画笔工具和橡皮擦工具为树冠绘制阴影和高光，加强树木的立体感，并提升颜色的多样性，丰富视觉效果，具体操作如下。

（1）新建名称为"阴影"的图层，选择传统画笔工具 ✎，在"属性"面板的"工具"选项卡中设置填充为"#42B771"、大小为"6"，将鼠标指针移至第1层树冠左侧，按住鼠标左键并拖曳进行涂抹，效果如图2-62所示。

（2）选择橡皮擦工具 ◆，在"属性"面板的"工具"选项卡中单击"使用倾斜"按钮 ✗，设置大小为"4"，将鼠标指针移至阴影的顶部，按住鼠标左键并拖曳进行擦除，释放鼠标左键后，效果如图2-63所示。

（3）按照与步骤（2）相同的方法擦除其余阴影，在擦除时可不断调整橡皮擦大小，使擦除后的阴影呈现图2-64所示的形态。

（4）按照与步骤（1）~步骤（2）相同的方法继续在"阴影"图层中绘制与擦除阴影，在绘制过程中可不断变换画笔大小和橡皮擦大小，绘制完成后，效果如图2-65所示。

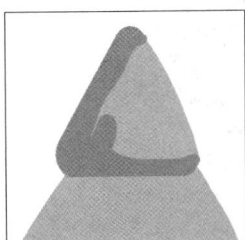

微课视频

绘制树冠的阴影和高光

图2-62　绘制阴影　　　　图2-63　擦除阴影　　　　图2-64　擦除其他阴影　　　　图2-65　阴影效果

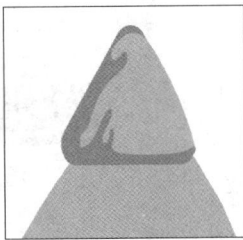

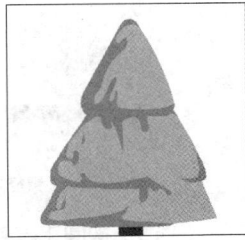

（5）新建名称为"高光"的图层，选择传统画笔工具 ✎，设置填充为"#FFFFFF"、画笔类型为第4个选项、大小为"6"，将鼠标指针移至第1层树冠右侧顶部，单击绘制高光点，如图2-66所示。

（6）将画笔类型重新设置为第8个选项、大小为"3"，将鼠标指针移至高光点下方，按住鼠标左键并拖曳，绘制一条高光线，如图2-67所示。

疑难解析

如何为绘制的图形塑造立体感？

快速为平面图形塑造立体感的方法是在原有图形的基础上添加阴影面和高光面，以3个面的形式塑造图形的立体感，使"面"在视觉上变成"体"。

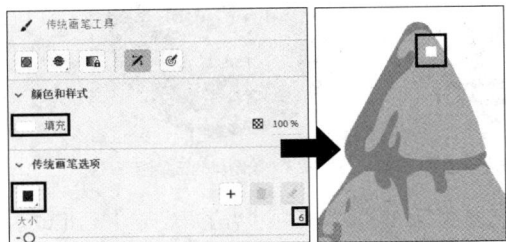

图2-66　绘制高光点　　　　　　　　　图2-67　绘制高光线

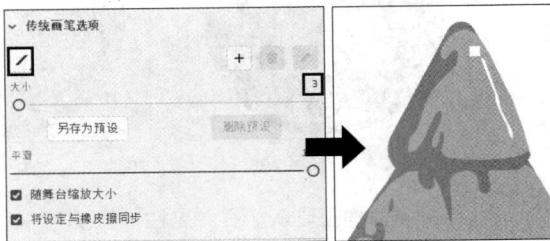

3. 绘制装饰和底托图形

由于树冠图形看起来不太规整，为提升图标的精致感，米拉准备将装饰和底托图形绘制成几何样式，为此需要使用其他形状工具，具体操作如下。

（1）选择【窗口】/【颜色】命令，打开"颜色"面板，设置颜色类型为"径向渐变"，设置左侧滑块的颜色为"#337B7B"、右侧滑块的颜色为

微课视频

绘制装饰和底托图形

"#20556B"，如图2-68所示。

（2）新建名称为"底托"的图层，将该图层置于最下方。选择椭圆工具 ◉，按住【Shift】键，在舞台上按住鼠标左键并拖曳绘制一个圆形，作为图标底托，效果如图2-69所示。通过该渐变颜色将树干图形与底托图形在视觉上融为一体，提高图标的整体性，并营造烟雾缭绕的氛围，为后续添加云朵装饰做铺垫。

（3）此时，渐变的浅色区域在圆形中心，而树木浅色部分在树冠右上角，两者存在冲突。选择渐变变形工具 ▣，单击圆形，按住 ⊗ 控制点并向右上角拖曳，如图2-70所示。

图2-68　设置径向渐变　　　　　图2-69　绘制圆形　　　　　图2-70　调整渐变颜色

（4）选择椭圆工具 ◉，在"属性"面板的"工具"选项卡中设置填充为"#C1DBD8"、笔触为"无"，按住鼠标左键并拖曳在树干底部绘制一个椭圆，如图2-71所示。

（5）新建名称为"装饰"的图层，将该图层置于"底托"图层的上方。选择椭圆工具 ◉，在"属性"面板的"工具"选项卡中保持其他设置不变，设置开始角度为"180"，按住鼠标左键并拖曳在第2层树冠的左侧绘制一个扇形。将鼠标指针移至扇形的右侧，按住鼠标左键并拖曳绘制一个较小的扇形，并且两个扇形的底部对齐，在视觉上形成云朵图形，效果如图2-72所示。

（6）按照与步骤（5）相同的方法，在树木周围绘制其他云朵图形，并且各云朵图形大小不一、形态各异，以丰富视觉效果，效果如图2-73所示。

图2-71　绘制椭圆　　　　　图2-72　绘制大扇形和小扇形　　　　　图2-73　绘制其他云朵图形

（7）选择颜料桶工具 ◈，在"属性"面板的"工具"选项卡中设置填充为"#EDFCFA"、拖动填充为"特定区域"，按住鼠标左键并拖曳，划过底托图形右上角的3个云朵图形，为它们更改颜色，使其更加明亮，如图2-74所示。

（8）选择多角星形工具 ◉，设置填充为"#FFFF99"、样式为"星形"、边数为"8"、星形顶点大小为"0.2"，按住鼠标左键并拖曳绘制星形，不断重复操作，绘制大小不一的星形，并且让星形在树木图形的左侧居多，效果如图2-75所示。

（9）按【Ctrl+S】组合键保存文件，设置文件名称为"植物App界面图标"。

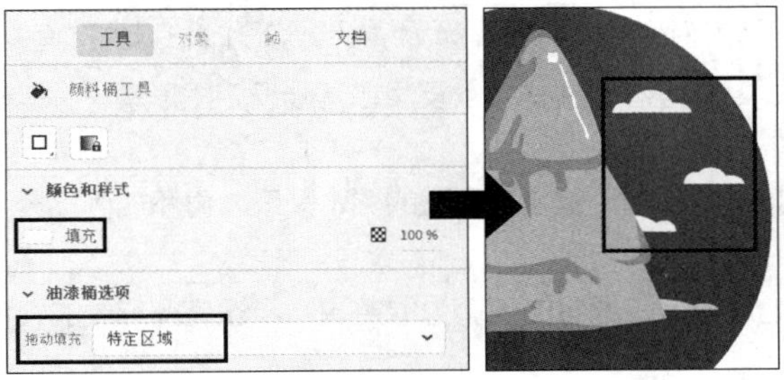

图2-74 更改云朵颜色

图2-75 绘制星形

绘制办公App界面图标

某办公App需要设计一个界面图标，要求图标主体图形为某个常见的办公用具（如文件夹、键盘、计算器等），色彩丰富，线条流畅，具有现代简约风格。可以使用形状工具组和传统画笔工具绘制图标的底托图形、主体图形和装饰图形，使用"颜色"面板、颜料桶工具为图标的部分元素填充渐变颜色，结合渐变变形工具为图标添加从右上角打光的视觉效果，参考效果如图2-76所示。

———— 效果预览 ————

图2-76 办公App界面图标的参考效果

效果位置： 效果\项目2\办公App界面图标.fla

任务2.3 制作公园儿童活动区动画场景

米拉翻阅制作公园儿童活动区动画场景的任务资料后，发现场景内要求添加的设施和物体较多，逐一绘制比较费时，于是便想通过"搜集图形素材＋编辑图形素材"的方式来完成这次任务。搜集图形素材可以在互联网中实现，而编辑图形素材可以采用Animate提供的修饰、变形、合并、组合和分离图形等多种功能来操作。于是米拉在搜集完图形素材后，开始尝试用这些功能来编辑图形素材。

【任务描述】

任务背景	某游乐园动画需要分别展示游乐园各个区域的功能设施，因此需要制作对应区域的场景。米拉负责制作儿童活动区场景，展示场景中的常见儿童活动设施，如跷跷板、滑梯、秋千等

任务目标	① 制作尺寸为1280像素×720像素，平台类型为 ActionScript 3.0 的动画文件
	② 通过变形蓝天、草坪、云彩等图形素材，以及添加基础设施图形素材，搭建大致的场景
	③ 修饰树冠图形，并将其与树干图形组合成完整的树木图形，再添加到场景中，丰富场景元素
	④ 美化场景中部分图形的色彩，使场景的色调为绿色调，与设施图形中的红色形成对比，营造出反差感
知识要点	变形图形、组合图形、排列与对齐图形、修饰图形、美化图形

本任务的参考效果如图2-77所示。

图2-77　公园儿童活动区动画场景的参考效果

素材位置： 素材\项目2\公园儿童活动区动画场景素材
效果位置： 效果\项目2\公园儿童活动区动画场景.fla

【知识准备】

米拉考虑使用搜集的蓝天、草坪、云彩等图形作为底层背景，再依次添加不同种类的设施和树木图形来满足客户的要求。由于Animate提供的修饰、变形、合并、组合和分离图形等编辑图形功能类型较多，为准确判断该任务所需的功能，米拉准备先研究各个编辑图形功能的特点以及适用情景。

1. 修饰图形

修饰图形既可以修饰图形的边线和填充内容，也可以优化图形整体，得到更加精细的图形。

（1）平滑线条

平滑线条顾名思义是指使绘制的线条变得更加流畅、平滑。具体操作方法：选择线条，选择【修改】/【形状】/【平滑】命令，Animate 将自动调整线条的形状。

（2）将线条转换为填充

将线条转换为填充可以更加细致地调整线条的色彩范围，也能避免缩小视图显示比例后，线条出现锯齿现象。具体操作方法：选择线条，选择【修改】/【形状】/【将线条转换为填充】命令，Animate 将自动把线条转换为填充内容，此时使用部分选取工具▷ 单击填充内容，可发现填充内容的内外侧都有锚点，拖曳锚点可修改其形状，如图2-78所示。

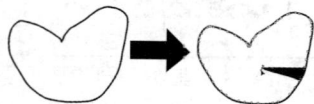

图2-78　将线条转换为填充

（3）扩展填充

扩展填充能将填充内容的颜色向内收缩或向外扩展，增加图形绘制的便捷性。具体操作方法：选择填充内容，选择【修改】/【形状】/【扩展填充】命令，打开"扩展填充"对话框，在该对话框中设置距离和方向，单击 确定 按钮，如图2-79所示。

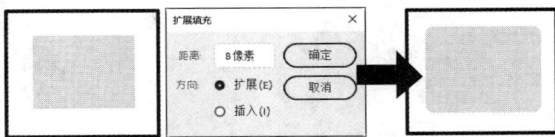

图2-79　扩展填充

- **距离：** 用于设置扩展或收缩的距离。
- **扩展：** 选中该单选项，填充内容的颜色将根据设置的距离向外扩展。
- **插入：** 选中该单选项，填充内容的颜色将根据设置的距离向内收缩。

（4）柔化填充边缘

柔化填充边缘与扩展填充类似，柔滑填充边缘可以在填充内容上产生多个透明图形，使填充内容具有朦胧的视觉效果。具体操作方法：选择填充内容，选择【修改】/【形状】/【柔化填充边缘】命令，打开"柔化填充边缘"对话框，在该对话框中设置距离、步长数（用于设置柔化填充边缘的曲线数量，值越大，效果越平滑）和方向，单击 确定 按钮，如图2-80所示。

图2-80　柔化填充边缘

（5）优化图形

优化图形是指改进图形的曲线，通过减少定义曲线的元素数量来平滑曲线，同时减小FLA文件和导出的SWF文件，以防止文件过大造成动画的播放出现故障。具体操作方法：选择要优化的图形，选择【修改】/【形状】/【优化】命令，或按【Ctrl + Shift + Alt + C】组合键，打开"优化曲线"对话框，设置优化强度后，单击 确定 按钮，将自动打开提示对话框，该对话框中显示优化信息，单击 确定 按钮，如图2-81所示。

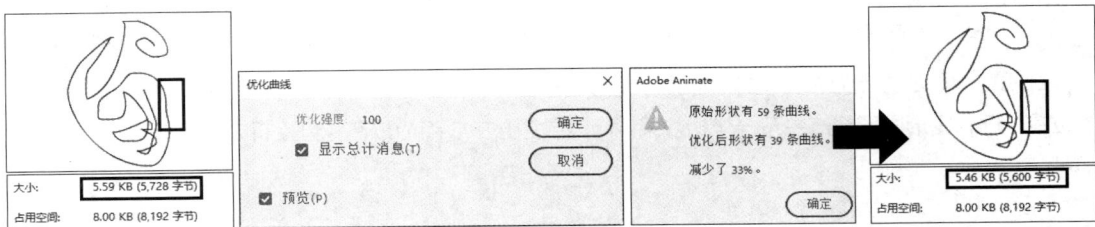

图2-81　优化图形

2. 变形图形

任意变形工具 是一种用于控制图形变形的工具，可以实现图形的倾斜、旋转、缩放、扭曲等效果。使用该工具选择图形后，图形周围将出现由8个控制点组成的编辑框，如图2-82所示。

- **旋转：** 将鼠标指针移动到编辑框的任意一个控制点附近，当鼠标指针变为 形状时，按住鼠标左键并拖曳，可旋转图形，如图2-83所示，并且在旋转过程中可看到原图形的位置信息，以作参考。
- **倾斜：** 将鼠标指针移动到编辑框的水平或垂直边缘上，当鼠标指针变为 ⇔ / ↕ 形状时，按住鼠标左键并拖曳，可使图形倾斜，如图2-84所示。

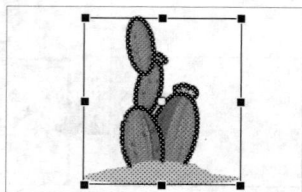

图2-82　使用任意变形工具选择图形　　　　图2-83　旋转图形　　　　图2-84　倾斜图形

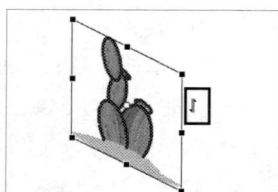

- **缩放：**将鼠标指针移动到编辑框的任意一个控制点上，当鼠标指针变为↖形状时，按住【Shift】键，按住鼠标左键并拖曳，可等比例缩放图形，如图2-85所示；若不按住【Shift】键，将自由缩放图形，如图2-86所示。

- **翻转：**将鼠标指针移动到编辑框的任意边中间的控制点上，当鼠标指针变为↔或↕形状时，按住鼠标左键并拖曳至图形另一侧，可翻转图形，如图2-87所示。

> **知识补充**
>
> **使用命令翻转图形**
>
> 若需要水平或垂直翻转图形，且保留原图形的长宽比，可使用"翻转"命令。具体操作方法：在图形上单击鼠标右键，在弹出的快捷菜单中选择【变形】/【水平翻转】或【垂直翻转】命令。

- **扭曲：**将鼠标指针移动到非位图编辑框的任意一个控制点上，按住【Ctrl】键，当鼠标指针变为▷形状时，按住鼠标左键并拖曳，可扭曲图形，如图2-88所示。

图2-85　等比例缩放图形　　　　图2-86　自由缩放图形　　　图2-87　翻转图形　　　图2-88　扭曲图形

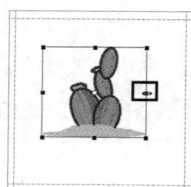

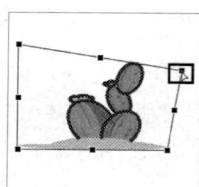

编辑框中心的白点为编辑框的中心点。变形图形时，图形会以这个中心点为基准进行变形。中心点的位置不同，变形图形将产生不一样的效果。若需要调整中心点的位置，直接将中心点拖曳到目标位置即可。

> **知识补充**
>
> **扭曲功能的使用局限**
>
> 扭曲功能只对矢量图起效，本项目绘制的由线条和填充内容构成的图形便属于矢量图，若需要扭曲位图，可使用分离图形的方法来实现。

3. 合并、组合和分离图形

若需要将零散的图形组合成一个整体，可采用合并和组合功能；若需要将组合的图形重新分开，则可使用分离功能。

（1）合并图形

合并图形可将在对象绘制模式下绘制的图形合并。具体操作方法：选择两个或多个图形（这些图形需位于同一个图层），选择【修改】/【合并对象】命令，其子菜单中包括"联合""交集""打孔""裁切"4个命令。

- **联合：** 选择该命令，可将选择的两个或多个图形合成单个图形。联合后的图形将删除图形之间的重叠部分，保留可见部分，如图2-89所示。
- **交集：** 选择该命令，可对选择的多个图形进行交集运算，生成的新图形由图形的重叠部分组成，并使用叠放在最上层图形的填充内容和线条，如图2-90所示。

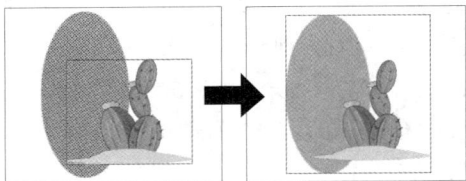

图2-89　联合

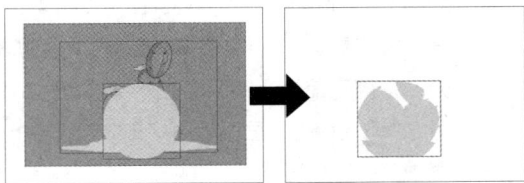

图2-90　交集

- **打孔：** 选择该命令，可以在重叠的多个图形中，将排列在最上层的图形部分删除，生成的图形保持独立，不会合并为单个对象，如图2-91所示。
- **裁切：** 选择该命令，以排列在最上层的图形形状为裁切区域的形状，并最终保留与最上层图形重叠的下层图形，如图2-92所示。

图2-91　打孔

图2-92　裁切

（2）组合和分离图形

组合图形可将任何绘制模式下绘制的多个图形组合成一个整体，以便统一编辑。而分离图形可将组合后的图形重新分离。

- **组合图形：** 选择要组合的图形，选择【修改】/【组合】命令，或按【Ctrl + G】组合键。组合图形的重叠部分仍会保留。
- **分离图形：** 选择图形，选择【修改】/【分离】命令，或在图形上单击鼠标右键，在弹出的快捷菜单中选择"分离"命令，或按【Ctrl + B】组合键。

4．排列与对齐图形

在舞台中绘制大量图形后，通常需要调整它们的相对位置，如调整堆叠顺序、按照一定的次序摆放或以某种方式对齐等。为此，Animate提供了排列和对齐图形功能。

（1）排列图形

在Animate中，图形是依照绘制的顺序，或出现在舞台中的顺序来叠加排列的，最后出现在舞台中的图形与已有图形重叠时，将遮挡已有图形。调整图形堆叠顺序的方法：选择图形，单击鼠标右键，在弹出的快捷菜单中选择"排列"命令，其子菜单中包括"移至顶层""上移一层""下移一层""移至底层"4个命令。

- **移至顶层/移至底层：** 用于将选择的图形移动到最上层或最下层。
- **上移一层/下移一层：** 用于将选择的图形向上或向下移动一层。

（2）对齐图形

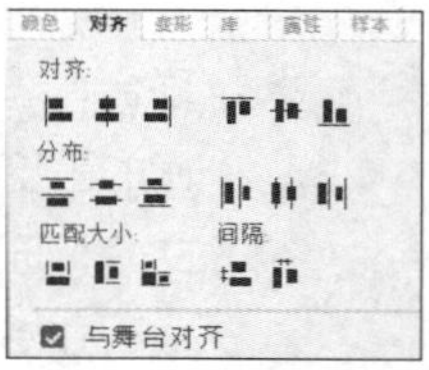

选择需要对齐的多个图形后，选择【窗口】/【对齐】命令，或按【Ctrl + K】组合键，打开"对齐"面板（见图2-93），通过设置面板中的参数可以更快捷地对齐所选图形。

图2-93 "对齐"面板

- **对齐：**用于使选择的图形按照一定的次序对齐，从左到右依次为"左对齐"按钮 ▤、"水平中齐"按钮 ▤、"右对齐"按钮 ▤、"顶对齐"按钮 ▤、"垂直中齐"按钮 ▥、"底对齐"按钮 ▥，功能分别与名称一致。

- **分布：**用于使选择的图形在水平或垂直方向上进行不同的对齐分布。从左到右依次为"顶部分布"按钮 ▤、"垂直居中分布"按钮 ▤、"底部分布"按钮 ▤、"左侧分布"按钮 ▥、"水平居中分布"按钮 ▥、"右侧分布"按钮 ▥，功能分别与名称一致。

- **匹配大小：**单击"匹配宽度"按钮 ▤，表示以所选图形中宽度最大的图形为基准，在水平方向上等尺寸变形；单击"匹配高度"按钮 ▥，表示以所选图形中高度最大的图形为基准，在垂直方向上等尺寸变形；单击"匹配宽和高"按钮 ▥，表示以所选图形中最大的高和宽为标准，在水平和垂直方向上同时等尺寸变形。

- **间隔：**单击"垂直平均间隔"按钮 ▤，所选图形将在垂直方向上间距相等；单击"水平平均间隔"按钮 ▥，所选图形将在水平方向上间距相等。

- **与舞台对齐：**勾选该复选框，表示以整个场景为标准调整图形位置，使所选图形相对于舞台左对齐、右对齐或居中对齐等。如果取消勾选该复选框，则对齐图形时将以各图形的相对位置为标准。

5. 美化图形

美化图形是指使用一定的规则、添加特殊效果来提升图形的美观程度。具体操作方法：选择图形，设置"属性"面板"帧"选项卡中"色彩效果"栏、"混合"栏、"滤镜"栏的参数。但需要注意的是，设置这些参数后，将对当前图形所处帧上的所有图形生效。

（1）使用色彩效果美化图形

"色彩效果"下拉列表中提供"无""亮度""色调""高级""Alpha"5个选项，选择除"无"以外的选项后，下拉列表下方将显示对应的参数设置，可通过拖曳滑块或输入数值来调整。

- **亮度：**用于设置图形的亮度，数值越大，亮度越高。
- **色调：**用于设置当前图形的颜色偏向。
- **高级：**用于进一步调整色调效果，如调整色调的不透明度、各颜色的占比。
- **Alpha：**用于设置图形的不透明度。

（2）使用混合美化图形

使用混合可以改变叠加图形之间的不透明度和颜色相互关系，创造出独特的视觉效果，并且叠加图形不能位于同一个图层。具体操作方法：选择堆叠在最上层的图形，在"混合"下拉列表中选择所需的混合模式，如图2-94所示。

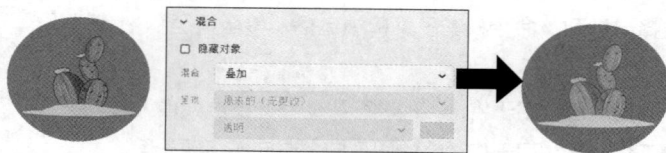

图2-94 使用混合美化图形

51

- **隐藏对象：** 勾选该复选框，可隐藏选择的图形。
- **混合：** 用于设置混合模式，Animate提供了14种选项。

（3）使用滤镜美化图形

选择图形，单击"滤镜"栏右侧的"添加滤镜"按钮 **+**，在打开的下拉列表中选择所需的滤镜模式，该栏下方将出现与所选滤镜模式对应的参数，设置参数后，滤镜添加完成，如图2-95所示。

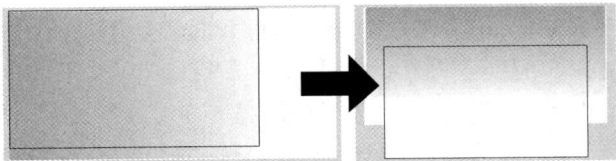

图2-95 使用滤镜美化图形

不同滤镜模式的功能详解

知识补充

滤镜模式共有7种类型，每种类型都有自己的特色。例如，投影滤镜可为图形添加阴影效果，使图形更加立体。另外，不同类型的滤镜能相互叠加，只需在添加某种滤镜后，单击"添加滤镜"按钮 **+**，选择其他类型的滤镜，然后设置对应参数。其他滤镜模式的功能可扫描右侧二维码查看。

知识补充

不同滤镜模式的功能详解

🛠️【任务实施】

1. 变形蓝天、云彩和草坪图形

微课视频

米拉搜集的蓝天、云彩、草坪等图形素材尺寸各异，为此她准备先依次导入这些素材，再适当变形图形来搭建大致场景，具体操作如下。

变形蓝天、云彩和草坪图形

（1）新建宽为"1280像素"、高为"720像素"、平台类型为"ActionScript 3.0"的文件。

（2）导入"蓝天.jpg"图形素材到舞台，选择任意变形工具，将鼠标指针移至右上方的控制点附近，当鼠标指针变为形状时，按住鼠标左键并拖曳以旋转图形。将鼠标指针移至右下方的控制点上，当鼠标指针变为形状时，按住鼠标左键并向上拖曳以缩小图形；接着将鼠标指针移至左方的控制点上，当鼠标指针变为←→形状时，按住鼠标左键并向左拖曳以拉宽图形，效果如图2-96所示。

（3）新建图层，按照与步骤（2）、步骤（3）相同的方法导入并变形"云彩.png""草坪1.png""草坪2.png"图形素材，两个草坪素材在同一个图层中，效果如图2-97所示。

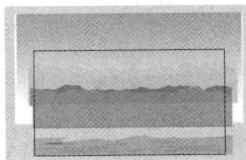

图2-96 变形蓝天图形

图2-97 变形草坪和云彩图形

2. 组合、排列与对齐设施图形

微课视频

组合、排列与对齐
设施图形

米拉打算根据"草坪2.png"图形素材中不同的色彩区域，添加与布局设施图形素材，通过错落有致地摆放图形素材，塑造空间层次感。但为防止设施图形素材位置混乱，米拉打算再使用组合、排列和对齐图形等功能，调整它们的相对位置，使视觉效果更加美观，具体操作如下。

（1）打开"游乐园设施.fla"动画文件，选择秋干图形，按【Ctrl＋C】组合键复制该图形，切换到新建文件中，新建图层，按【Ctrl＋V】组合键粘贴该图形，使用任意变形工具等比例放大该图形。

（2）按照与步骤（1）相同的方法，将"游乐园设施.fla"动画文件中的其他图形粘贴到秋千图形所在的图层中，并适当等比例放大，效果如图2-98所示。

（3）此时，部分图形的堆叠顺序不合理，需要调整。选择吊环图形，单击鼠标右键，在弹出的快捷菜单中选择【排列】/【下移一层】命令。选择单滑梯图形，单击鼠标右键，在弹出的快捷菜单中选择【排列】/【上移一层】命令，效果如图2-99所示。

（4）选择图2-100所示的3个图形，单击鼠标右键，在弹出的快捷菜单中选择【排列】/【移至顶层】命令；打开"对齐"面板，单击"底对齐"按钮，效果如图2-101所示。调整3个图形的间隔位置后，按【Ctrl＋G】组合键组合图形，效果如图2-102所示，再适当调整位置。

（5）选择并复制座椅图形，按照与步骤（4）相同的方法，将两处座椅底对齐，调整位置后组合在一起，效果如图2-103所示。

图2-98　添加与变形设施图形

图2-99　排列吊环和单滑梯图形

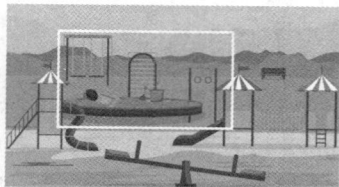

图2-100　选择3个设施图形

图2-101　底对齐3个设施图形

图2-102　调整图形间隔并组合

图2-103　组合座椅图形

3. 修饰与制作树木图形

米拉准备将以前绘制的树冠和树干等图形组合成完整的树木图形，再将其添加到场景中。但该图形的树冠视觉效果不太美观，于是她准备利用修饰图形功能调整树冠，具体操作如下。

微课视频

修饰与制作树木
图形

（1）打开"树木.fla"动画文件，选择"阴影"图层，选择【修改】/【形状】/【将线条转换为填充】命令，使用部分选取工具选择该图层，通过拖曳锚点来调整形状，如图2-104所示，使阴影的轮廓更贴合图形。

（2）按照与步骤（1）相同的方法调整树冠中间图形的形状，如图2-105所示，使树冠图形右侧更加美观。

图2-104 调整树冠阴影

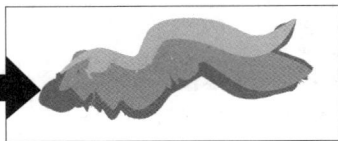

图2-105 调整树冠中间图形

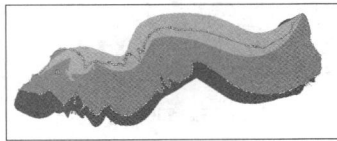

（3）全选树冠图形，按【Ctrl+X】组合键进行剪切，再选择"树干"图层，按【Ctrl+V】组合键粘贴，按【Ctrl+G】组合键组合图形，将其移至右侧小树干上，如图2-106所示。

（4）复制3次树冠图形，并分别粘贴至图2-107所示的位置上；使用任意变形工具 等比例缩放4处的树冠图形，全选所有图形并按【Ctrl+G】组合键组合图形，如图2-108所示。

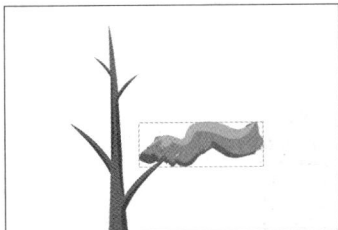

图2-106 组合并调整图形位置　　图2-107 复制、粘贴树冠图形　　图2-108 组合树木图形

（5）选择树木图形，按【Ctrl+C】组合键进行复制，切换到新建文件，将其粘贴在舞台外侧备用。

4. 美化蓝天和云彩图形

米拉打算在布局完树木图形后，使用滤镜功能和色彩效果功能美化蓝天和云彩图形，使其由原来的蓝色变成蓝绿色，增强画面色彩的统一性，具体操作如下。

（1）选择树木图形，将其移至场景左侧并放大，执行两次"下移一层"排列命令。复制该图形，将其粘贴至场景右侧并缩小，调整至图2-109所示的位置。

（2）选择蓝天图形，在"属性"面板"帧"选项卡的"色彩效果"栏中设置颜色样式为"色调"，其余参数的设置如图2-110所示，该图形由蓝色调变为蓝绿色调，如图2-111所示。

图2-109 调整设施图形位置　　图2-110 设置天空图形的色调参数　　图2-111 美化天空图形的效果

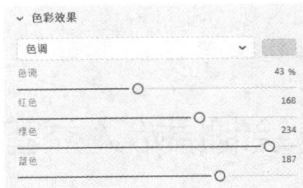

（3）按照与步骤（2）相同的方法美化云彩图形，参数设置如图2-112所示，效果如图2-113所示。

（4）此时蓝天图形和云彩图形色彩融合得有些突兀，在"混合"栏中设置混合为"叠加"，单击"滤镜"栏右侧的"添加滤镜"按钮╋，在打开的下拉列表中选择"模糊"选项，设置模糊X为"20"，效果如图2-114所示。保存文件，设置文件名称为"公园儿童活动区动画场景"。

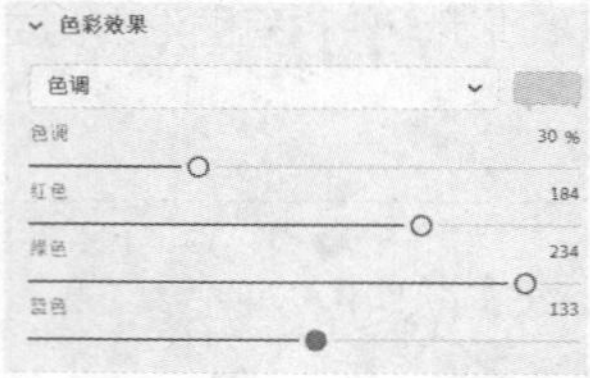

图2-112 设置云彩图形的色调参数 　图2-113 美化云彩图形的效果　图2-114 美化云彩图形的最终效果

制作客厅动画的场景

课堂练习

某动画需要制作一个客厅场景，要求客厅具有落地窗，窗户两侧放置家居设施，图形具有立体感，整体色调统一、氛围温馨。可结合变形图形、组合图形、排列与对齐图形等功能布局提供的图形素材来搭建客厅场景，通过设置"色彩效果"栏、"混合"栏、"滤镜"栏中的参数美化场景中的各个图形，参考效果如图2-115所示。

效果预览

图2-115 客厅动画场景的参考效果

素材位置： 素材\项目2\客厅场景素材\
效果位置： 效果\项目2\客厅动画的场景.fla

综合实战　绘制原始人益智游戏启动图标

老洪见米拉已经熟练掌握了绘制与编辑图形的方法，便放心地将绘制某益智游戏启动图标的任务交给她，要求她尽快给出启动图标的草图，以便与客户沟通确定最终的设计方案。米拉从该游戏的主角外形设计得到灵感，决定绘制主角的Q版大头图形作为启动图标的主体图形，然后添加渐变镂空底托，增强启动图标的设计感。该设计方案得到了客户的认可，于是米拉便按照该方案来绘制启动图标。

【实战描述】

实战背景	某公司开发了一个以原始社会为时代背景的益智类小游戏，旨在为用户带来一段全新而有趣的体验，探索古老的智慧和传统，珍惜发达而便捷的当代社会生活。现需要为该游戏软件设计一个纯图形的启动图标，要求设计别致，能在众多软件启动图标中脱颖而出，引起用户的注意，提高用户使用该软件的频率
实战目标	① 制作尺寸为300像素×300像素，平台类型为ActionScript 3.0的动画文件
	② 使用各种工具绘制原始人轮廓，再为轮廓填充颜色，适当调整线条形状和颜色，使人物轮廓外形平滑、颜色丰富、效果美观
	③ 为主体图形制作镂空的渐变底托，并添加滤镜效果，增添启动图标的设计感和立体感
知识要点	直线工具、钢笔工具、椭圆工具、矩形工具、宽度工具、渐变变形工具

本实战的参考效果如图2-116所示。

效果预览

图2-116 原始人益智游戏启动图标的参考效果

效果位置： 效果\项目2\原始人益智游戏启动图标.fla

【思路及步骤】

绘制图标时，米拉准备按照先绘制人物主体图形，再绘制渐变镂空底托的思路来制作。在绘制人物轮廓时结合路径，以及直线和曲线等不同类型的线条，使人物轮廓流畅、美观。接着为人物填色并调整绘制效果，使主体人物的视觉效果更加精致。然后绘制渐变的正圆角矩形底托并制作镂空效果，增强底托的设计感。最后利用滤镜美化主体图形，增强启动图标的立体感。本实战的制作思路如图2-117所示，参考步骤如下。

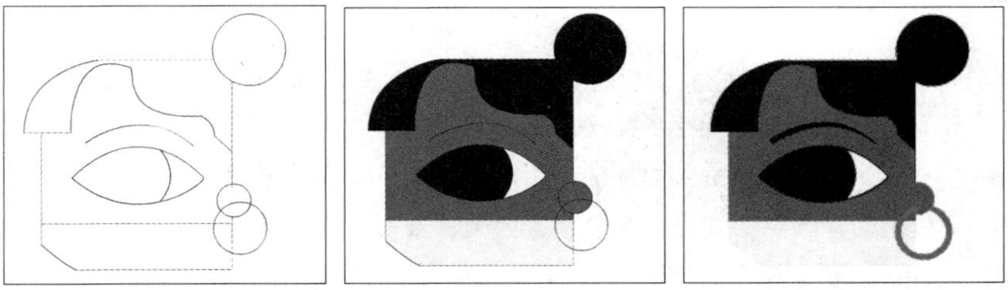

① 绘制人物轮廓

②填充轮廓

③ 调整笔触

图2-117 绘制原始人益智游戏启动图标的思路

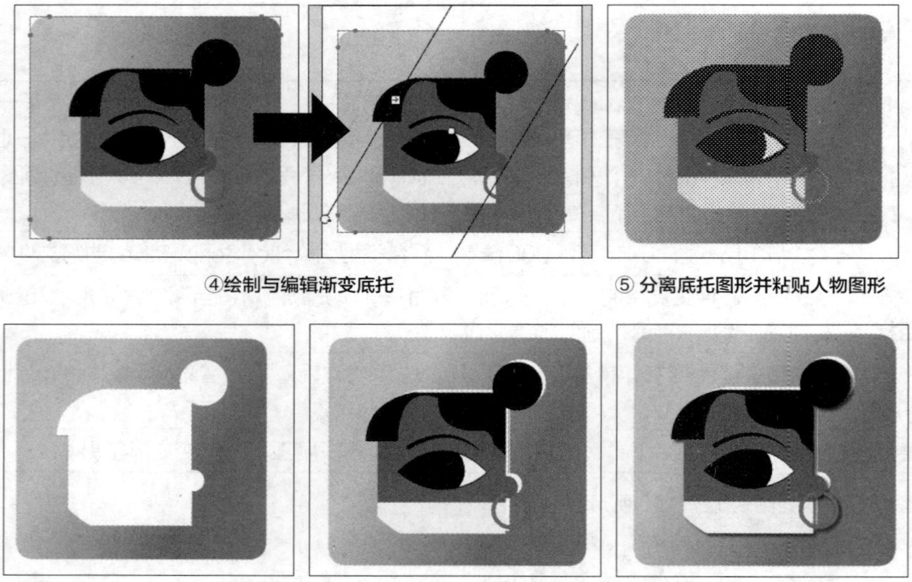

④绘制与编辑渐变底托　　　　　　　⑤ 分离底托图形并粘贴人物图形

⑥删除人物图形　　　　　　　⑦ 制作镂空效果　　　　　　　⑧ 添加滤镜

图2-117　绘制原始人益智游戏启动图标的思路（续）

微课视频
绘制原始人益智游戏启动图标

（1）新建文件，使用线条工具∕、钢笔工具✍、椭圆工具●分别绘制直线、曲线和圆形笔触，并保持笔触参数设置一致，以绘制颜色、宽度相同的人物轮廓。

（2）选择颜料桶工具✎，单击"间隙大小"按钮◻，在打开的下拉列表中选择"封闭大空隙"选项，设置填充的颜色后，在人物轮廓内部单击以填色。

（3）使用宽度工具✎调整眉毛笔触的宽度，使用选择工具▶选择耳环图形，在"属性"面板中调整笔触的颜色和宽度，使用线条工具∕绘制一条直线，截断耳环，接着删除该直线和部分耳环、人物脸部和衣服处的笔触。

（4）新建图层，并将其移到最下层，在"颜色"面板中设置填充为"线性渐变"，使用矩形工具▣绘制正圆角矩形，使用渐变变形工具▣调整渐变的范围和方向，以制作底托。

（5）分离底托图形，选择并复制人物图形到底托图形所在图层，调整位置后，隐藏并锁定原人物所在图层。

（6）删除复制后的人物图形，得到镂空的底托图形，显示并解锁人物图层，调整人物图形位置。

（7）选择人物图形，在"滤镜"栏中添加投影滤镜，保存并命名文件。

课后练习　制作"交通安全提示"动画场景

　　某机构准备在写字楼、广场LED大屏等人流量较多的场合投放"交通安全提示"公益广告动画，提醒往来车辆和市民注意交通安全。现需要为其制作以"公交车站"为主题的动画场景，尺寸为1280像素×720像素，平台类型为ActionScript 3.0。需要先导入图形素材，再使用线条工具∕、形状工具组和"颜色"面板绘制公路、蓝天、云彩、树木等图形，使用组合图形、对齐图形、美化图形等功能，布局场景中的内容，参考效果如图2-118所示。

图2-118 "交通安全提示"动画场景的参考效果

素材位置： 素材\项目2\"交通安全提示"场景素材
效果位置： 效果\项目2\"交通安全提示"动画场景.fla

项目3
添加文本、声音和视频

情景描述

公司新接到一批制作动态胶囊Banner、广告动画和电子贺卡的任务，这些客户对图形动画的要求比较高，希望动画具有丰富的感官效果，并能更直观地传递信息。老洪让米拉参与到这些任务中，米拉根据以前的经验想起在动画中添加文本可以增强信息传达力度，更直观地展示关键信息；添加声音可以获得更丰富的感官体验，调动气氛，强调动作等；添加视频可以丰富动画的视觉效果和情节。它们都是设计动画时常使用的元素，于是米拉便准备在这些设计任务中添加文本、声音和视频元素。

学习目标

知识目标
- 掌握添加与编辑文本的方法。
- 掌握添加与编辑声音的方法。
- 掌握添加视频的方法。

素养目标
- 在工作中尝试打破常规，挖掘新的表现方式，开拓创作思路。
- 保持时刻学习的工作态度，不断提升自身的设计能力。

任务3.1 制作"百亿补贴"动态胶囊Banner

米拉翻看了客户资料，并上网搜集到一些同题材的动画作品，发现动态胶囊Banner的视觉效果常由图形和文本组成。图形的动画形式丰富，但大多是为文本的展现做铺垫，将观众的视线引导到文本上，突出文本。因此米拉决定着重设计动态胶囊Banner的文本效果，使其信息展现直观，视觉效果美观。

【任务描述】

任务背景	胶囊Banner是一种常见的横幅广告形式，其通常表现为一个横向矩形的横幅，并且两侧通常为圆弧形，整体形状看起来像胶囊。某电商网站准备举办"百亿补贴"促销活动，消费者每消费满100元可领35元消费红包。为扩大宣传力度，现需要设计师制作一个动态胶囊Banner放置在电商网站和社交媒体平台上
任务目标	① 制作尺寸为900像素×252像素，时长为3s，平台类型为HTML5 Canvas的动画文件
	② 使用文本工具添加文本，并按照文本信息的重要程度依次设计视觉效果，使信息层级明确
	③ 胶囊Banner动态效果流畅，文本突出，易于识别
知识要点	文本工具、墨水瓶工具、颜料桶工具、"颜色"面板

本任务的参考效果如图3-1所示。

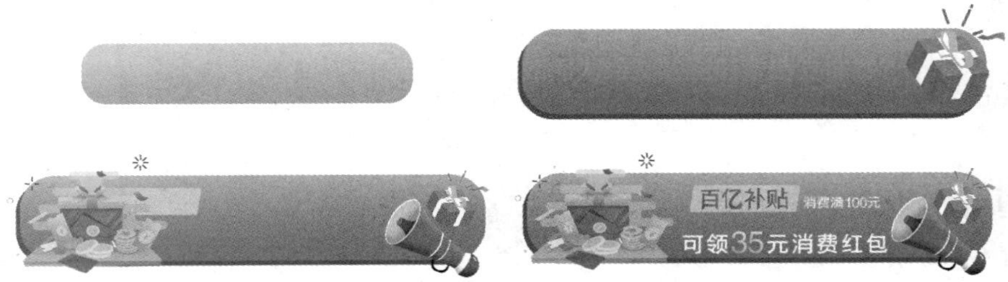

图3-1 "百亿补贴"动态胶囊Banner的参考效果

素材位置： 素材\项目3\动态胶囊Banner.fla
效果位置： 效果\项目3\"百亿补贴"动态胶囊Banner.fla

【知识准备】

老洪告诉米拉，虽然Animate中用于添加文本的工具只有文本工具 T ，但其可以制作的效果极其丰富，因此在制作动态胶囊Banner的任务中可以尝试制作不同类型的文本，如描边文本、渐变文本、变形文本等。米拉听取了老洪的建议，便开始研究文本工具及对应的"属性"面板，以及变形、填充和描边文本的方法。

1. 文本工具

在Animate中，使用文本工具 T 输入可编辑的文本。输入时，按照文本的输入形式可分为输入点文本和输入段落文本。

- **输入点文本：** 选择文本工具 T ，直接在舞台上单击以插入文本定位点，此时出现一个文本框，输入的文本将出现在文本定位点左侧，该文本框会随输入文本的增加而自动变宽，如图3-2所示。文本不会自动进行换行，需手动按【Enter】键换行。

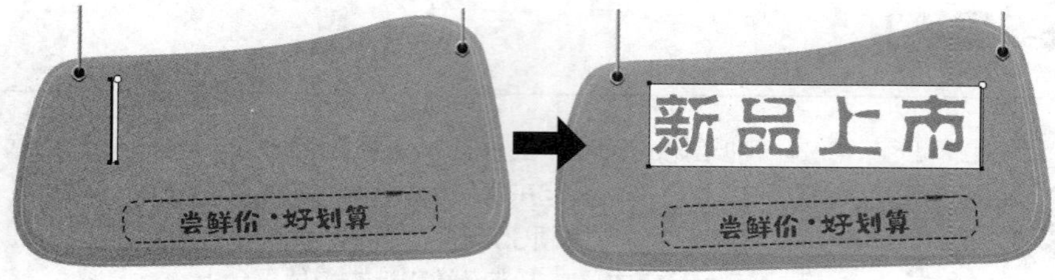

图3-2　输入点文本

- **输入段落文本：** 选择文本工具 T ，在舞台中按住鼠标左键并拖曳，也会出现一个文本框，确定文本框的宽度后，便可输入文本，当输入的文本超过文本框的宽度时，文本会自动进行换行，如图3-3所示。

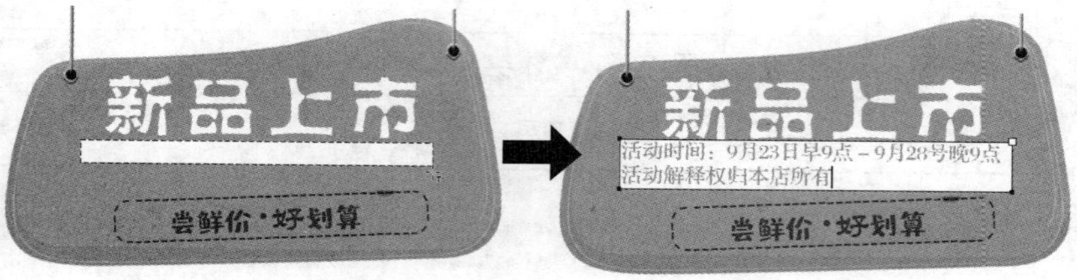

图3-3　输入段落文本

输入文本后，单击文本框以外的区域，文本框消失，表示此时已完成文本的输入，并且文本处于不能编辑的状态。

2. 文本工具的"属性"面板

选择文本工具 T 后，可先在"属性"面板的"工具"选项卡中设置文本的类型、字体样式、字体颜色等参数，然后在舞台中输入文本。选择文本工具 T ，在"属性"面板的"实例行为"下拉列表中可设置文本的类型，如图3-4所示。

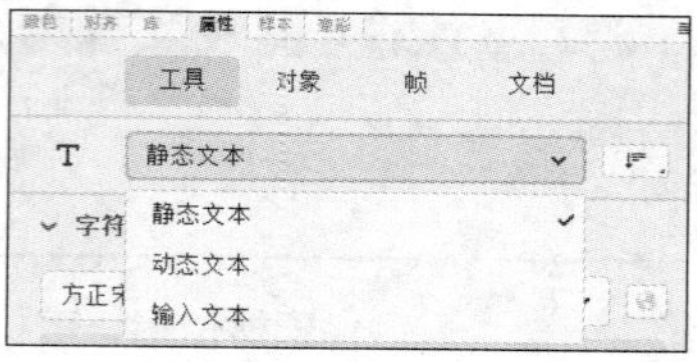

图3-4　"实例行为"下拉列表

- **静态文本。** 静态文本是一种普通的文本类型，在动画播放期间不能编辑与修改，即不能动态地更新。
- **动态文本。** 动态文本是一种可以通过脚本程序来改变其显示内容的文本类型。在动画播放过程中，动态文本的内容可编辑或修改。
- **输入文本：** 选择该选项，在输入文本后会创建一个表单，可通过脚本程序来获取观众输入的文本内容（HTML5 Canvas动画类型不支持输入文本）。在动画播放过程中，观众可输入文本，产生交互效果。

选择的文本类型不同，"属性"面板中的参数也会有所区别，因此文本工具 T 的"属性"面板有3种模式，分别为静态文本模式、动态文本模式和输入文本模式。

（1）静态文本模式的"属性"面板

静态文本模式的"属性"面板中的参数如图3-5所示，其中各参数的作用如下。

- **"改变文本方向"按钮** ：单击该按钮，可在打开的下拉列表中设置文本的方向，包括"水平""垂直""垂直，从左向右"3个选项。
- **字体**：在该下拉列表中可设置文本的字体。
- **嵌入 按钮**：用于嵌入文本使用的字体，以便在其他设备上打开SWF文件时能正确显示文本效果。单击该按钮，将打开"字符"对话框，选择要嵌入的字体轮廓即可。
- **大小**：用于设置字体的大小。
- **字母间距** ：用于设置文本每个字符的间隔。
- **填充**：用于设置文本的字体颜色。
- **填充Alpha** ：用于设置文本字体颜色的不透明度。

图3-5 静态文本模式的"属性"面板

- **自动调整字距**：如果文本的字体含有内置的紧缩信息，勾选该复选框，可自动设置字符距离。
- **呈现**：用于设置文本的呈现方式。其中的"使用设备字体"选项用于指定打开SWF文件时使用计算机上安装的字体显示文本；"位图文本（无消除锯齿）"选项用于关闭消除锯齿功能，不平滑处理文本的边缘；"动画消除锯齿"选项用于为文本创建较平滑的动画；"可读性消除锯齿"选项用于创建边缘更加平滑、在视觉上更加清晰的文本字体；"自定义消除锯齿"选项用于设置文本的粗细、清晰度。
- **"切换上标"按钮** ：用于将选择的文本设置为上标。
- **"切换下标"按钮** ：用于将选择的文本设置为下标。
- **"可选"按钮** ：单击该按钮再输入文本，输出动画文件后，可以选择和复制文本。
- **按钮组**：用于设置段落的对齐方式，从左到右依次为"左对齐"按钮 、"居中对齐"按钮 、"右对齐"按钮 和"两端对齐"按钮 。
- **缩进** ：该数值框用于设置段落的首行缩进。
- **行距** ：该数值框用于设置文本的行间距。
- **左边距** ：该数值框用于设置段落的左缩进。
- **右边距** ：该数值框用于设置段落的右缩进。

（2）动态文本模式的"属性"面板

动态文本模式下"属性"面板中的参数与静态文本模式大致相同，如图3-6所示，但激活了3个新参数，具体介绍如下。

- **"将文本呈现为HTML"按钮** ：单击该按钮，可指定当前文本框中的内容为HTML内容。
- **"在文本周围显示边框"按钮** ：单击该按钮，播放动画时将显示文本框。
- **行为**：当输入的文本多于一行时，在"行为"下拉列表

图3-6 动态文本模式的"属性"面板

中可选择行为选项，包括"单行""多行""多行不换行"3个选项。"单行"选项用于使文本单行显示；"多行"选项用于在输入的文本大于设置的文本限制时，使文本自动换行；"多行不换行"选项用于在输入的文本大于设置的文本限制时，使文本不自动换行。

（3）输入文本模式的"属性"面板

输入文本模式下"属性"面板中的参数与动态文本模式几乎相同，只是"行为"下拉列表中会新增"密码"选项，选择该选项后，选择已输入的文本，或者新输入文本，会形成加密效果，如图3-7所示。

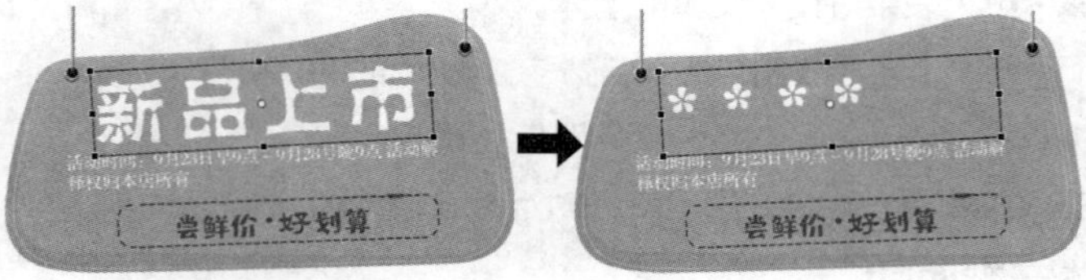

图3-7　输入加密文本

3．变形文本

变形文本是指为文本制作倾斜、旋转、缩放、扭曲等变形效果，与变形图形有异曲同工之处。当文本的字数超过一个时，变形还可以分为整体变形和局部变形。

- **整体变形：** 使用任意变形工具可以整体变形文本，但不能进行扭曲操作。
- **局部变形：** 选择文本，执行两次【修改】/【分离】命令，或按两次【Ctrl + B】组合键（第1次是将文本分离成单个对象，第2次是统一分离单个对象），将它们分别分离为填充图形，如图3-8所示。然后使用任意变形工具或部分选取工具对单个图形进行变形或扭曲操作，如图3-9所示。

图3-8　将文本分离为填充图形 　　　　　图3-9　局部变形文本

4．填充与描边文本

在Animate中使用文本工具 T 输入的文本只能是纯色，若需要填充其他类型的内容或为文本添加描边需要设计师额外进行操作。

（1）填充文本

若需要为文本填充线性渐变、径向渐变、位图，需要先将文本分离为填充图形，然后使用"颜色"面板设置填充类型，再使用颜料桶工具单击文本，如图3-10所示。

（2）描边文本

在Animate中，文本是没有线条属性的，若要为文本添加描边，需要先将文本分离为填充图形，然后使用墨水瓶工具单击文本的边缘，为其赋予线条属性，即描边，如图3-11所示。

图3-10　为文本填充线性渐变、径向渐变、位图　　　　图3-11　描边文本

【任务实施】

1. 输入文本

微课视频

添加文本

胶囊Banner中的装饰图形多位于两侧，中间区域比较空，于是米拉便想在该区域中依次输入活动名称文本、活动条件文本和活动优惠文本，并适当布局文本，具体操作如下。

（1）打开“动态胶囊Banner.fla”动画文件，锁定全部图层，再新建图层，在该图层的第60帧处插入空白关键帧，用于添加文本。

（2）选择文本工具T，选择【窗口】/【属性】命令，打开“属性”面板，在“工具”选项卡中设置实例行为为“静态文本”、字体为“方正韵动中黑简体”、大小为“40pt”，勾选“自动调整字距”复选框，设置填充为“#FFFFFF”，如图3-12所示。

（3）在胶囊图形中部的左上方单击以插入文本定位点，输入“百亿补贴”活动名称文本，如图3-13所示。

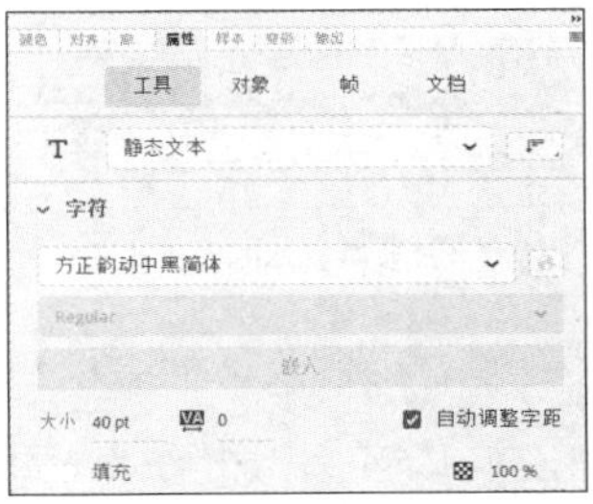

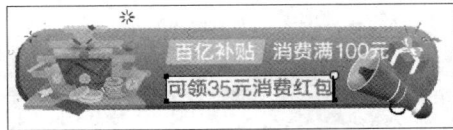

图3-12　设置文本工具参数

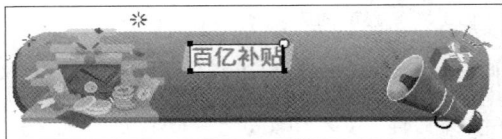

图3-13　输入活动名称文本

（4）选择选择工具▸，将自动选中已输入的文本，按【Ctrl+C】组合键和【Ctrl+V】组合键复制与粘贴文本，将粘贴的文本移至活动名称文本右侧。

（5）选择文本工具T，在右侧的“百亿补贴”文本框中插入文本定位点，拖曳鼠标框选所有文本内容，输入“消费满100元”活动条件文本，如图3-14所示。

（6）按照与步骤（4）、步骤（5）相同的方法，在活动名称文本下方输入“可领35元消费红包”活动优惠文本，效果如图3-15所示。

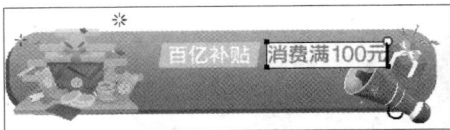

图3-14　修改文本内容

图3-15　输入活动优惠文本

2. 编辑文本的属性

微课视频

编辑文本的属性

虽然文本已经添加完毕，但米拉发现由于文本的字体、大小、间距等属性都一致，导致文本信息层级不清晰，于是她决定通过编辑文本的间距、大小等属性来划分文本信息层级，具体操作如下。

（1）按【Ctrl+Alt+Shift+R】组合键启用标尺，在水平标尺上按住鼠标左键并拖曳到“百亿补贴”活动名称文本下方，创建水平辅助线。使用选择工具▸选择“消费满100元”活动条件文本，在“属性”面板的“对象”选项卡中设置大小为“30pt”，然后调整位置，使其与辅助线底对齐，如图3-16所示。

通过"对象"选项卡编辑文本属性

知识补充

选中文本后，在"属性"面板的"对象"选项卡中也能编辑文本属性，其中的"字符"栏和"段落"栏中的参数与"工具"选项卡一致。但"对象"选项卡还提供了"位置和大小"栏，可以调整文本框的宽度和位置；以及"滤镜"栏，可以为文本添加各类滤镜（平台类型为HTML5 Canvas的文件不支持滤镜功能）。

（2）使用选择工具▶选择"可领35元消费红包"活动优惠文本，在"对象"选项卡中设置间距为"4"，并向左调整位置，然后选择【视图】/【辅助线】/【清除辅助线】命令。

（3）选择文本工具T，在"可领35元消费红包"活动优惠文本的"35"文本处插入定位点并将其框选，在"对象"选项卡中设置大小为"50pt"、间距为"0"；框选"5元"文本，设置间距为"4"，如图3-17所示。

图3-16 调整活动条件文本的大小和位置

图3-17 调整活动优惠文本的大小和间距

3. 制作渐变和描边文本

通过编辑文本属性，文本在视觉上已有主次之分，米拉觉得还可以通过添加色彩来突出关键文本，同时丰富视觉效果。经过思考，米拉打算为活动名称文本和活动优惠文本制作渐变颜色，由于活动条件文本字号较小，可为其添加描边来进行强调，具体操作如下。

微课视频

制作渐变和描边文本

（1）使用选择工具▶选中"百亿补贴"活动名称文本，按两次【Ctrl+B】组合键分离文本，使其成为填充图形，如图3-18所示。

（2）选择【窗口】/【颜色】命令，打开"颜色"面板，设置填充类型为"线性渐变"、颜色为"#EE0979 ~ #FF6A00"。由于分离后的文本处于选中状态，因此已全部添加了渐变颜色。使用选择工具▶单击舞台空白处，取消选中文本，渐变文本的效果如图3-19所示。

图3-18 分离活动名称文本

图3-19 活动名称文本的渐变效果

（3）使用选择工具▶选中"可领35元消费红包"活动优惠文本，按【Ctrl+B】组合键分离文本，再选择"35"文本，按【Ctrl+B】组合键将其分离成填充图形，如图3-20所示。

（4）按照与步骤（2）相同的方法为"35"添加"#FCEABB~#F8B500"的线性渐变颜色，使用渐变变形工具■分别调整"3""5"的颜色渐变方向，如图3-21所示。

图3-20 分离活动优惠文本

图3-21 调整渐变文本的渐变方向

（5）按照与步骤（1）相同的方法分离"消费满100元"活动条件文本，如图3-22所示。选择墨水瓶工具 🖋️，在"属性"面板的"工具"选项卡中设置笔触为"#FFCC00"、笔触大小为"0.1"、样式为"虚线"，依次单击该文本中每字的边缘，为该文本添加描边，如图3-23所示。

图3-22　分离活动条件文本　　　　图3-23　为文本添加描边

4．制作变形文本

微课视频

制作变形文本

为了强调"百亿补贴"的活动主题，米拉打算适当变形活动名称文本，增加活泼感，使其在视觉上与其他两个文本有所区别，具体操作如下。

（1）使用部分选取工具 ▷ 选中"百亿补贴"活动名称文本的"百"文本，单击并向右下方拖曳左上角的锚点，如图3-24所示。

（2）按照与步骤（1）相同的方法继续调整"百"文本的锚点。

（3）按照与步骤（1）相同的方法依次调整"百亿补贴"活动名称文本中剩余文本的锚点，变形效果如图3-25所示。

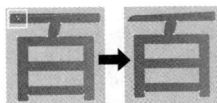　

图3-24　拖曳锚点　　　　图3-25　变形文本效果

（4）按【Enter】键预览动画，如图3-26所示。另存文件，并设置文件名称为"'百亿补贴'动态胶囊Banner"。

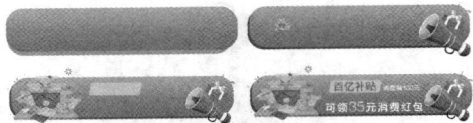

图3-26　预览"百亿补贴"动态胶囊Banner动画效果

制作网店促销动态胶囊Banner

课堂练习

一家以销售玩偶为主营业务的"暖心玩偶"网店需要制作一个商品促销动态胶囊Banner，要求外形美观，能够展示"·下单满3件玩偶可享6折·"的"轻松购"活动信息。可先使用文本工具添加文本，然后依次编辑不同的文本信息，如为店铺名称文本和提示文本填充渐变颜色，为活动名称文本添加描边并变形，参考效果如图3-27所示。

效果预览

图3-27　网店促销动态胶囊Banner的参考效果

素材位置： 素材\项目3\网店促销动态胶囊Banner动态效果.fla
效果位置： 效果\项目3\网店促销动态胶囊Banner.fla

任务3.2   为购物节广告动画添加声音

同事将制作的购物节广告动画交给客户后，客户要求为该动画添加声音，以丰富动画的听觉效果。由于负责该任务的同事正在出差，老洪便交由米拉来添加声音。

【任务描述】

任务背景	临近中秋节，萃易购物中心打算趁此机会举办购物节，以庆贺双节为宣传契机举行促销活动。为了让新老顾客有新鲜感，打算采用动画的形式制作广告，并投放在购物中心和媒体平台。该购物中心提供了一段声音素材，需要设计师将其添加到动画中
任务目标	① 为动画文件添加4s的声音，内容和音量合适
	② 为声音添加淡入、淡出效果，质量较佳，能带给顾客舒适的听觉感受
知识要点	"导入到库"命令、"编辑声音封套"按钮、"声音属性"对话框

本任务的参考效果如图3-28所示。

图3-28   为购物节广告动画添加声音的参考效果

素材位置： 素材\项目3\购物节广告动画.fla、声音素材.wav、角色登场.wav
效果位置： 效果\项目3\购物节广告动画.fla

效果预览

【知识准备】

米拉想要深入了解动画中声音的运用，老洪建议她可先从Animate支持的声音格式入手，再认真研究添加与编辑声音的方法。

1. 声音的格式

由于Animate最终发布的动画是HTML5网页文件，所以Animate常用的声音格式是HTML5网页所支持的WAV和MP3格式。

- **WAV（*.wav）格式。** WAV格式是微软和IBM（International Business Machines Corporation，国际商业机器公司）公司共同开发的计算机端标准声音格式，这种声音格式直接保存对声音波形的采样数据。因为数据没有经过压缩，所以声音的品质很好，但是这种格式所占用的磁盘空间很大，通常一首5min左右的歌曲会占用50MB（MB是存储容量的单位，表示文件、照片、音乐和视频等数据的大小）左右的磁盘空间。

- **MP3（*.mp3）格式。** MP3格式是一种压缩过的声音格式。相比WAV格式，这种格式占用磁盘空间更小，通常5min左右的歌曲只需占用5 ~ 10MB的磁盘空间，这是因为它的比特率只有32 ~ 320kbit/s（千比特/秒）。这种格式拥有较好的声音质量，文件体积较小，便于在互联网上传输，因此使用广泛。

为什么有些MP3和WAV格式的声音无法导入Animate？

疑难解析　　Animate对导入的声音有严格限制，即使声音格式为MP3和WAV，但采样率未设置成11025kHz、22050kHz或44100kHz，位深未设置成8位或16位，也会提示导入失败。这种情况下，可使用格式转换软件（如格式工厂、魔影工厂、Adobe Media Encoder等）处理声音的属性，使其达到要求。

2．添加声音

添加声音时，通常先将声音导入"库"面板。具体操作方法：选择【文件】/【导入】/【导入到库】命令，打开"导入到库"对话框，选择要导入的声音文件，单击 打开(O) 按钮。

导入完成后，打开"库"面板，选择该声音文件，可在预览框中查看声音的波形，预览框右上角将出现"播放"按钮▶和"停止"按钮■，如图3-29所示。单击"播放"按钮▶，可播放声音，"停止"按钮■变为■状态，单击"停止"按钮■可停止播放声音。

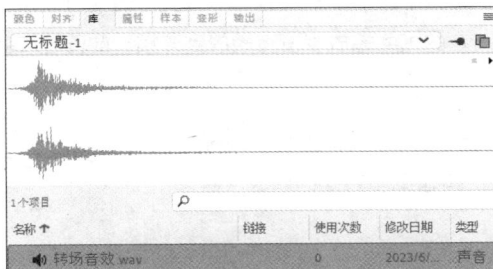

图3-29　导入"库"面板的声音的波形

添加声音的具体操作方法：在"库"面板中选择所需的声音并将其拖曳到舞台中，该声音将自动添加到"时间轴"面板中位于顶部的图层（应处于未锁定状态）中，并且显示声音的波形，如图3-30所示，但为了不妨碍动画效果的制作，通常将声音放置在单独的图层中。添加声音后，按【Enter】键可播放声音效果。

图3-30　添加声音的效果

使用"导入到舞台"命令导入声音

使用"导入到舞台"命令也可以将声音导入舞台，但应在顶部图层中没有内容的情况下使用，否则会导致添加的声音与顶部图层中已有内容处于同一帧。这样后续在对此帧制作动画效果时，会严重影响最终效果的呈现。

3. 声音的表现方式

添加声音后，声音在动画文件中有两种表现方式，即事件声音和流式声音。

（1）事件声音

事件声音由动画中发生的动作触发。例如，单击某个按钮，或者播放到某个设置了声音的关键帧处时，开始播放声音文件。事件声音在播放之前，必须下载到接收媒介上，这样重复播放动画时，才不用再次下载，以作为循环的背景音乐使用。

在使用事件声音时，还需要注意以下要点。

- 事件声音一旦播放，就会从头播放到结尾，不管动画文件是否放慢速度，或重新播放，以及其他事件声音是否正在播放，甚至观众已经浏览到动画的其他内容，事件声音都会继续播放，以至于会出现重音、音画不同步的情况。
- 无论事件声音的时长多长，都只会存在于一个关键帧中。

（2）流式声音

流式声音随动画的播放而载入，通常与动画内容同步播放。在使用流式声音时，还需要注意以下要点。

- 流式声音的时长较长，只下载很小一部分的声音文件后就可以顺利播放。
- 流式声音只会在它所在的帧中播放，没有播放到该帧，或已过该帧，就会停止播放。

4. 编辑声音

若添加的声音不符合心理预期，可以将其替换或删除，还可以通过设置播放效果、声音同步方式、播放次数等操作来编辑声音。

（1）替换与删除声音

替换和删除声音需要使用"属性"面板的"帧"选项卡，如图3-31所示，具体操作如下。

- **替换声音：** 将用于替换的声音添加到"库"面板中，在"时间轴"面板中选择已添加声音的帧，然后在"属性"面板"帧"选项卡的"声音"栏的"名称"下拉列表中选择替换的声音。
- **删除声音：** 在"时间轴"面板中选择已添加声音的帧，在"属性"面板"帧"选项卡的"声音"栏的"名称"下拉列表中选择"无"选项。

（2）设置播放效果

在"时间轴"面板中选择已添加声音的帧，在"属性"面板"帧"选项卡的"效果"下拉列表中可设置声音

图3-31 "属性"面板的"帧"选项卡

的播放效果，其中各选项的作用如下。

- **无：** 不设置任何效果。
- **左声道：** 只在左声道播放声音。
- **右声道：** 只在右声道播放声音。
- **向右淡出：** 使声音从左声道传到右声道，并逐渐减小其音量。
- **向左淡出：** 使声音从右声道传到左声道，并逐渐减小其音量。
- **淡入：** 使声音在持续时间内，逐渐增大其音量。
- **淡出：** 使声音在持续时间内，逐渐减小其音量。
- **自定义：** 用于自行创建声音效果，并利用"编辑封套"对话框编辑声音。

（3）设置声音同步方式

设置声音同步方式是指协调声音和动画的播放过程，使动画效果得到优化。具体操作方法：在"时间轴"面板中选择已添加声音的帧，在"属性"面板"帧"选项卡的"同步"下拉列表中选择声音同步方式，其中各选项的作用如下。

- **事件：** 使声音与事件的发生同步开始。当动画播放到声音的开始关键帧时，事件声音开始独立于时间轴播放，即使动画停止，声音也会继续播放直至完毕。
- **开始：** 适用于一个动画中添加了多个声音文件，并且它们的某些部分在时间轴上重合的情况。播放动画时，如果有其他声音正在播放，到了该声音开始播放的帧时，则会自动取消该声音的播放；只有没有其他的声音在播放，该声音才会开始播放。
- **停止：** 用于停止播放指定的声音。当动画播放到该声音的开始帧时，该声音和其他正在播放的声音都会在此时停止。
- **数据流：** 声音同步方式的默认选项，用于自动调整动画和声音，使它们同步播放，并且在导出动画时，声音将混合在动画中一起导出。

（4）设置播放次数

在"时间轴"面板中选择已添加声音的帧，在"同步"下拉列表下方的下拉列表中选择"重复"选项，可以在其后的数值框中设置声音文件的播放次数；选择"循环"选项将一直循环播放声音。

（5）调整声音的持续时间和音量

在"时间轴"面板中选择已添加声音的帧，在"属性"面板的"帧"选项卡中单击"编辑声音封套"按钮 ◆ ，打开"编辑封套"对话框，对话框如图3-32所示，在该对话框中可以调整声音的持续时间和音量。

- **调整声音的持续时间：** 在"编辑封套"对话框中，拖曳声音进度标尺左侧的滑块至声音的开始位置，再拖曳该对话框的滚动条至右侧，然后拖曳右侧滑块至声音的结束位置，最后单击 确定 按钮，如图3-32所示。此时，"时间轴"面板中声音的第1帧变为左侧滑块所标记的位置。
- **调整音量：** 在"编辑封套"对话框中，在波形窗口内拖曳音量控制线，拖曳时将出现黑色实心矩形，释放鼠标后，黑色实心矩形变为空心矩形，即控制锚点，向下拖曳可降低音量，如图3-33所示，向上拖曳可增加音量，完成后单击 确定 按钮。若不需要某些控制锚点，将其选中并拖出波形窗口即可。

"编辑封套"对话框中各参数的作用如下。

- **效果：** 该下拉列表的作用和选项与"帧"选项卡中的"效果"下拉列表一致。
- **"播放声音"按钮 ▶：** 单击该按钮，播放声音，但若在"效果"下拉列表中选择"无"选项，则不会播放声音。

- **"停止声音"按钮▪：** 单击该按钮，停止播放声音。
- **"放大"按钮⊕：** 单击该按钮，放大波形窗口的显示比例。
- **"缩小"按钮⊖：** 单击该按钮，缩小波形窗口的显示比例。
- **"秒"按钮⊙：** 单击该按钮，声音进度标尺以秒为单位进行显示。
- **"帧"按钮▥：** 单击该按钮，声音进度标尺以帧为单位进行显示。

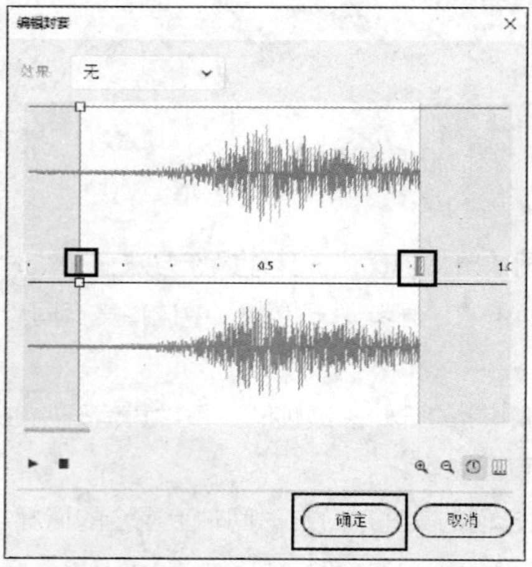

图3-32　调整声音的持续时间

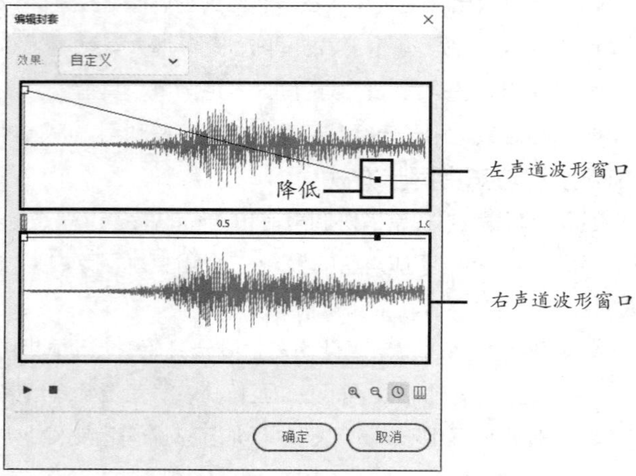

图3-33　调整音量

（6）设置声音属性

若要设置声音属性，以控制声音文件的导出质量和大小，需要在"库"面板中双击声音文件图标◀），打开"声音属性"对话框，该对话框中显示了声音文件的相关信息，如图3-34所示，其中各参数的作用如下。

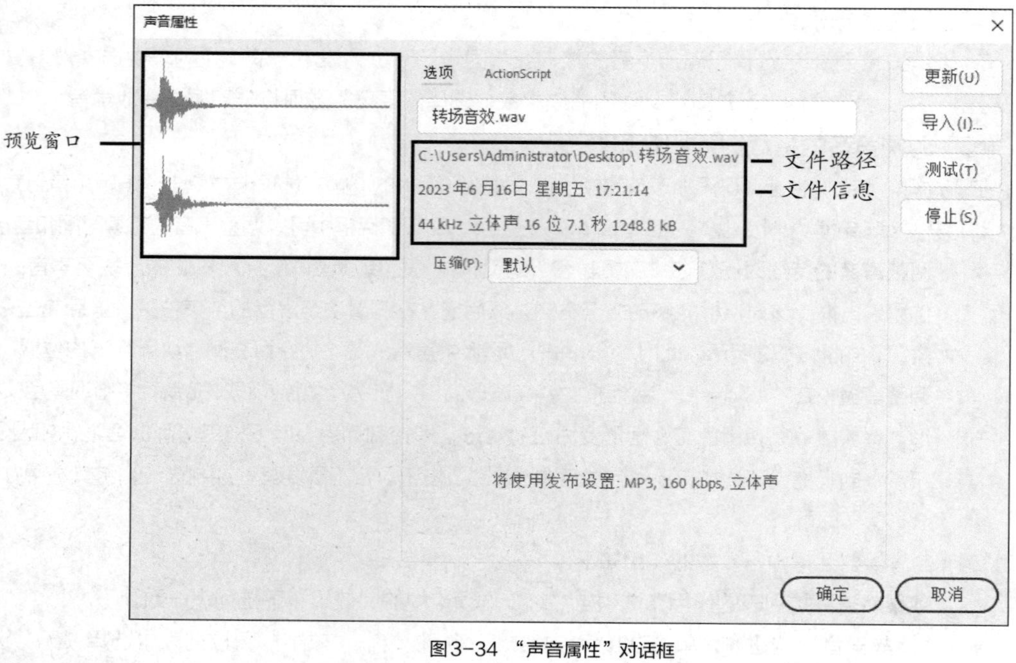

图3-34　"声音属性"对话框

- **预览窗口：** 用于显示声音的波形。如果声音文件是立体声，则会出现左声道和右声道；如果声音文件是单声道，则只显示一个声道。
- **文件名：** 用于显示当前声音文件的名称，也可以在此重命名声音文件。
- **文件路径：** 用于显示声音文件的最初导入路径。
- **文件信息：** 用于显示声音文件的修改时间、采样率、声道信息、位深度、持续时间（以 s 为单位）、原始文件大小。
- 更新(U) **按钮：** 如果导入的声音文件在外部进行了修改，单击该按钮可以更新声音文件。
- 导入(I) **按钮：** 单击该按钮，打开"导入声音"对话框，可以在其中重新选择一个声音文件来替换当前的声音文件。
- 测试(T) **按钮：** 单击该按钮，可以播放声音文件。调整任意属性后最好测试一下声音效果，以免声音效果不佳。
- 停止(S) **按钮：** 单击该按钮，可以停止播放声音文件。
- **压缩：** 用于设置当前声音文件的压缩方式，选择除"默认"以外的选项，该下拉列表的下方将出现不同的参数设置。选择"默认"选项，将使用"MP3，16kbps，单声道"格式压缩声音文件；选择"ADPCM"选项，会将声音文件压缩成16位的声音数据，该选项较适合持续时间短的声音文件；选择"MP3"选项，将使声音文件压缩为原来的1/10，而对音质没有明显影响；选择"Raw"选项，导出声音时将采用新的采样率进行采样，并影响声音文件的压缩方式；选择"语音"选项则声音文件不经过压缩就导出。

如果设计师没有在"声音属性"对话框中设置声音的属性，那么导出动画文件时，Animate 将使用"发布设置"对话框中默认的参数设置导出声音，当然也可以在其中自定义声音参数。

声音的常见术语

知识补充

声音的可视化显示通常为波形，波形能反映出声音的特征。采样率又称取样频率，是指将模拟的声音波形转换为音频时，每秒钟所抽取声波幅度样本的次数。想要熟练运用声音，应了解声音常见术语的相关内容，扫描右侧二维码，可查看详细内容。

知识补充

声音的常见术语

【任务实施】

1. 添加背景声音

米拉聆听客户提供的声音素材后，发现该素材由开场音效和广告语组成，但开场音效与画面不太相配，经过沟通后，客户让米拉自行替换开场音效，于是米拉准备将自己搜集的声音素材和客户提供的声音素材都添加到动画文件中，以便进行替换，具体操作如下。

微课视频

添加背景声音

（1）打开"购物节广告动画.fla"动画文件，选择【文件】/【导入】/【导入到库】命令，打开"导入到库"对话框，选择"角色登场.wav"和"声音素材.wav"文件，单击 打开(O) 按钮，如图3-35所示。

（2）选择【视图】/【库】命令，打开"库"面板，查看导入的文件，如图3-36所示。

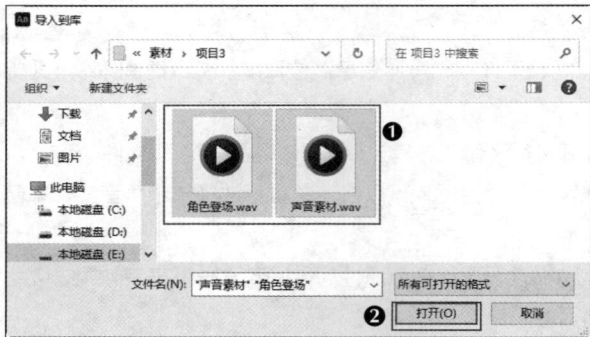

图3-35　导入背景声音

图3-36　查看导入的文件

（3）新建图层，在"库"面板中选中"角色登场.wav"文件，并将其拖曳到舞台中，此时该声音将
　　　被添加到新建的图层中。

（4）按照与步骤（3）相同的方法将"声音素材.wav"文件添加到另一个新建的图层中，背景声音
　　　添加完毕，效果如图3-37所示。

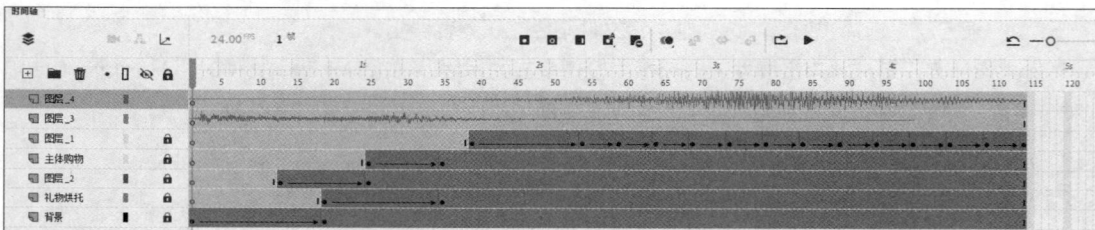

图3-37　添加背景声音的效果

2. 调整背景声音的持续时间和音量

　　米拉预览动画后，发现"声音素材.wav"文件中的广告语并未完全播放，于是
她准备通过调整声音持续时间的方式删除开场音效，使广告语能够完整播放，同时
降低音量，使其与"角色登场.wav"文件的音量相适配，具体操作如下。

微课视频
调整背景声音
的持续时间和
音量

（1）在"时间轴"面板中选择"图层_4"的首帧，在"属性"面板"帧"选项
　　　卡中单击"编辑声音封套"按钮，打开"编辑封套"对话框，单击"缩
　　　小"按钮缩小波形窗口的显示比例。

（2）由于需要去除的开场音效位于广告语的左侧，因此只需拖曳声音进度标尺左侧的滑块至广告语
　　　声音的开始位置，如图3-38所示。

（3）将鼠标指针移至左声道波形窗口右上角的控制锚点上，向下拖曳以降低整个左声道的音量，

（4）按照与步骤（3）相同的方法调整右声道的音量，使两条音量控制线的高度一致，如图3-39所
　　　示，此时，"效果"下拉列表将自动变为"自定义"选项，表示调整效果已生效。

（5）单击"播放声音"按钮播放调整后的声音，确定无误后，单击确定按钮，图层中的声音波
　　　形如图3-40所示。

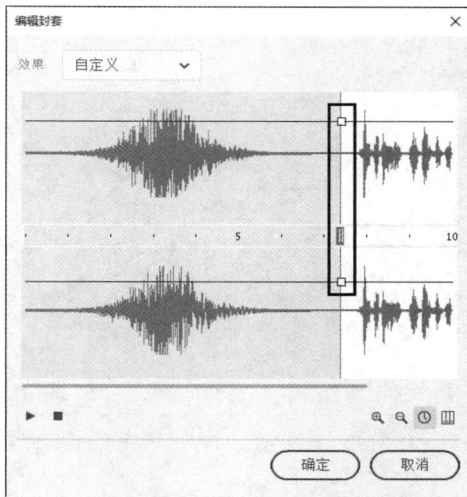

图3-38 调整声音的持续时间　　　　　　图3-39 调整声音的音量

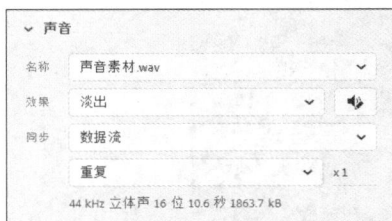

图3-40 剪辑声音并调整音量后的效果

3. 设置声音的淡入、淡出效果和属性

目前，由于图层中的声音位置重叠，导致两个声音同时播放，于是米拉准备调整声音的帧位置，并设置声音的播放效果和属性，使声音效果更加和谐，具体操作如下。

（1）选择"图层_4"的首帧，按住鼠标左键，将其拖曳至第38帧处，释放鼠标，在"属性"面板"帧"选项卡中设置效果为"淡出"，如图3-41所示。

（2）选择"图层_3"的首帧，设置效果为"淡入"，如图3-42所示。

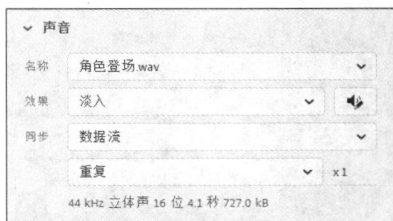

图3-41 设置声音素材文件的淡出效果　　　图3-42 设置声音素材文件的淡入效果

（3）在"库"面板中双击"声音素材.wav"文件图标，打开"声音属性"对话框，设置压缩为"MP3"，取消勾选"将立体声转换为单声道"复选框，设置比特率为"128kbps"、品质为"最佳"，单击"确定"按钮，如图3-43所示。

（4）按照与步骤（3）相同的方法调整"角色登场.wav"文件的声音属性，使其参数与"声音素材.wav"文件一致，保存文件，最终效果如图3-44所示。

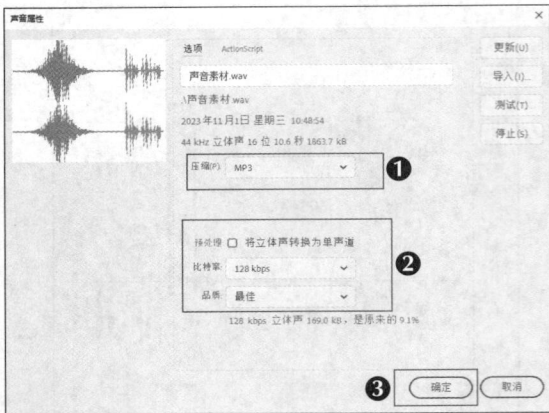

图3-43　设置声音素材文件的属性

图3-44　最终效果

设计素养

在动画中添加声音时，应当准确地感知动画和声音的节奏、情感等特性，并将这些特性互相匹配，以强调动画中的重点内容，渲染氛围和强化情感表达。同时应该掌握一些基本的声音处理方法，保证声音的质量和表现效果，使声音与动画画面之间更加协调、自然。因此，不应只局限于一个领域的钻研，而应能灵活运用其他领域的知识为自己的设计作品增加亮点，且保持积极的学习态度，在职业生涯中不断提升设计能力。

为家装节广告动画添加声音

课堂练习

某家居网店委托设计公司制作一则广告动画，要求色彩鲜艳，搭配活泼的声音效果，且契合动画画面。可先将搜集到的声音素材添加到动画中，通过调整播放效果、声音持续时间、音量、声音属性等方式提升声音的质量，参考效果如图3-45所示。

图3-45　为家装节广告动画添加声音的参考效果

素材位置：	素材\项目3\家装节广告动画.fla、动感音乐.wav
效果位置：	效果\项目3\家装节广告动画.fla

任务3.3 为中秋节电子贺卡添加视频

中秋节快到了，公司为每位员工准备了中秋礼品，并打算在节日当天向员工邮箱发送一张电子贺卡，该贺卡需要由设计部提前设计并制作。老洪将这一任务交给了米拉，她打算先为中秋节电子贺卡绘制美观的外形，再将视频添加到其中，并调整成合适的大小。为快速完成工作，她开始搜集所需的素材。

【任务描述】

任务背景	公司为庆祝中秋节，打算通过邮箱向每位员工发送一张电子贺卡，表达对员工的节日祝福和关怀。贺卡需要采用卡通动画的形式进行设计，并包含具有中秋美满团圆之意的视频和中秋祝福视频
任务目标	① 制作尺寸为2548像素×1536像素，时长为6s，帧速率为25帧/秒，平台类型为ActionScript 3.0的动画文件
	② 使用导入素材和绘制图形的方式制作电子贺卡的背景，然后导入视频，美化视频的外观，使电子贺卡的背景与视频融合更加自然
知识要点	"导入视频"命令
素材位置：	素材\项目3\中秋节.png、中秋佳节.flv、兔子.fla
效果位置：	效果\项目3\中秋节电子贺卡.fla

本任务的参考效果如图3-46所示。

效果预览

图3-46 为中秋节电子贺卡添加视频的参考效果

【知识准备】

米拉了解到在Animate中可以添加视频，但是不能编辑视频，如修改视频内容、调色等。为此，米拉打算先掌握相关知识，如Animate支持的视频格式、导入视频的方法等，以确定所要搜集的视频的具体要求，再展开制作。

1. 视频的格式

在Animate中，只能导入MP4、WebM和FLV格式的视频，这3种格式的具体介绍如下。

- **MP4（*.mp4）格式：** MP4是一套用于音频、视频信息的压缩编码标准，由国际标准化组织（International Organization for Standardization，ISO）和国际电工委员会（International Electrotechnical Commission，IEC）下属的动态图像专家组（Moving Picture Experts Group，MPEG）制定，主要用于网上视频、光盘、语音发送（视频电话），以及电视广播等。

- **WebM（*.webm）格式：** WebM是一个开放、免费的视频文件格式，WebM格式的视频是基于HTML5标准的，包括VP8影片轨和Ogg Vorbis音轨。

- **FLV（*.flv）格式：** FLV（Flash Video）格式是Adobe Systems开发的一种将视频和音频内容传输到互联网上的标准格式。FLV格式通常使用Sorenson Spark（Flash MX内置的运动视频编解码器）或者H.264视频编解码器进行压缩编码，并支持MP3、AAC等音频编解码器。Animate支持的FLV格式文件，其视频编码率为FLV1，音频格式为MP3。

2. 导入视频

选择【文件】/【导入】/【导入视频】命令，打开"导入视频"对话框的"选择视频"向导界面，设置好导入视频的方式和选择视频文件后，依次单击 下一步 按钮，直到显示"完成视频导入"向导界面，单击 完成 按钮完成导入。

图3-47所示为"导入视频"对话框的"选择视频"向导界面。选择视频共有以下两种方法。

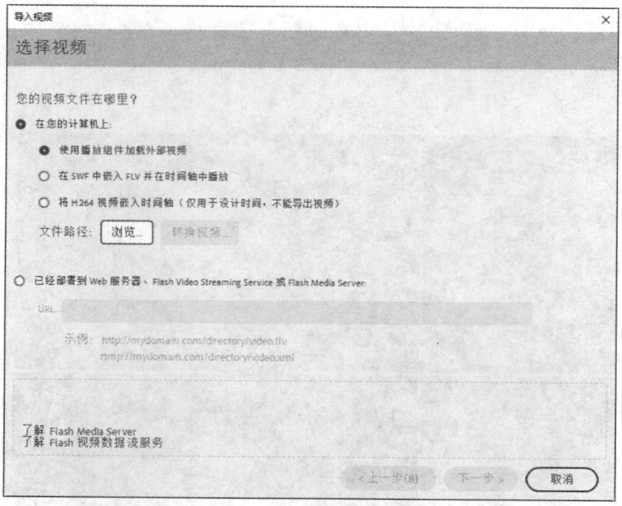

图3-47 "导入视频"对话框的"选择视频"向导界面

- **使用计算机上已有的视频：** 单击 浏览 按钮，打开"打开"对话框，选择视频文件，单击 打开(O) 按钮返回"导入视频"对话框，转换视频 按钮被激活，单击该按钮，弹出图3-48所示的提示对话框，单击"确定"按钮，打开Adobe Media Encoder，以转换视频的编码标准。

图3-48 提示对话框

- **使用已经部署到Web服务器、Flash Video Streaming Service或Flash Media Server 的视频：** 选中"已经部署到Web服务器、Flash Video Streaming Service或Flash Media Server"单选项，激活"URL"文本框，在文本框中输入视频链接，以流文件或渐进式下载文件的形式导入视频。

知识补充

URL

URL（Uniform Resource Locator，统一资源定位符）是互联网上用于标识和定位资源的地址，资源可以是网页、图像或文件等。

若想使用计算机上已有的视频，选择视频文件后，还需要选中 浏览... 按钮上方3个单选项中的任意一个，以确定导入视频的方式。这3种方式分别具有不同的作用，也是较为常用的导入视频的方式。

（1）使用播放组件加载外部视频

选中"使用播放组件加载外部视频"单选项，导入视频后将创建FLVplayback组件的实例以控制回放，若要在其他计算机或平台中查看，需要先下载该视频，才能正常播放。

选中该单选项后，单击 下一步 按钮，进入"设定外观"向导界面，如图3-49所示。

- **外观：** 用于选择视频外观，选择"自定义外观URL"选项，将激活下方的"URL"文本框；选择"无"选项，视频下方将不会出现播放条。
- **颜色：** 用于设置播放条的颜色和颜色不透明度。

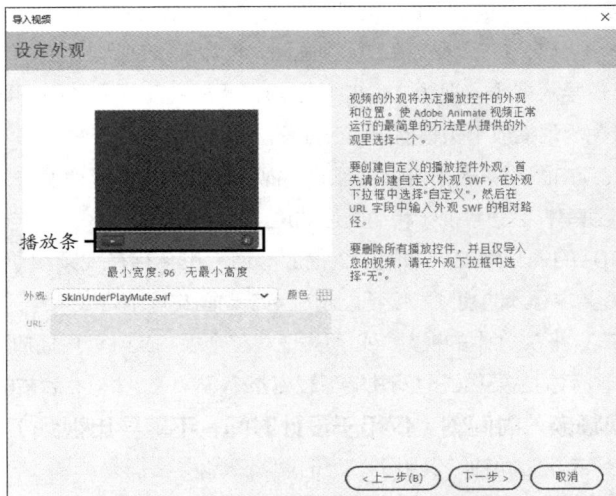

图3-49 "导入视频"对话框的"设定外观"向导界面

（2）在SWF中嵌入FLV并在时间轴中播放

选中"在SWF中嵌入FLV并在时间轴中播放"单选项，单击"下一步"按钮，进入图3-50所示的"嵌入"向导界面，其中各选项的介绍如下。

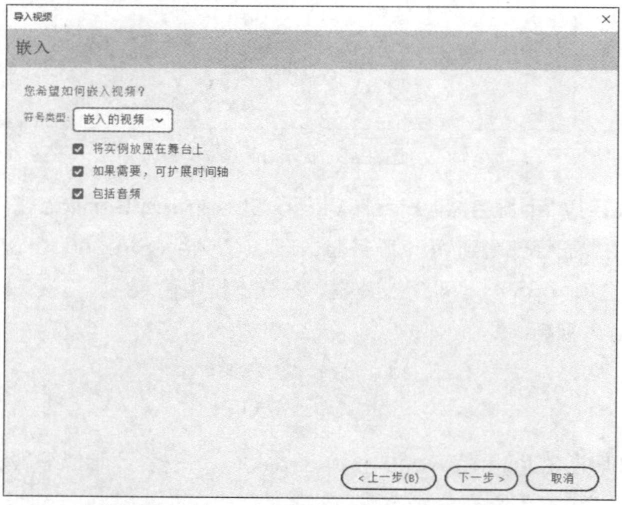

图3-50 "导入视频"对话框的"嵌入"向导界面

- **符号类型：** 用于设置将视频嵌入文件的类型。选择"嵌入的视频"选项，可以将视频放置在时间轴中，看到时间轴中每个帧代表的视频内容。选择"影片剪辑"选项，可将视频置于影片剪辑元件中，观众能与影片进行交互。选择"图形"选项，可将视频嵌入图形元件，观众无法与之交互。
- **将实例放置在舞台上：** 勾选该复选框，嵌入的视频将同时放置在舞台和"库"面板中；取消勾选该复选框，嵌入的视频将仅放置在"库"面板中。
- **如果需要，可扩展时间轴：** 勾选该复选框，当视频的帧数多于当前动画文件的帧数时，可以增加动画文件帧的数量以完全显示视频内容；取消勾选该复选框，将不能增加帧的数量，仅以当前文件帧数显示视频内容。
- **包括音频：** 勾选该复选框，若嵌入的视频包含声音，则视频画面和声音均可以正常播放；取消勾选该复选框，嵌入的视频仅播放视频画面，声音则被去除。

采用嵌入视频的形式导入视频，视频文件的数据都将添加到动画文件中，导致动画文件和生成的SWF文件比较大，为避免出现播放卡顿等情况，应注意以下要点。

- 由于导入的视频由图层中的帧表示，因此，视频和动画文件必须设置为相同的帧速率。如果使用不同的帧速率，会导致视频和动画运动速度不一致。
- 将时长超过10s的视频添加到动画中，播放时通常也会存在视频和动画效果不同步的问题，为此Animate要求导入的视频长度不能超过当前动画文件16000帧。
- 若要播放嵌在SWF文件中的视频，必须先下载整个视频文件，再播放该视频。如果嵌入的视频文件过大，则可能需要很长时间才能下载完整个SWF文件，然后才能开始播放。

（3）将H.264视频嵌入时间轴（仅用于设计时间，不能导出视频）

选择"将H.264视频嵌入时间轴（仅用于设计时间，不能导出视频）"单选项，单击"下一步"按钮，也将进入"嵌入"向导界面，但是会新增"匹配文档FPS（将根据需要删除或重复视频中的帧）"复选框，勾选该复选框，导入的视频将根据当前文件的帧速率来调整帧速率，调整的方式是删除某些视频帧，或重复某些视频帧。最终嵌入时间轴的H.264视频都只能在制作动画时使用，不能随动画一起导出。

H.264

H.264是一种视频编码标准，也称高级视频编码（Advanced Video Coding，AVC）。它通过压缩数字视频信号，可以将视频数据编码为更小的文件，同时保持较高的视觉质量。常见的采用H.264编码的视频格式便是MP4格式。

【任务实施】

1. 制作电子贺卡背景

米拉准备先新建与视频帧速率一致的文件，再绘制视频的背景，这样既能明确视频的位置，又能装饰视频，使电子贺卡画面美观，具体操作如下。

（1）新建宽为"2548像素"、高为"1536像素"、帧速率为"25.00"、平台类型为"ActionScript 3.0"的文件。

（2）导入"中秋节.png"素材到舞台中，使用任意变形工具調整其大小，然后单击"剪切掉舞台范围以外的内容"按钮。

（3）新建图层，选择矩形工具，设置填充为"#FFFFFF"、笔触为"#FF9900"、笔触大小为"11"、样式为"锯齿线"，绘制一个尺寸为1920像素×1080像素的矩形，如图3-51所示。

（4）新建图层，打开"兔子.fla"动画文件，将舞台中的图像复制到新建的文件中，然后调整其到矩形的右下角位置，如图3-52所示。

> 微课视频
>
> 制作电子贺卡背景

图3-51 绘制矩形

图3-52 添加兔子图像

2. 添加中秋节视频

确定好视频在贺卡中的位置后，米拉准备将视频素材以嵌入的形式添加到矩形中，再调整动画文件的持续时间，使其与视频的持续时间一致，具体操作如下。

（1）新建图层，选择【文件】/【导入】/【导入视频】命令，打开"导入视频"对话框的"选择视频"向导界面，选中"在SWF中嵌入FLV并在时间轴

> 微课视频
>
> 添加中秋节视频

中播放"单选项，单击 浏览 按钮，打开"打开"对话框，选择"中秋佳节.flv"视频文件，单击 打开(O) 按钮，如图3-53所示，返回"导入视频"对话框。

（2）单击 下一步> 按钮进入"嵌入"向导界面，设置图3-54所示的参数。

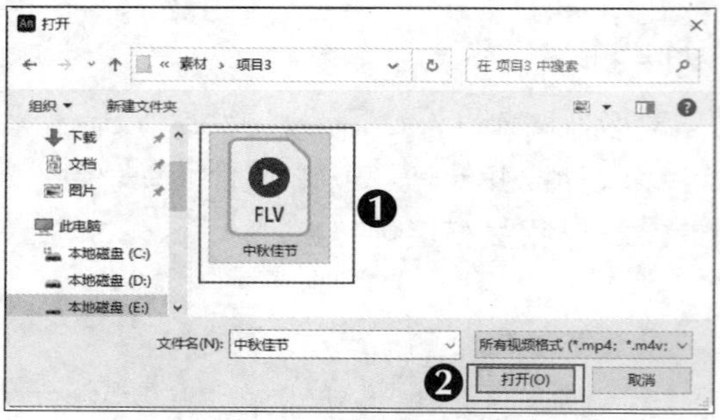

图3-53　选择视频文件

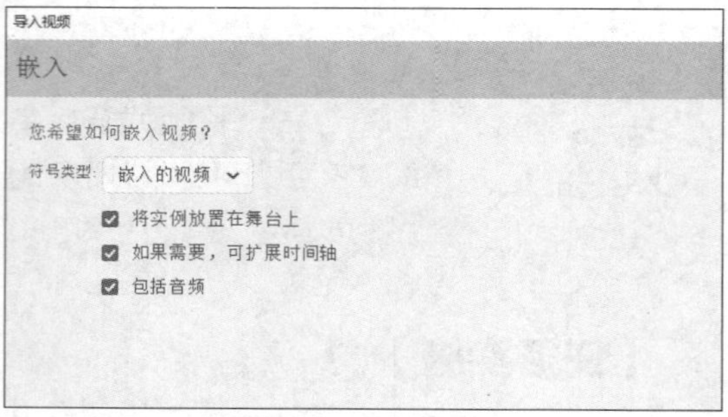

图3-54　设置"嵌入"向导界面参数

（3）单击 下一步> 按钮进入"完成视频导入"向导界面，单击 完成 按钮，完成视频导入。使用任意变形工具调整视频的大小与位置，使视频刚好在绘制的矩形内部，如图3-55所示。

（4）拖曳"图层_4"到"图层_3"的下方，使兔子图像能完全显示，效果如图3-56所示。

图3-55　导入视频的效果

图3-56　调整图层堆叠顺序的效果

（5）使用选择工具框选所有图层的第175帧，单击鼠标右键，在弹出的快捷菜单中选择"插入帧"命令，延长场景的持续时间。

（6）按【Enter】键，预览视频的播放效果，如图3-57所示。保存文件，并设置文件名称为"中秋节电子贺卡"。

图3-57　中秋节电子贺卡最终效果

为生日电子贺卡添加视频

课堂练习

公司准备在祝贺员工生日快乐的邮件中添加动画形式的生日电子贺卡，需要设计师制作一个视觉效果精良的生日电子贺卡，并添加生日蛋糕视频和生日歌曲。制作时可以先导入图形素材、复制气球动画元素、绘制视频装饰框，然后导入视频并调整文件的持续时间，参考效果如图3-58所示。

效果预览

图3-58　为生日电子贺卡添加视频的参考效果

素材位置： 素材\项目3\生日贺卡背景.jpg、礼物.png、气球.fla、生日蛋糕.flv
效果位置： 效果\项目3\生日电子贺卡.fla

综合实战　制作国庆节促销广告动画

临近国庆节，与其相关的设计委托源源不断，老洪将制作国庆节促销广告动画的任务交给米拉，告诉她客户要求动画内容丰富，元素多样。米粒正好可以将近期学到的添加文本、声音、视频的知识用到其中，于是欣然接受，准备在画面中和谐融入图像、动态效果、文本、声音和视频等多种元素。

【实战描述】

实战背景	萃易购物中心发现之前制作的购物节广告动画广受好评，且在活动期间人流量明显上升，因此，面对即将到来的国庆节，该购物中心准备继续采用广告动画的方式吸引顾客，并继续开展促销活动。现需要设计师制作国庆节促销广告动画，要求能在其中添加庆祝国庆节的视频内容，以此引出开展促销活动的目的，并传递激情四射的国庆节气氛和对祖国的热爱之情
实战目标	① 制作尺寸为1280像素×720像素，时长为8s，帧速率为25帧/秒，平台类型为ActionScript 3.0的动画文件
	② 通过添加视频、图像、动画、文本等元素，形成对比强烈的场景，并丰富广告内容，点明广告主题和目的
	③ 在动画中添加慷慨激昂的背景声音，通过音画结合来引起顾客注意，同时提升顾客的视听感受
知识要点	"导入到舞台"命令、"导入视频"命令、"分离"命令、墨水瓶工具

本实战的参考效果如图3-59所示。

图3-59　国庆节促销广告动画的参考效果

素材位置： 素材\项目3\金丝框.png、红旗.fla、国庆节.flv、庆祝国庆背景音.wav
效果位置： 效果\项目3\国庆节促销广告动画.fla

【思路及步骤】

　　由于视频文件的场景颜色主要以青色为主，因此可以将舞台调整为相同的颜色，使两者更加和谐。同时添加以红色和橙色为主的边框和文本框，以红青对比色增强场景的反差感。然后在文本框上添加渐变文本，与纯色文本框形成反差，突出文本。由于声音文件持续时间明显大于视频持续时间，因此还需要剪辑该声音文件，并添加淡出播放效果，使剪辑后的声音结束得比较自然。最后根据添加的声音的节奏，适当调整文本框和文本的出场时间，使其效果更加自然，如图3-60所示，参考步骤如下。

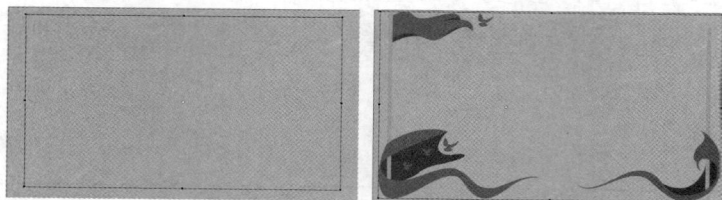

① 导入视频　　　　　　　　　　② 添加动画和图像元素

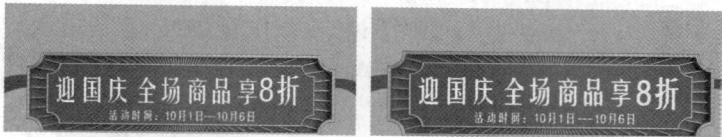

③ 添加活动信息文本和活动时间文本　　　④ 分离活动信息文本并调整颜色和位置

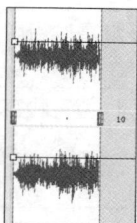

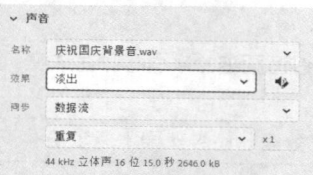

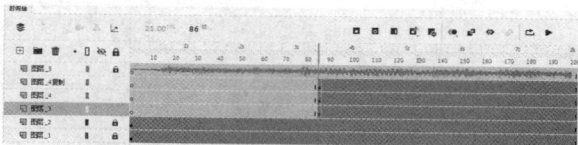

⑤ 添加并编辑声音　　　　　　⑥ 调整文本框和文本的出场时间

图3-60　制作国庆节促销广告动画的思路

（1）新建文件，调整舞台颜色为"#A3C7A6"，以"在SWF中嵌入FLV并在时间轴中播放"形式导入视频。

（2）新建图层，打开"红旗.fla"动画文件，将其中的动画元素复制到新图层中，调整位置，使其与视频基本等大。再新建图层，导入"金丝框.png"素材，调整大小和位置。

（3）新建图层，选择文本工具 T，在"属性"面板中设置参数后，输入活动信息文本，然后复制该图层，修改文本内容为活动时间并调整文本参数，通过不同文本大小区分信息层级。

（4）选择活动信息文本，按两次【Ctrl+B】组合键，使其分离为图形，然后调整"8折"文本的位置和填充颜色，再为剩余的文本添加径向渐变颜色，接着使用墨水瓶工具 为活动信息文本添加描边颜色。

（5）新建图层，导入"庆祝国庆背景音.wav"文件，在"声音封套"对话框中减少声音的持续时间和降低音量，并设置声音的播放效果为"淡出"。

（6）使用选择工具 框选"图层_3"和"图层_4"的第1帧，将其拖曳到第86帧处，以调整文本框和文本的出场时间。保存文件，设置文件名称为"国庆节促销广告动画"。

微课视频

制作国庆促销广告动画

▶ **课后练习　制作"喜迎国庆"电子贺卡**

　　某公司准备以电子贺卡的形式向员工送上国庆节的祝福。现需要设计师为其制作"喜迎国庆"主题的电子贺卡，要求尺寸为2548像素×1536像素，时长为8s左右。制作时先新建平台类型为ActionScript 3.0、帧速率为25帧/秒的文件，然后依次添加和编辑图像、声音、视频、动画素材，调整声音素材的持续时间和播放效果，再使用矩形工具 绘制视频装饰框，使用文本工具 T 添加文本并制作渐变效果，参考效果如图3-61所示。

效果预览

图3-61 "喜迎国庆"电子贺卡的参考效果

素材位置： 素材\项目3\国庆贺卡背景.jpg、红色边框.png、彩带.fla、国庆节1.flv、国庆背景声音.wav

效果位置： 效果\项目3\"喜迎国庆"电子贺卡.fla

项目4
应用帧、库、元件与实例

情景描述

　　米拉已经实习了一段时间，在此期间，她的工作大多是辅助其他同事绘制动画所用的图形，为动画添加文本、声音、视频，以及合成一些基础的小动画等。老洪打算让米拉独立制作一些动画效果，因此挑选了星星闪烁动画和动态标签的制作任务交给她，让她适应工作内容的变动。

　　帧、元件和实例是制作动画效果的基础，米拉准备运用"库"面板来存储和编辑这些内容，并根据需求运用不同类型的帧、元件和实例，制作出动态效果丰富的作品。

学习目标

知识目标

- 掌握创建和编辑帧的方法。
- 掌握"库"面板的使用方法。
- 掌握创建与编辑元件的方法。
- 了解元件与实例的关系，掌握使用元件和实例的方法。

素养目标

- 培养抽象思维。
- 提高分析和评估事物的能力，能综合考量各种因素并做出决策。

任务4.1 制作星星闪烁动画

米拉拿到星星闪烁动画的制作资料后，便开始构思动画效果，她准备在夜空图像中放置不同的星星元素，通过编辑星星所在的帧，制作星星闪烁的动态效果。为防止大量图像素材直接堆积在舞台中，她准备将所有图像素材统一导入"库"面板，再分别放置在不同的帧中。

【任务描述】

任务背景	某亲子星空露营地打算制作一段星星闪烁动画，用于宣传和吸引游客。该动画需要展示在深邃的星空下，营地中的一对父女正观赏星星闪烁的景象，要求营造出温馨的氛围
任务目标	① 制作尺寸为1280像素×720像素，时长为3s，帧速率为24帧/秒，平台类型为ActionScript 3.0的动画文件 ② 结合"导入"命令和"库"面板来添加素材，通过图层与帧布局动画场景，展现父女一同观赏璀璨星空的温馨景象 ③ 通过编辑帧改变星星的数量，在视觉上形成星星闪烁的动态效果
知识要点	"打开外部库"命令、"库"面板、选择帧、插入帧、转换帧、复制与粘贴帧、删除帧、移动帧

本任务的参考效果如图4-1所示。

效果预览

图4-1 星星闪烁动画参考效果

素材位置： 素材\项目4\父女.png、营地.png、星空背景.png、星月素材.fla
效果位置： 效果\项目4\星星闪烁动画.fla

【知识准备】

虽然米拉之前也用到过帧和"库"面板，但米拉感觉对其的了解只停留在表层，因此她打算通过这次任务，深入研究帧和"库"面板，探索更多的使用方法和技巧。

1. 插入和编辑帧

Animate动画是通过更改连续帧的内容来创建的，因此帧是制作动画的关键。帧在时间线控制区以一个个方块的形式出现，可以用于放置图形、图像、文本、声音、视频等内容。在Animate中，设计师可以插入和编辑不同类型的帧。

（1）插入帧

创建新图层时，新图层的第1帧将自动被设置为空白关键帧。若需要插入其他类型的帧，可采用以下两种方法。

- **通过菜单命令插入：** 选择【插入】/【时间轴】命令，在弹出的子菜单中选择"插入帧"或"插入关键帧"或"插入空白关键帧"命令。另外，添加普通帧的快捷键为【F5】。
- **通过快捷菜单插入：** 在时间轴上单击鼠标右键，在弹出的快捷菜单中选择"插入帧"或"插入关键帧"或"插入空白关键帧"命令。

（2）选择与移动帧

移动帧时，往往需要先选择帧。Animate对于选择不同位置、数量的帧提供了不同方式，以提升制作效率。

- **选择单个帧：** 直接单击所要选择的帧。
- **选择多个连续的帧：** 选择第1帧，按住鼠标左键并拖曳，框选需要选择的帧；或按住【Shift】键，单击所要选择帧的最后一帧。
- **选择多个不连续的帧：** 选择其中一帧，然后按住【Ctrl】键，单击其余的帧。
- **选择所有帧：** 选择【编辑】/【时间轴】/【选择所有帧】命令；或按【Ctrl + Alt + A】组合键；或选择其中一帧，然后单击鼠标右键，在弹出的快捷菜单中选择"选择所有帧"命令。

选择单个帧或多个帧后，直接拖曳帧到目标位置可移动所选帧。

（3）复制、剪切、粘贴与删除帧

选择单个帧或多个帧后，可以进行复制、剪切、粘贴和删除等操作。

- **复制帧：** 按住【Alt】键，拖曳帧到目标位置；也可选择帧，单击鼠标右键，在弹出的快捷菜单中选择"复制帧"命令；或按【Ctrl + Alt + C】组合键。
- **剪切帧：** 单击鼠标右键，在弹出的快捷菜单中选择"剪切帧"命令；或按【Ctrl + Alt + X】组合键。
- **粘贴帧：** 复制或剪切帧后，将鼠标指针移至需要粘贴的位置，单击鼠标右键，在弹出的快捷菜单中选择"粘贴帧"命令（快捷键为【Ctrl + Alt + V】），或"粘贴并覆盖帧"命令，可将复制或剪切的帧粘贴到当前位置。
- **删除帧：** 单击鼠标右键，在弹出的快捷菜单中选择"删除帧"命令，或按【Shift + F5】组合键，可删除选择的帧以及帧上所有的内容，并且该帧后方的帧将自动补上该帧位置。

（4）翻转帧

翻转帧是指颠倒多个帧的顺序，使开头的帧移至末尾，末尾的帧移至开头，前后效果对比如图4-2所示。具体操作方法：选择所要翻转的多个帧，单击鼠标右键，在弹出的快捷菜单中选择"翻转帧"命令。

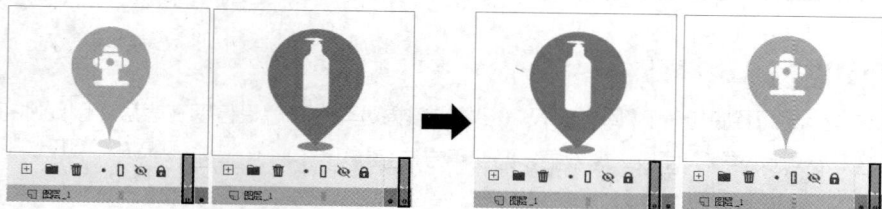

原第1帧和第2帧的效果　　　　翻转后第1帧和第2帧的效果

图4-2　翻转帧前后的效果对比

（5）转换帧

选择普通帧，单击鼠标右键，在弹出的快捷菜单中选择"转换为关键帧"或"转换为空白关键帧"命令，可将普通帧转化为关键帧或空白关键帧；选择关键帧或空白关键帧后，单击鼠标右键，在弹出的快捷菜单中选择"清除关键帧"命令（快捷键为【Shift + F6】），或"清除帧"命令（快捷键为【Alt + Backspace】），可将其转化为普通帧。

2. 使用"库"面板

通过"库"面板，不仅可以随时调用已导入本文件"库"面板（即本地库）的内容，还能调用其他文件"库"面板（即外部库）的内容。

（1）调用本文件"库"面板的内容

导入素材到"库"面板后，选择【窗口】/【库】命令，或按【Ctrl + L】组合键打开"库"面板，在其中能查看已导入的素材信息，选择素材后将其拖曳到舞台中便可使用。

图4-3所示为"库"面板，各参数作用如下。

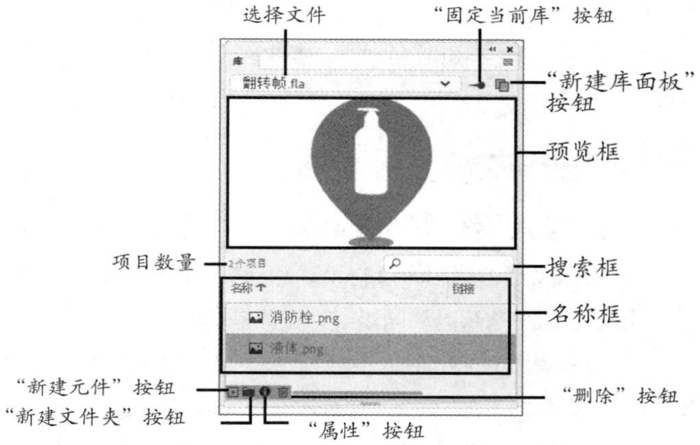

图4-3 "库"面板

- **选择文件：**若在Animate中打开了多个文件，则可在该下拉列表中选择这些文件来调用这些文件中的素材和元件。

- **"固定当前库"按钮 ➡●：**选择其他文件的库后，单击该按钮可将该库固定到当前文件中，并且该按钮会变为 ● 状态，再次单击该按钮可切换到当前文件的库。

- **"新建库面板"按钮 🗋：**单击该按钮，可新建一个"库"面板，且新建的面板将包含当前"库"面板中的所有素材和元件。

- **预览框：**用于预览在"库"面板中选择的元件或素材的显示效果。

- **项目数量：**用于显示当前"库"面板中项目（存放在该面板中的所有素材和元件被统称为项目）的数量。

- **搜索框：**用于元件或素材。

- **名称框：**用于展示"库"面板包含的元件或素材的名称。

- **"新建元件"按钮 🖽：**用于创建一个空白的元件。

- **"新建文件夹"按钮 📁：**用于新建文件夹。可将相互关联的素材和元件放置在同一文件夹中，从而方便管理。

- **"属性"按钮 ⓘ：**用于更改元件或素材的属性。在"库"面板中选择一个元件后，单击该按钮，打开"元件属性"对话框，在其中可更改其名称和类型等属性。

- **"删除"按钮 🗑：**用于删除当前选择的元件或素材。

修改项目源文件后，如何在"库"面板中同步更新项目？

疑难解析

导入"库"面板中的文件是独立个体，即使修改了源文件的内容或存储位置，Animate 也不会给予提示，更不会自动更新。若需要更新导入的文件内容，除了重新导入该项目的源文件以替换旧文件，还可以在"库"面板中选择要更新的项目，单击鼠标右键，在弹出的快捷菜单中选择"更新"命令，打开"更新库项目"对话框，单击 更新(U) 按钮开始更新，更新完成后，项目名称右侧将显示☑图标。

（2）调用其他文件"库"面板的内容

调用其他文件"库"面板的内容，除了可以使用"选择文件"下拉列表，还可以直接导入未打开文件的"库"面板，这种方式可以有效避免打开较多文件带来的卡顿情况。另外，拖曳其他文件"库"面板中的内容到当前文件的舞台上，该内容将自动保存到当前文件的"库"面板中。

选择【文件】/【导入】/【打开外部库】命令，打开"打开"对话框，选择需要的文件，单击 打开(O) 按钮，可在当前文件中打开该文件的"库"面板，且它会与当前文件的"库"面板同时存在于工作界面中。

【任务实施】

1. 导入素材和外部库

米拉搜集了一些图像素材和动画素材，准备将它们导入新建的动画文件中，以便调用这些素材来布局动画场景，具体操作如下。

> 微课视频
>
> 导入素材和外部库

（1）新建宽为"1280像素"、高为"720像素"、帧速率为"24.00"、平台类型为"ActionScript 3.0"的动画文件。

（2）选择【文件】/【导入】/【导入到库】命令，打开"导入到库"对话框，选择"父女.png""营地.png""星空背景.png"素材，单击 打开(O) 按钮。选择【视图】/【库】命令，打开"库"面板，查看导入的文件，如图4-4所示。

（3）选择【文件】/【导入】/【打开外部库】命令，打开"打开"对话框，选择"星月素材.fla"动画文件，单击 打开(O) 按钮，如图4-5所示。

图4-4　导入素材到"库"面板

图4-5　导入外部库

2. 创建布局场景所需的关键帧

目前星星闪烁动画所需的素材都已在新文件中，米拉准备结合图层和帧功能来布局场景，并且为方便后期编辑，她准备根据帧内容来重命名图层，具体操作如下。

微课视频

创建布局场景
所需的关键帧

（1）选择并拖曳本地库中的"星空背景.png"图像到舞台中，调整位置，此
时"图层_1"中的空白关键帧将变为关键帧，重命名该图层为"星空背
景"，如图4-6所示。

（2）新建图层，按照与步骤（1）相同的方法，将外部库中的"流星"动画素材
添加到舞台右上角，以创建关键帧，如图4-7所示。

图4-6　创建星空背景关键帧并重命名图层

图4-7　创建流星关键帧

（3）按照与步骤（1）相同的方法依次创建其他关键帧，如图4-8所示，此时舞台中的画面如图4-9
所示。此时，制作星星闪烁动画的所有素材都在本地库中，如图4-10所示。

（4）单击外部库右上角的 ✖ 按钮关闭该面板。

图4-8　创建其他关键帧

图4-9　舞台中的画面

图4-10　本地库中的素材

3. 编辑帧以制作星星闪烁效果

微课视频

编辑帧以制作
星星闪烁效果

星星闪烁效果可采用保持其他未放置星星的图层内容不变，只编辑"稀疏星星"
和"群星"图层中的帧的方式来制作。米拉准备通过转换、复制和粘贴帧的操作，为
画面中的夜空制作星星闪烁效果。由于当前动画的持续时长少于客户的要求，因此米
拉打算采用统一插入普通帧的方式来增加帧数量，以延长动画时长，具体操作如下。

（1）使用选择工具▶框选所有图层的第72帧，按【F5】键，插入普通帧，如图4-11所示。

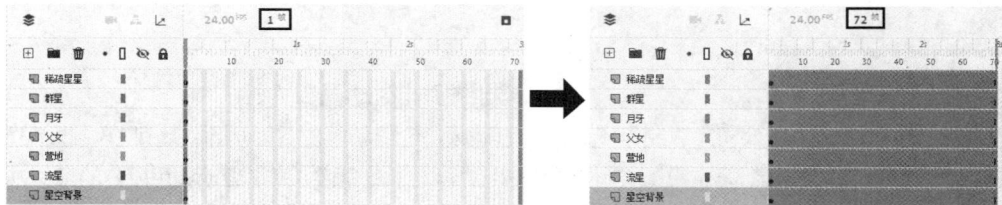

图4-11　插入普通帧前后的效果对比

（2）在"稀疏星星"图层的第5帧处单击鼠标右键，在弹出的快捷菜单中选择"插入关键帧"命
令，将普通帧转换为空白关键帧，以去除该帧的内容，如图4-12所示。

（3）使用选择工具▶框选"稀疏星星"图层的第1帧~5帧，单击鼠标右键，在弹出的快捷菜单中选
择"复制帧"命令。

（4）选择"稀疏星星"图层的第10帧，单击鼠标右键，在弹出的快捷菜单中选择"粘贴帧"命令，接着
在该图层的第20帧、第30帧、第40帧、第50帧、第60帧和第70帧处粘贴帧，如图4-13所示。

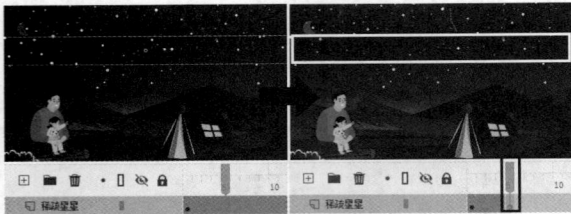

图4-12 将普通帧转换为空白关键帧

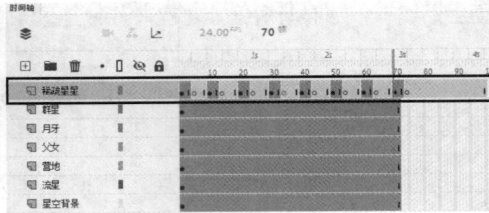

图4-13 复制与粘贴帧

（5）此时，"稀疏星星"图层中的帧数量超过了其他图层，选择该图层的第73帧～100帧，单击鼠标右键，在弹出的快捷菜单中选择"删除帧"命令，效果如图4-14所示。

（6）选择"群星"图层的第1帧，将其拖曳到该图层的第5帧处，然后选择第30帧，按照与步骤（2）相同的方法将其转换为空白关键帧，接着按照与步骤（3）和步骤（4）相同的方法，在第44帧处粘贴第5帧的内容，如图4-15所示。

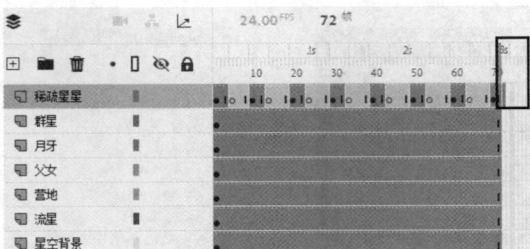

图4-14 删除帧的效果

图4-15 编辑"群星"图层中的帧

（7）按【Enter】键预览动画，效果如图4-16所示。保存文件，并设置文件名称为'星星闪烁动画"。

图4-16 星星闪烁动画的最终效果

制作倒计时动画

某公司需要制作一段倒计时动画，要求动画内容为从5倒数到1，画面美观，主体元素清晰突出。制作时可使用"导入"命令和"库"面板调用所需的素材，输入文本后，通过插入、复制与粘贴帧等操作修改帧内容，参考效果如图4-17所示。

课堂练习

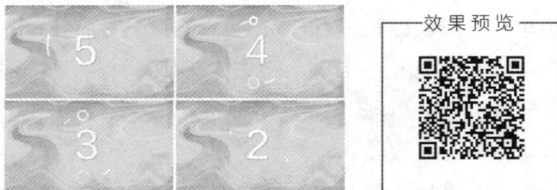

图4-17 倒计时动画的参考效果

素材位置：素材\项目4\倒计时背景.jpg、动态圈.fla、几何背景.ai

效果位置：效果\项目4\倒计时动画.fla

任务4.2 制作"优惠券"动态标签

米拉完成星星闪烁动画的制作后，需要制作某购物网站的"优惠券"动态标签。由于未接触过该题材，她先调阅了公司优秀的动态标签案例，通过分析这些动画，她发现制作动态标签需要用到各种各样的元件和实例，尤其需要在画面中添加按钮元件，使其能与观众进行交互。为此她准备先研究元件和实例的相关用法，再展开制作。

【任务描述】

任务背景	某购物网站准备举行优惠活动，为让更多消费者参与到该活动中，现需要制作一个"优惠券"动态标签，并为其制作交互效果，使其能与消费者展开互动，让网页更加生动有趣，从而加深消费者对网站的印象
任务目标	① 制作尺寸为800像素×800像素，时长为3s，帧速率为24帧/秒，平台类型为HTML5 Canvas的动画文件
	② 分别创建不同类型的元件，并在其中添加内容，再通过创建和编辑对应元件的实例来组成完整的动态标签，使其具有层级性、交互性和视觉美感
知识要点	"新建元件"命令、"创建新元件"对话框

本任务的参考效果如图4-18所示。

图4-18 "优惠券"动态标签参考效果

效果位置：效果\项目4\"优惠券"动态标签.fla

【知识准备】

米拉一直对元件与实例的关系感到疑惑，恰逢此次机会，她准备好好研究两者的特点及关系，再据此制作动态标签。

1. 元件的类型

在 Animate 中，元件是由多个独立的元素和动画合并而成的整体，每个元件都有单独的时间轴和舞台，以及多个图层。元件有图形元件、影片剪辑元件和按钮元件3种类型。

- **图形元件**。图形元件是构成动画的基本元素之一，用于创建静态图像，或可重复利用的、与主场景的时间线控制区有关联的运动对象，图标为 ◆。由于图形元件与主场景的时间线控制区同步，因此改变图形元件的任意参数，都会影响主场景中已使用的该元件。
- **影片剪辑元件**。影片剪辑元件具有独立的时间线控制区，不受主场景的时间线控制区影响，用于创建图像、声音或其他影片剪辑实例，图标为 ☒。另外，返回主场景后，按【Enter】键预览动画内容时，不会播放影片剪辑元件的动态效果，只有使用"测试影片"命令、"库"面板，或导出动画内容后才能查看该元件的动态效果。
- **按钮元件**。按钮元件是用于响应单击、鼠标指针经过和其他动作的交互式按钮，包含"弹起""指针经过""按下""点击"4种状态，图标为 ☻。

2. 创建与转换元件

在 Animate 中，元件的产生有两种方式，一种是先创建空白元件，再为其添加内容，另一种是将舞台中已存在的对象转换为元件。

- **创建元件：**选择【插入】/【新建元件】命令，打开"创建新元件"对话框，设置元件名称和类型后，单击 确定 按钮，打开一个空白元件的场景，在该场景的舞台中添加内容后，便可完成元件的创建。
- **转换元件：**在舞台中选择素材，单击鼠标右键，在弹出的快捷菜单中选择"转换为元件"命令，打开"转换为元件"对话框，设置元件名称和类型，单击 确定 按钮。

3. 编辑元件

创建元件后，可以编辑元件的类型和内容。

（1）编辑元件的类型

在"库"面板中选择要修改的元件，单击鼠标右键，在弹出的快捷菜单中选择"属性"命令，打开"元件属性"对话框，在"类型"下拉列表里选择元件类型后，单击 确定 按钮。

（2）编辑元件的内容

创建好的元件是一个整体，使用工具箱中的工具和菜单栏中的命令可以对其进行旋转、缩放、翻转等操作，但是若要编辑元件中的内容，则需要进入元件编辑窗口，即元件编辑模式。进入元件编辑窗口有以下5种方式。

- 双击舞台中的元件。
- 在舞台中选择需要编辑的元件，然后选择【编辑】/【编辑元件】命令。
- 在舞台中的元件上单击鼠标右键，在弹出的快捷菜单中选择"编辑元件"命令。
- 在"库"面板中双击需要编辑的元件左侧的图标。
- 在"库"面板中选择需要编辑的元件，在其名称上单击鼠标右键，在弹出的快捷菜单中选择"编辑"命令。

4. 创建与编辑实例

将元件从"库"面板中拖曳到舞台上，便可创建该元件的实例。实例是指在舞台上或嵌套在另一个元件内的元件副本，可视为元件在舞台上的具体体现。

创建实例后，选择该实例，在"属性"面板的"对象"选项卡中可设置实例的色彩效果、名称等参数。根据所选实例的元件类型不同，该选项卡也会提供不同的参数。图4-19所示为选择"图形"元件类型的实例后，"对象"选项卡中的参数。

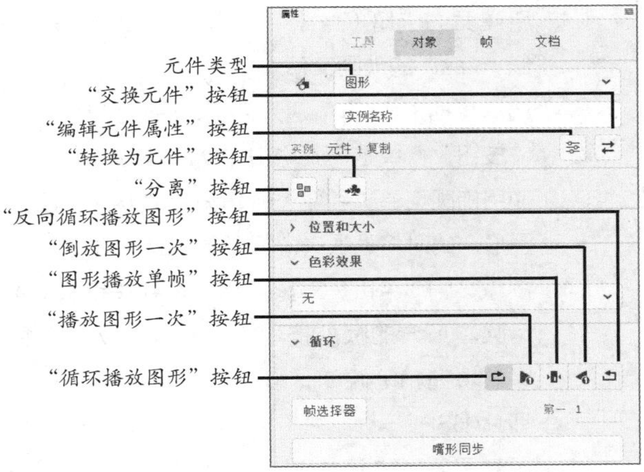

图4-19 实例的"属性"面板

- **元件类型：** 用于显示所选实例的元件类型。

- **实例名称：** 用于设置所选实例的名称，名称可使用中文、英文和数字。

- **"交换元件"按钮** ⇄：单击该按钮，在打开的"交换元件"对话框中可选择任意元件，使实例具有与该元件相同的属性。

- **"编辑元件属性"按钮** ≋：用于编辑实例所属元件的属性。

- **"转换为元件"按钮** ➔：用于将实例转换为新元件。

- **"分离"按钮** ▦：用于打散实例，使其成为由矢量元（矢量是指在空间中具有大小和方向的量，矢量元是指矢量中的单个元素）构成的图形。

- **"反向循环播放图形"按钮** ⟲：用于使实例从指定帧开始反向循环播放，当主场景的时间轴停止时，实例也停止播放。

- **"倒放图形一次"按钮** ▶：用于使实例从指定帧开始反向播放，播放一次后停止。

- **"图形播放单帧"按钮** ⊞：用于只显示实例的单个帧，需要指定显示的帧编号。

- **"播放图形一次"按钮** ◀：用于使实例从指定帧开始播放，播放一次后停止。

- **"循环播放图形"按钮** ⟳：用于使实例从指定帧开始循环播放，当主场景的时间轴停止时，实例也停止播放。

- **帧选择器 按钮：** 单击该按钮，可打开"帧选择器"面板，用于浏览帧的内容。

- **嘴形同步 按钮：** 单击该按钮，打开"嘴形同步"对话框，在其中可将绘制的所有嘴型图形，与Animate提供的12种发音嘴型相匹配。

知识补充

编辑元件与编辑实例的区别

由实例的定义可知，虽然实例具有对应元件的一切特性，但位于"库"面板中的元件才是源对象，因此编辑元件的内容会影响舞台中该元件的所有实例；但若在舞台上修改实例的形状或大小等，则不会对这一实例的元件产生影响。

【任务实施】

1. 应用按钮元件制作"领"按钮

米拉打算先制作客户强调的交互效果，由于按钮元件可借助鼠标与消费者展开互动，为此米拉打算制作一个按钮元件，作为动态标签的一部分，具体操作如下。

微课视频

应用按钮元件制作"领"按钮

（1）新建宽为"800像素"、高为"800像素"、帧速率为"24.00"、平台类型为"HTML5 Canvas"的动画文件。

（2）选择【插入】/【新建元件】命令，打开"创建新元件"对话框，设置名称为"领"、类型为"按钮"，单击 确定 按钮，如图4-20所示。此时将自动进入元件编辑窗口。

（3）使用椭圆工具 ● 绘制一个填充为"#A180E2"、笔触为"#6D41C7"、笔触大小为"39"的圆形。此时将默认选中圆形所处的关键帧。

（4）按【Ctrl + Alt + C】组合键复制关键帧，然后依次在"指针经过""按下""点击"提示文本下方的帧处按【Ctrl + Alt + V】组合键粘贴关键帧，选择这些粘贴的关键帧，依次修改填充和笔触为"#FFD460、#F07B3F""#F07B37、#EA5455""#EA5455、#F07B3F"。

（5）新建图层，使用文本工具 T 输入字体为"方正兰亭中黑简体"、大小为"90pt"、填充为"#FFFFFF"的"领"文本，完成按钮元件4种状态的编辑，如图4-21所示。

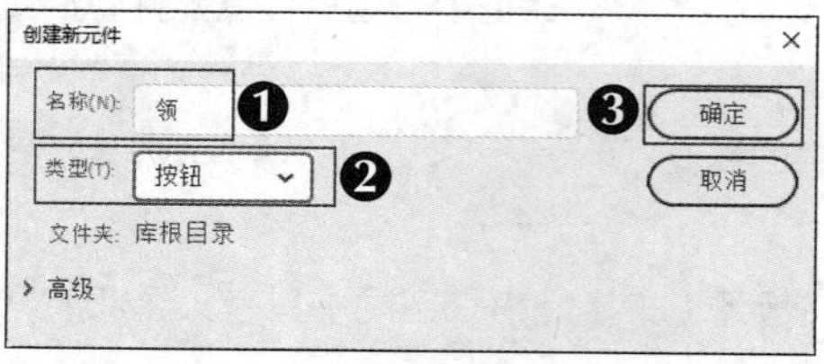

图4-20　创建按钮元件

图4-21　编辑按钮元件的状态

2. 应用影片剪辑元件制作变色框

米拉准备为动态标签制作一个变色框，用于吸引消费者的注意力。因为该效果不需要与消费者产生交互，所以她准备采用影片剪辑元件来制作，具体操作如下。

（1）选择【插入】/【新建元件】命令，打开"创建新元件"对话框，设置名称为"变色框"、类型为"影片剪辑"，单击 确定 按钮。

（2）使用矩形工具 ■ 绘制填充为"无"、笔触为"#000000"、笔触大小为"3"、样式为"虚线"、边角半径为"40"的正圆角矩形。

（3）在第15帧处单击鼠标右键，在弹出的快捷菜单中选择"插入关键帧"命令，然后修改笔触为"#6D41C7"。

（4）在第30帧处单击鼠标右键，在弹出的快捷菜单中选择"插入关键帧"命令，修改笔触为"#F07B3F"，然后在第45帧处按【F5】键，插入普通帧。

（5）在"库"面板中选择"变色框"影片剪辑元件，单击预览框中的"播放"按钮 ▶，预览变色框的变色效果，如图4-22所示。

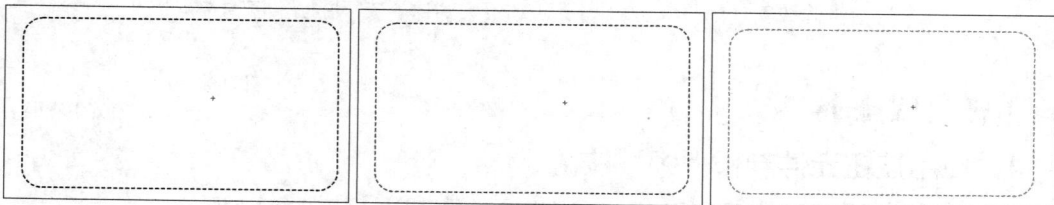

图4-22　预览变色框的变色效果

3. 应用图形元件制作标签主体

米拉打算通过绘制矩形和添加文本的方式，制作动态标签的主体部分。为方便整合所需的内容，她打算将主体部分制作成一个图形元件，具体操作如下。

（1）选择【插入】/【新建元件】命令，打开"创建新元件"对话框，设置名称为"主体"、类型为"图形"，单击 确定 按钮。

（2）使用矩形工具 绘制填充为"#FFCC00"、笔触为"无"、边角半径为"40"的正圆角矩形，如图4-23所示。

（3）复制"图层_1"，然后将"图层_1 复制"移至"图层_1"下方，再将复制所得图形的填充调整为"#AA543D"，并调整位置，如图4-24所示。

（4）新建图层，使用文本工具 T 输入字体为"方正兰亭中黑简体"、大小为"160pt"、填充为"#333333"的"优惠券"文本，再输入"实际消费满100元减20元"文本，设置大小为"40pt"、字距为"2"。然后使用任意变形工具 旋转两个文本，效果如图4-25所示。

图4-23 绘制正圆角矩形　　图4-24 编辑复制所得的正圆角矩形　　图4-25 动态标签主体效果

4. 创建与编辑实例以布局画面

目前，动态标签的组成部分都被放置在不同的元件中，米拉需要使用这些元件来创建实例，再通过编辑这些实例来布局画面，使其构成完整的动态标签，具体操作如下。

（1）单击场景编辑栏左侧的 ← 按钮返回主场景，在"库"面板中选择"主体"图形元件，将其拖曳到舞台中以创建该元件的实例。

（2）新建图层，在"库"面板中选择"变色框"影片剪辑元件，将其拖曳到舞台中以创建该元件的实例，再使用任意变形工具 旋转和缩放该实例，并增大实例的宽度，如图4-26所示。

（3）按照与步骤（2）相同的方法创建"领"按钮元件的实例，再等比例缩小，如图4-27所示。

（4）选择"主体"图形元件，在"属性"面板"对象"选项卡的"色彩效果"栏中设置亮度为"22%"，使按钮元件的实例更加突出，如图4-28所示。

图4-26 创建与编辑实例的外形　　图4-27 创建并缩放实例　　图4-28 编辑实例的色彩效果

（5）框选所有图层的第90帧，按【F5】键，插入普通帧以延长动画持续时间。保存文件，设置文件名称为"'优惠券'动态标签"。

应用图形元件
制作标签主体

创建与编辑实
例以布局画面

设计素养

制作不同类型的元件时，需要具备分析不同元件特点的能力，权衡各种因素，如技术可行性、制作效率等。另外，还需要发挥创造力、抽象思维和想象力，将元件的特定功能和使用要点与设计的动画内容相联系，评估该内容是否与元件特征相适配，是否能够使用该元件来实现效果，以做出决策。

制作"欢迎选购"动态标签

课堂练习

某水果网店委托公司制作一个"欢迎选购"动态标签，要求主体图形为水果，标签具有交互性、色彩鲜艳、有吸引力。制作时可以先创建图形元件，在其中绘制所需图形和导入草莓素材，接着创建按钮元件，结合矩形工具和文本工具在元件中添加内容，最后通过创建与编辑实例的操作，将它们组合成完整的动态标签，参考效果如图4-29所示。

图4-29 "欢迎选购"动态标签参考效果

素材位置： 素材\项目4\草莓.ai
效果位置： 效果\项目4\"欢迎选购"动态标签.fla

综合实战 制作校规大讲堂动画

老洪见米拉顺利地完成了星星闪烁动画和动态标签的制作任务，认为米拉已经具备独立制作动态效果的能力，于是便将制作校规大讲堂动画的任务交给她。米拉拿到任务资料后，发现如果仅制作教师张嘴说话的动作，会显得生硬，于是她便想添加一些晃头动作，使该角色的动态效果更加真实、生动。

【实战描述】

实战背景	某艺术学校准备以动画的形式向学生讲述学校规定，现需设计师制作相关动画，主要内容为教师正在张嘴说话，画面场景为讲台和黑板，通过动态效果吸引学生注意力，让学生更加聚精会神地观看校规内容
实战目标	① 制作尺寸为1280像素×720像素，时长为4s，帧速率为24帧/秒，平台类型为ActionScript 3.0的动画文件 ② 结合关键帧和元件功能制作各类元件，这些元件构成动画的主要内容和场景，使时间轴中的内容简洁、舞台中的画面美观 ③ 教师嘴部和头部的动态效果生动、自然，场景配色和谐
知识要点	插入关键帧、影片剪辑元件、图形元件

本实战的参考效果如图4-30所示。

图4-30　校规大讲堂动画参考效果

素材位置: 素材\项目4\黑板.png、角色素材.fla、讲台.png
效果位置: 效果\项目4\校规大讲堂动画.fla

【思路及步骤】

　　教师需要位于黑板和讲台之间,形成空间感,因此可将场景分为3部分,结合元件进行制作。其中包含教师的元件因要包含嘴部和头部动态效果,可用影片剪辑元件;黑板素材需使用投影滤镜增加立体感,也可使用影片剪辑元件,如图4-31所示,参考步骤如下。

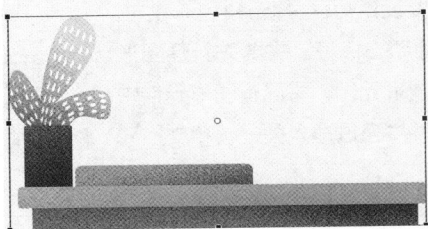

① 新建文件并导入讲台素材

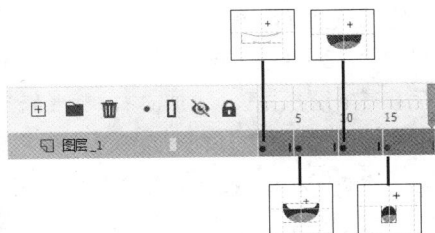

② 创建与编辑嘴部图形元件

③ 创建与编辑教师影片剪辑元件　④ 转换与编辑黑板影片剪辑元件　⑤ 添加与调整教师影片剪辑元件

图4-31　制作校规大课堂动画的思路

（1）新建文件，调整舞台颜色为"#FFF3E9"，导入"讲台.png"素材到舞台，调整其大小和位置。

（2）打开"角色素材.fla"动画文件，全选嘴部的4个图形，按【Ctrl+X】组合键剪切，执行"新建元件"命令，创建名称为"嘴部"、类型为"图形"的元件。进入元件编辑窗口后，按【Ctrl+V】组合键粘贴，在第5帧、第10帧、第15帧处插入关键帧，在第20帧处插入普通帧，然后调整关键帧中的内容和帧数量。

（3）使用"新建元件"命令创建名称为"教师"、类型为"影片剪辑"的元件，依次创建两个图层并从"库"面板中拖曳元件到舞台，调整其大小和位置，使其组合成一个完整的人。在所有图层的第20帧插入普通帧，框选头部和嘴部所在图层的第10帧，插入关键帧，使用任意变形工具调整头部和嘴部的旋转角度，使其形成歪头效果。

（4）切换到新文件，新建图层，导入"黑板.png"素材到舞台，调整其大小和位置后，将其转换成名称为"黑板"、类型为"影片剪辑"的元件，在元件内部使用文本工具T输入"校规大课堂"文本。返回主场景，在"属性"面板中添加"投影"滤镜，接着调整图层到底层。

（5）新建图层，调整图层到中间，在"库"面板的"选择文件"下拉列表中选择"角色素材"文件，拖曳"教师"影片剪辑元件到舞台中，使用任意变形工具调整该元件的位置和大小。

（6）保存文件，设置文件名称为"校规大讲堂动画"。

微课视频

制作校规大讲堂动画

▶ 课后练习　制作"新品上市"动态标签

某购物网站需要在网页中添加动态标签，现需要设计师以"新品上市"为主题，制作尺寸为800像素×800像素、时长为5s的动态标签。需要先新建图形元件，然后在其中绘制图形、添加文本，接着新建图形元件，将已有图形元件中的内容复制到其中，并调整成相反的颜色，在时间轴中通过插入关键帧和交换元件，制作标签的动态效果，参考效果如图4-32所示。

效果预览

图4-32　"新品上市"动态标签参考效果

效果位置：效果\项目4\"新品上市"动态标签.fla

项目5
制作逐帧动画和补间动画

情景描述

　　在安排米拉的工作内容时，老洪考虑到逐帧动画的制作原理比较接近动画的本质，而补间动画是较为常用的动画形式，通过补间动画又可以延伸制作遮罩动画、引导动画等其他动画。因此，他从手头挑选出适合采用逐帧动画和补间动画制作的设计任务（包括制作古诗词动画和网页加载动效）交给米拉。老洪鼓励米拉独立制作这些动画，并告诉她可以查看团队其他同事制作的同类型动画作品来寻求灵感。

学习目标

知识目标
- 掌握逐帧动画的原理和创建方法。
- 掌握补间动画的原理和不同类型的特点。
- 掌握不同类型补间动画的创建方法。

素养目标
- 在动画设计过程中运用运动规律，增强动画效果的真实性。
- 学习不同领域的知识，为动画制作提供更广阔的参考和灵感。

任务 5.1　制作《江楼有感》古诗词动画

　　米拉查看了古诗词动画的任务资料，通过阅读她负责的诗词部分，联想到月亮倒映在波光粼粼的江面上，水天相接的画面，便想依据该画面来设计动画场景。在文本的出场效果设计上，她准备使用逐帧动画为其制作逐字出现的动态效果，使其与古诗词的声音素材同步出现。

【任务描述】

任务背景	某学校准备在古诗词赏析活动上放映古诗词合集动画，为此需要制作一系列古诗词动画，米拉负责的是《江楼有感》古诗词的动画制作
任务目标	① 制作尺寸为1280像素×720像素，时长为6s，帧速率为24帧/秒，平台类型为ActionScript 3.0的动画文件
	② 结合逐帧动画的特点制作动态场景，使场景具有宁静深远的意境
	③ 制作古诗词文本逐字出现的动态效果，文本动态效果能与声音形成卡点效果，带来极佳的视听体验
知识要点	"导入到舞台"命令、"属性"面板、选择帧、插入帧、"分离"命令、复制帧、粘贴帧

　　本任务的参考效果如图5-1所示。

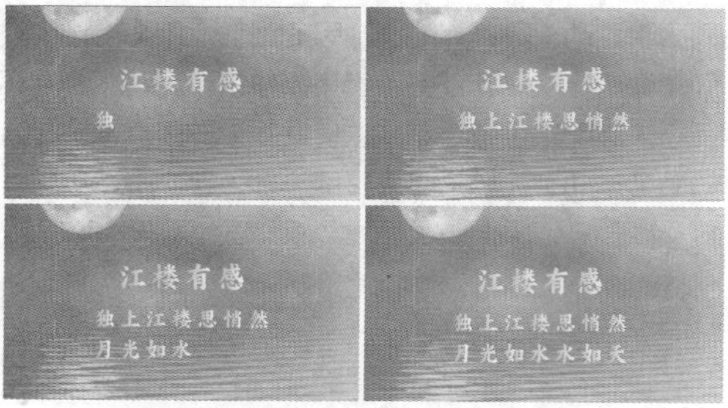

图5-1　《江楼有感》古诗词动画的参考效果

　　素材位置： 素材\项目5\江面.gif、金色边框.png、江楼有感.mp3
　　效果位置： 效果\项目5\《江楼有感》古诗词动画.fla

【知识准备】

　　米拉对于古诗词动画的设想需要使用逐帧动画来实现，为此她准备先钻研逐帧动画的原理，充分了解其特点后，再使用Animate制作逐帧动画。

1. 逐帧动画的原理

　　在出现计算机合成动画之前，设计师制作平面动画时，主要依据视觉暂留原理徒手绘制动画的每张图像，并在每张图像之间稍微进行一些变化以获得动态效果。进入计算机合成动画时代后，虽然采用计算机代替人力绘制图像，但仍沿用视觉暂留原理和平面动画制作方式，于是便出现了逐帧动画。因此可将逐帧动画视作在时间轴的每个帧上绘制不同的内容，使之连续播放形成动态效果的一种动画形式，如图5-2所示。

图5-2　逐帧动画

由于逐帧动画中的每个帧都是关键帧，且内容都可以手动编辑，因此逐帧动画比较适合制作较为细腻的动画效果，如人物或动物急剧转身、文本逐渐出现等。另外，逐帧动画的文件较大，为了避免出现卡顿的情况，其内容一般不会过于复杂，时长也不会太长。

2．创建逐帧动画

通常情况下，逐帧动画中的前后关键帧应具有不同的内容，因此设计师可以在时间轴中创建多个空白关键帧，然后在每个空白关键帧上添加有区别的内容，从而制作出逐帧动画。这种方式也是传统的逐帧动画制作方式。但采用这种方式制作帧数较多且内容变化较大的逐帧动画，效率不高。

为了提升制作效率，Animate提供了以下3种方式来创建逐帧动画，设计师可以将传统的逐帧动画制作方式与这3种方式相结合，使画面内容更加丰富。

（1）转换为逐帧动画

选择要转换为逐帧动画的帧，然后单击鼠标右键，在弹出的快捷菜单中选择"转换为逐帧动画"命令，弹出的子菜单中包含"每帧设为关键帧""每隔一帧设为关键帧""每隔三帧设为关键帧""每隔四帧设为关键帧""自定义"命令，可依据选择的帧内容自动创建其他关键帧，然后通过调整新关键帧中的内容制作逐帧动画。图5-3所示为执行"每隔三帧设为关键帧"命令前后"时间轴"面板的效果对比。

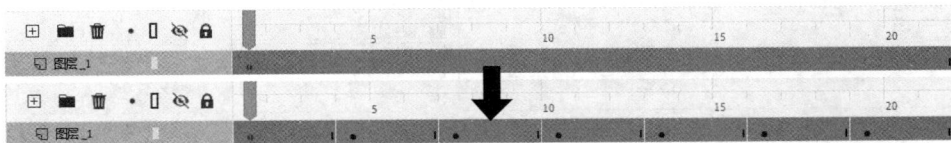

图5-3　执行"每隔三帧设为关键帧"命令前后的效果对比

（2）导入GIF动图

使用"导入到舞台"命令导入GIF动图后，Animate会自动将GIF动图中的每张静态图像转换为关键帧，从而形成逐帧动画，如图5-4所示。

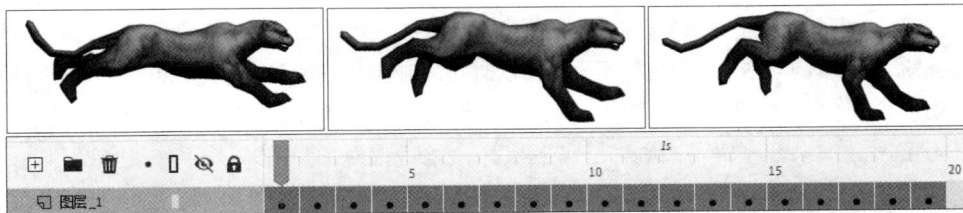

图5-4　使用"导入到舞台"命令导入GIF动图形成的逐帧动画

使用"导入到库"命令导入 GIF 动图后，GIF 动图中的内容会被转换为图像素材，放置在与动画文件同名的文件夹中，并且还会自动创建一个影片剪辑元件，如图 5-5 所示，进入该元件编辑窗口后，GIF 动图中的每张静态图像都会转换为关键帧，即该元件的动画形式为逐帧动画。

图 5-5　使用"导入到库"命令导入 GIF 动图形成的逐帧动画

（3）导入具有连续编号的图像素材

使用"导入到舞台"命令，在"导入"对话框中选择名称具有连续编号（如选择名称后方带有数字 1、2、3……）的图像素材，然后单击 打开(O) 按钮，Animate 将弹出内容为"此文件看起来是图像序列的组成部分。是否导入序列中的所有图像？"的提示对话框，单击 是 按钮，将剩余具有连续编号的图像素材一同导入，Animate 会自动按照添加图像素材的顺序，依次将这些图像素材转化为关键帧，从而形成逐帧动画。

图 5-6 所示为导入具有连续编号的图像素材，在舞台中形成逐帧动画的效果。

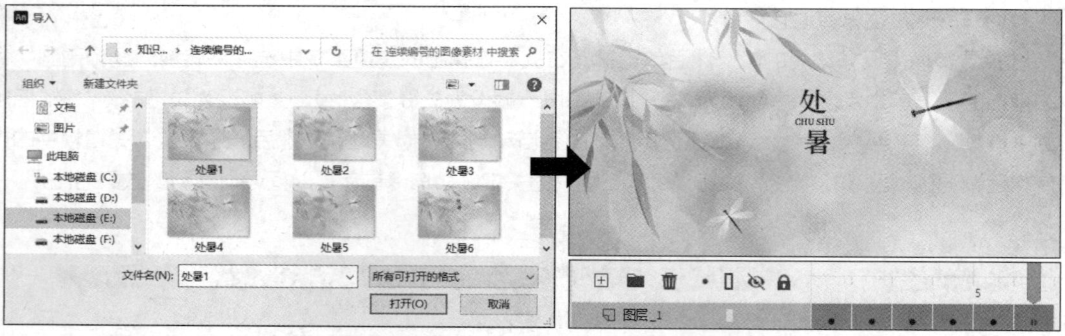

图 5-6　通过导入具有连续编号的图像素材制作逐帧动画

✎【任务实施】

1. 制作具有波光粼粼效果的逐帧动画

米拉从以前自己制作的一个视频中截取了 29 张包含月亮和江面的图像，准备充当古诗词动画的场景，但图像的持续时间明显小于声音素材，为此她准备先将其导入舞台，然后通过复制与粘贴帧来增加画面的持续时间，制作成具有波光粼粼效果的逐帧动画。而其他素材文件则导入"库"面板，以便随时调用，具体操作如下。

微课视频
制作具有波光粼粼效果的逐帧动画

（1）新建宽为"1280像素"、高为"720像素"、帧速率为"24.00"、平台类型为"ActionScript 3.0"的动画文件。

（2）选择【文件】/【导入】/【导入到库】命令，打开"导入到库"对话框，选择"江楼有感.mp3""金色边框.png"素材文件，单击 [打开(O)] 按钮。打开"库"面板，拖曳"江楼有感.mp3"素材到舞台，然后在第161帧处按【F5】键插入普通帧。

（3）新建图层，选择【文件】/【导入】/【导入到舞台】命令，打开"导入"对话框，选择"江楼00.jpg"素材文件，单击 [打开(O)] 按钮，在弹出的提示对话框中单击 [是] 按钮，如图5-7所示，导入具有连续编号的图像素材的效果如图5-8所示。

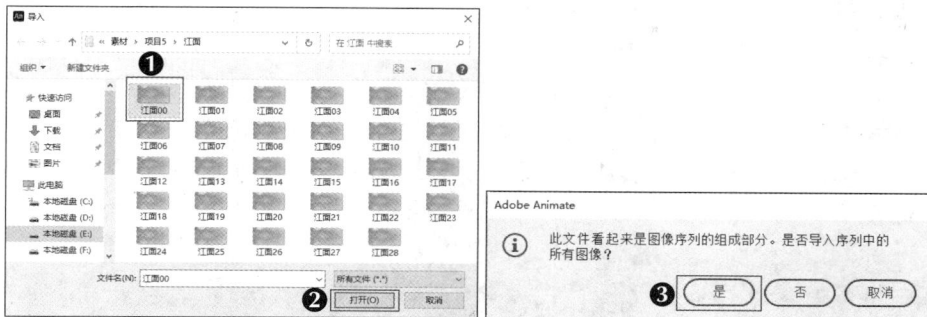

图5-7　导入具有连续编号的图像素材（1）

图5-8　导入具有连续编号的图像素材（2）

（4）框选"图层_2"的第1帧~第29帧，按【Ctrl+Alt+C】组合键复制帧，然后分别在该图层的第30帧、第59帧、第88帧、第117帧、第146帧处按【Ctrl+Alt+V】组合键粘贴帧，按【Enter】键预览，如图5-9所示。

图5-9　预览具有波光粼粼效果的逐帧动画

（5）此时，"图层_2"的帧数量远超过"图层_1"，框选多余的帧，按【Shift+F5】组合键将其删除，如图5-10所示。

图5-10　删除逐帧动画中多余的帧

2. 设置边框图像的属性

米拉准备先将边框素材添加到舞台中，将其转化为元件后，通过设置属性的方式调整其视觉效果，使其更加美观，具有如同月光一样的朦胧效果，具体操作如下。

（1）新建图层，将"金色边框.png"素材从"库"面板中拖曳到舞台上，并调整其大小和位置，如图5-11所示。

（2）在边框素材上单击鼠标右键，在弹出的快捷菜单中选择"转换为元件"命令，打开"转换为元件"对话框，设置类型为"影片剪辑"，单击 确定 按钮。

（3）在"属性"面板的"对象"选项卡中设置色彩效果为"亮度"、参数为"86%"，效果如图5-12所示。

（4）单击"添加滤镜"按钮+，在打开的下拉列表中选择"投影"选项，设置强度为"10%"、颜色为"#FFFFFF"；再次单击"添加滤镜"按钮+，在打开的下拉列表中选择"渐变发光"选项，勾选"挖空"复选框，设置颜色为"#FFFFFF～#0033FF"，效果如图5-13所示。

微课视频

设置边框图像的属性

图5-11 拖曳并调整边框素材　　　图5-12 调整边框素材亮度的效果　　　图5-13 为边框素材添加滤镜的效果

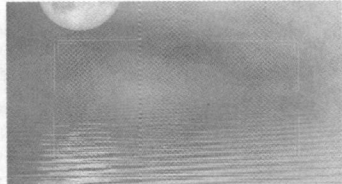

3. 制作逐字出现的动态效果

米拉准备在边框内部添加文本，并将文本内容所在的关键帧转换为逐帧动画，再通过调整关键帧中的文本内容，制作逐字出现的动态效果，具体操作如下。

微课视频

制作逐字出现的动态效果

（1）新建图层，选择文本工具 T，在"属性"面板中设置字体为"阿里妈妈东方大楷"、大小为"120pt"、字距为"20"、填充为"#FFFFFF"、呈现为"可读性消除锯齿"，然后在边框素材内输入"江楼有感"文本，如图5-14所示。

（2）使用选择工具 ▶ 选择"江楼有感"文本，按【Ctrl+C】和【Ctrl+V】组合键复制、粘贴该文本，然后修改粘贴的文本内容为"独上江楼思悄然"，在"属性"面板中设置其大小为"90pt"，调整位置。

（3）按照与步骤（2）相同的方法，复制与粘贴"独上江楼思悄然"文本，并修改内容为"月光如水水如天"，然后调整位置，如图5-15所示。

（4）使用选择工具 ▶ 选择所有文本，按两次【Ctrl+B】组合键，将其分离为矢量图，然后打开"颜色"面板，设置填充类型为"线性渐变"、颜色为"#ABD7ED～#FFFFFF"，效果如图5-16所示。

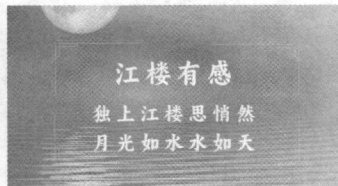

图5-14 输入文本　　　图5-15 调整复制得到的文本　　　图5-16 制作渐变填充文本

（5）由于声音从第4帧开始出现波形，即从该帧开始出现声音，因此需要调整声音关键帧的位置。先锁定"图层_1~图层_3"，拖曳"图层_4"的第1帧到第4帧，单击鼠标右键，在弹出的快捷菜单中选择"每三帧设为关键帧"命令，将关键帧转换为逐帧动画，前后效果对比如图5-17所示。

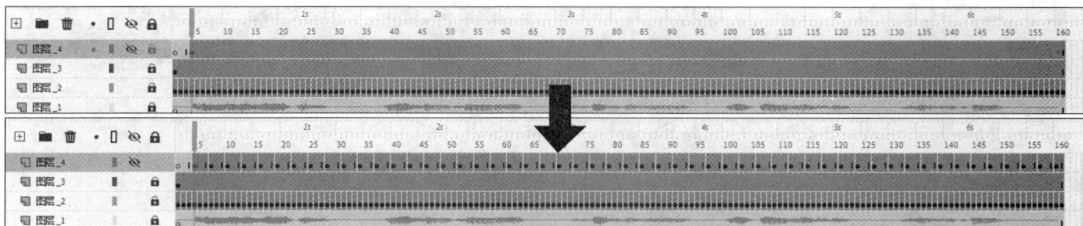

图5-17　将关键帧转换为逐帧动画的前后效果对比

（6）结合选择工具▶和橡皮擦工具◆，删除"图层_4"第4帧中除"江"的偏旁部首以外的文本，然后重复操作，使每个关键帧都比前一个关键帧多半个文本（若无偏旁可删除一半文本），如图5-18所示。在第109帧处文本内容刚好完整显示，选择第109帧以后的关键帧，按【Shift+F6】组合键清除关键帧，使其变为普通帧，如图5-19所示。

图5-18　制作逐字出现效果

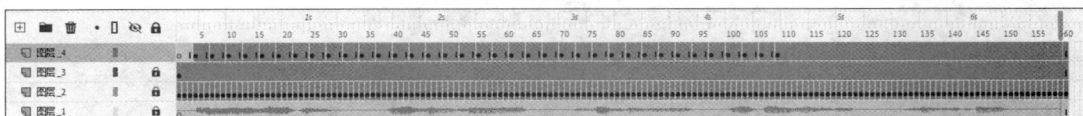

图5-19　清除部分关键帧使其变为普通帧

（7）按【Enter】键预览动画，此时部分帧出现音画不同步的问题，如没有声音的时候，依旧会出现文字。使用选择工具▶框选"图层_4"的第28帧~第109帧，将其拖曳到第40帧处，如图5-20所示。

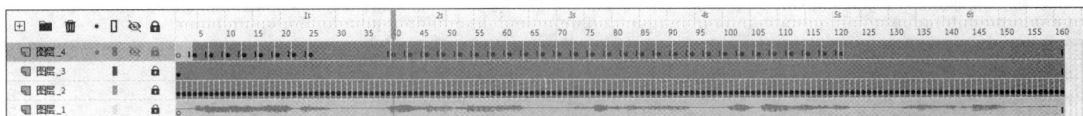

图5-20　调整关键帧的位置

（8）按照与步骤7相同的方法，框选"图层_4"的第64帧~第121帧，将其拖曳到第73帧处；框选当前的第91帧~第130帧，将其拖曳到第100帧处；框选当前的第124帧~第139帧，将其拖曳到第133帧处，最终效果如图5-21所示。

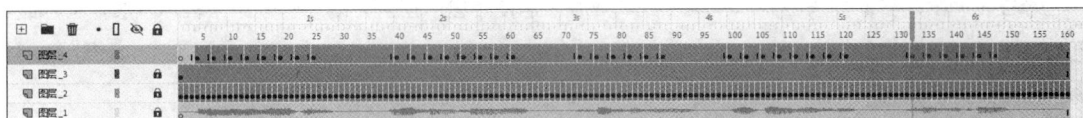

图5-21　调整关键帧位置的最终效果

（9）按【Enter】键预览动画，如图5-22所示，伴随着声音，对应的文本缓缓出现。保存文件，设置文件名称为"《江楼有感》古诗词动画"。

图5-22 《江楼有感》古诗词动画最终效果

制作《秋思》古诗词动画

课堂练习

某古诗词节目需要展示古诗词，要求设计师制作《秋思》古诗词动画，画面要与古诗词的意境相符。制作时可通过导入GIF动图并复制其中的帧来制作动画背景，添加文本和声音后，为包含文本内容的帧制作文本逐字出现的效果，参考效果如图5-23所示。

效果预览

图5-23 《秋思》古诗词动画的参考效果

素材位置： 素材\项目5\秋思.mp3、下雨.gif
效果位置： 效果\项目5\《秋思》古诗词动画.fla

任务5.2 制作网页加载动效

米拉发现公司其他同事在制作网页加载动效时，常使用进度条变化的动画效果来表示网页正在加载。由于该效果涉及图形外形的变换，因此很适合使用补间形状动画来制作。为避免画面单调，米拉还准备在进度条上方添加轮船行驶和海鸥飞行的动画，这些动画也能通过补间动画来实现。

【任务描述】

任务背景	因某客运轮船公司的网站服务器处于维护阶段，导致网页反应速度较慢，为转移客户的注意力，在网页加载时段增加乐趣，并加深客户对公司的印象，现需要设计师在网站中添加与客运轮船相关的网页加载动效，用于提示加载进度，提升客户体验
任务目标	① 制作尺寸为1920像素×1080像素，时长为4s，帧速率为24帧/秒，平台类型为HTML5 Canvas的动画文件
	② 通过制作不同类型的补间动画，丰富加载场景的动态效果，使其生动有趣，并通过海鸥近距离飞行仿佛冲出屏幕的效果，吸引客户注意
	③ 通过轮船、海鸥、云彩的动画效果和位置变化，营造空间纵深感
知识要点	"创建补间形状"命令、"创建传统补间"命令、"创建补间动画"命令

本任务的参考效果如图5-24所示。

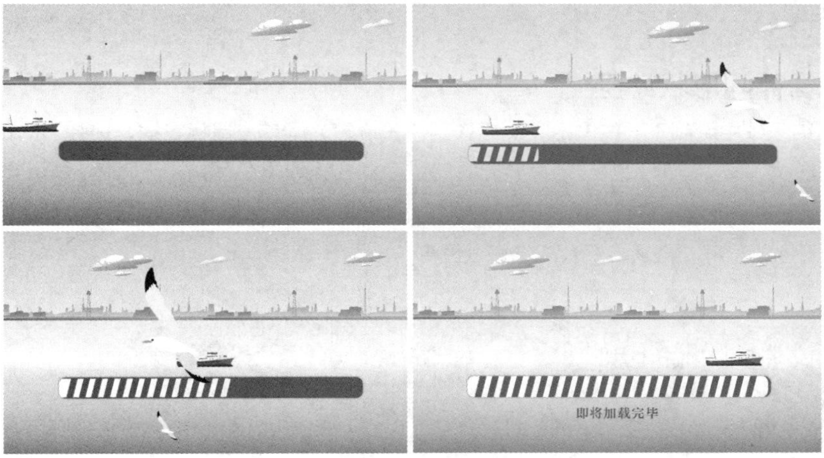

效果预览

图5-24　网页加载动效的参考效果

	素材位置：素材\项目5\加载场景.png、轮船.png、海鸥.png、长云.png、宽云.png
	效果位置：效果\项目5\网页加载动效.fla

【知识准备】

　　老洪见米拉在研究补间动画，便提点她道，Animate提供了3种补间动画，它们对制作对象有不同要求，并且制作出的动画效果也各有特色，因此他建议米拉在设计动画效果时，结合补间动画的原理、类型，以及创建与编辑补间动画的要点，从而创作出生动有趣的动画效果。

1. 补间动画的原理和类型

　　为一个图层的两个关键帧建立位置、形状、颜色等变化关系时，Animate会在这两个关键帧之间自动生成补充两个关键帧内容的显示变化，以得到流畅的动画变化效果。这就是补间动画的原理。补间动画通常分为两类。一类是补间形状动画，针对的对象为图形；另一类是动画补间动画，又分为传统补间动画和补间动画（狭义）两种类型，针对的对象为元件和实例。

- **补间形状动画。**补间形状动画是一种展示从对象A过渡到对象B的动画形式，对象A与对象B存在着形状、色彩和大小方面的差异，并且对象仅为矢量图。因此若要对元件、实例、文本和位图等对象制作补间形状动画，需要先将其转化为矢量图。

- **传统补间动画。**传统补间动画又称运动渐变动画，是一种展现对象的位置、大小、角度、颜色和透明度等变化的动画形式，对象仅为元件和实例。因此若要对图形、文本和位图等对象制作传统补间动画，需要先将其转化为元件。

- **补间动画（狭义）。**补间动画（狭义）是一种通过为不同帧中的对象的属性指定数值，从而产生运动效果的动画形式，被指定属性的帧将变为属性关键帧，对象仅为元件和实例。

属性关键帧

知识补充　属性关键帧是指在补间动画中定义了属性（如位置、缩放、倾斜、旋转、颜色、滤镜等）值的特定帧，在时间轴上显示为黑色菱形，并且一个帧中可以定义多种属性。

2. 创建与编辑补间形状动画

在动画的开始帧和结束帧中绘制不同的图形，然后在两个关键帧之间单击鼠标右键，在弹出的快捷菜单中选择"创建补间形状"命令，开始帧与结束帧之间的过渡帧会呈现黑色箭头和卡其色背景（具有卡其色背景的帧范围，又称补间形状范围），代表已成功创建补间形状动画。此时拖曳播放头可发现，过渡帧的画面为开始帧图形逐渐分解，再逐步聚合成结束帧图形，如图5-25所示。

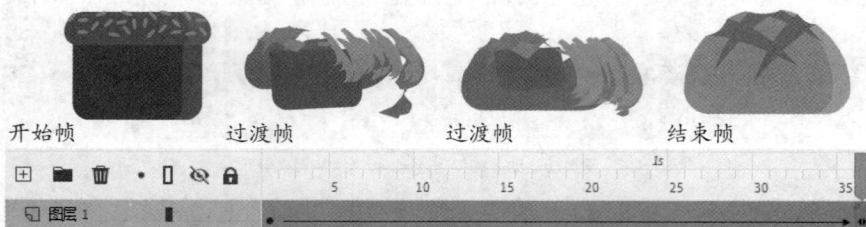

图5-25　创建补间形状动画

创建补间形状动画后，可以通过编辑过渡帧来控制动画效果，也可以通过编辑提示点来控制图形的变化走向。

（1）编辑过渡帧

单击开始帧或过渡帧，"属性"面板的"帧"选项卡中会出现"补间"栏，如图5-26所示，通过设置该栏的参数可以编辑补间形状动画效果。

- **缓动：**用于设置缓动的方式，包括"属性（一起）""属性（单独）"两种。

图5-26　补间形状动画的"补间"栏

- **Classic Ease　按钮：**单击该按钮，将打开图5-27所示的面板，在左侧可以选择不同的缓动效果，在右侧可以查看对应缓动效果的曲线图。

- **"编辑缓动"按钮　：**单击该按钮，将打开"自定义缓动"对话框，如图5-28所示，在其中可以手动设置缓动效果，向上拖曳滑块可提高缓动速度，向下拖曳滑块可降低缓动速度。

图5-27 设置缓动效果的面板

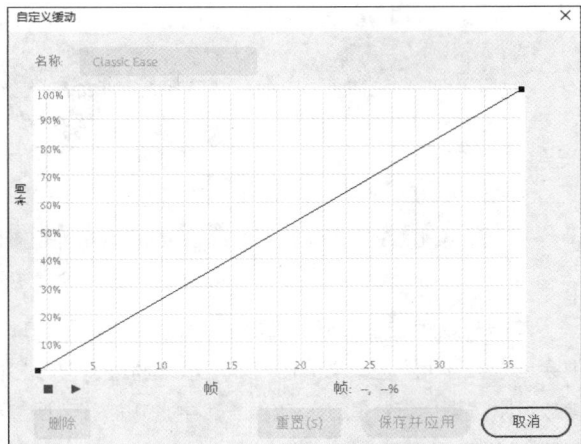

图5-28 "自定义缓动"对话框

- **缓动强度：** 当缓动效果为"Classic Ease"时，将显示该数值框。当缓动强度大于0时，表示动画开始时速度快，结束时速度慢；当缓动强度小于0时，表示动画开始时速度慢，结束时速度快。

- **混合：** 用于设置开始帧和结束帧之间的变化模式，有"分布式""角形"两种。"分布式"模式用于使过渡帧的形状过渡更加自然。"角形"模式用于使过渡帧的形状过渡保持开始帧和结束帧中矢量图的棱角，只适用于有尖锐棱角和直线的混合形状。如果开始帧和结束帧中的矢量图没有棱角，Animate会自动选择"分布式"模式。

- 删除补间 **按钮：** 单击该按钮，将删除补间形状动画。

（2）添加与编辑提示点

由于过渡帧的内容由Animate自行决定，若想将开始帧A区域的图形转换为结束帧B区域的图形，只需在A和B区域添加提示点，便可控制图形的变化走向。若对效果不满意，可以拖曳开始帧和结束帧的提示点，调整其位置。

选择开始帧，选择【修改】/【形状】/【添加形状提示】命令，图形上将出现一个提示点，调整提示点位置后，将播放头移至结束帧处并调整提示点位置，预览动画，发现开始帧提示点区域的图形逐渐变化为结束帧提示点区域的图形，如图5-29所示。

图5-29 为开始帧和结束帧添加提示点控制图形的变化走向

3. 创建与编辑传统补间动画

在动画的开始帧和结束帧中放入同一个元件，在这两个关键帧之间单击鼠标右键，在弹出的快捷菜单中选择"创建传统补间"命令，然后调整两个关键帧中对象的大小和旋转方向等属性。此后，开始帧与结束帧之间的过渡帧会呈现黑色箭头和紫色背景（具有紫色背景的帧范围，又称传统补间范围），表示传统补间动画已创建完成。此时拖曳播放头可发现，过渡帧的画面为开始帧图形形态逐渐调整成结束帧图形形态，如图5-30所示。

图5-30　创建传统补间动画

单击开始帧或过渡帧，"属性"面板的"帧"选项卡中会出现"补间"栏，如图5-31所示，通过设置该栏的参数可以编辑传统补间动画效果。其中，"贴紧""调整到路径""沿路径着色""沿路径缩放"复选框常在制作引导动画时使用，因此将在项目6具体讲述。

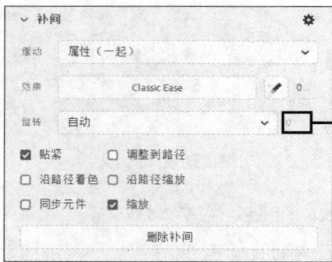

图5-31　传统补间动画的"补间"栏

- **旋转：**用于设置旋转方向，包括"无""自动""顺时针""逆时针"4个选项，在其后的数值框中输入数值，可设置旋转次数，"0"代表不旋转。

- **缩放：**勾选该复选框，可允许在动画中改变对象的比例；取消勾选该复选框，将禁止改变比例。

4. 创建与编辑补间动画

相较于补间形状动画和传统补间动画，补间动画可以依据帧属性创造出更加丰富的动态效果，因此常用于物体运动行为复杂、非单纯直线运动的动画。设计师除了可以自行创建、复制和粘贴、编辑补间动画外，还可以运用Animate提供的动画预设来制作补间动画。

（1）创建补间动画

由于补间动画是通过为不同帧中的对象属性指定不同的值来创建的，因此需要先在开始帧中放置元件，然后单击鼠标右键，在弹出的快捷菜单中选择"创建补间动画"命令，此时图层名称前的图标将由 🗐 形态变为 ⬌ 形态，再多次插入带有属性的关键帧，制作该属性的补间动画。

补间动画在"时间轴"面板中显示为具有黄绿色背景的帧范围，又称补间范围，开始帧中的黑点表示补间范围分配有目标对象，黑色菱形表示结束帧和任何其他属性的关键帧，并且元件在舞台上将显示运动路径，如图5-32所示。

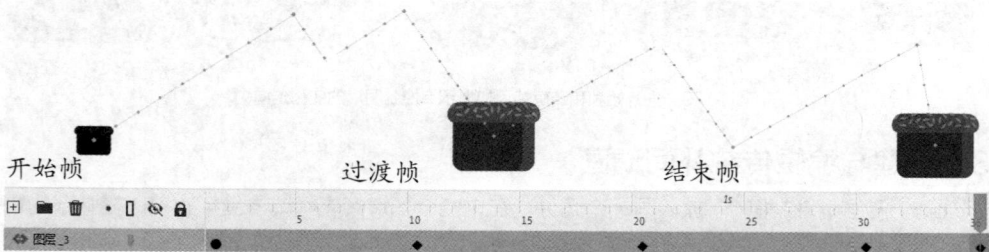

图5-32　创建补间动画

（2）复制和粘贴补间动画

若需要为不同元件制作动态效果一致的补间动画，可以先为其中一个元件制作，然后在时间轴上选中该元件的补间范围，选择【编辑】/【时间轴】/【复制动画】命令，再在舞台中选择其他元件，选择【编辑】/【时间轴】/【粘贴动画】命令，接收到属性信息的元件及其所在图层将插入属性关键帧和补间范围，如图5-33所示。

图5-33 复制和粘贴补间动画

（3）编辑补间动画

单击补间动画的任意一帧，"属性"面板的"帧"选项卡中将出现"补间"栏，如图5-34所示，通过设置该栏中的参数可以调整动画效果。

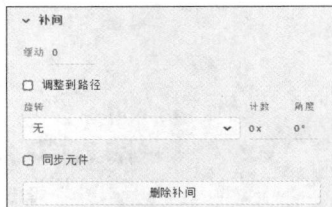

图5-34 补间动画的"补间"栏

- **缓动：** 用于设置缓动的强度。
- **调整到路径：** 勾选该复选框，可以使对象相对于路径（路径是指在补间动画中，对象在关键帧之间移动的轨迹）的方向保持不变，并进行旋转。
- **旋转：** 用于设置旋转方向，包括"无""顺时针""逆时针"3个选项。
- **计数：** 用于设置旋转圈数，如"1x"表示旋转一圈。
- **角度：** 用于设置元件旋转的角度。
- **同步元件：** 勾选该复选框，为元件设置的补间属性将自动同步到舞台中所有运用了该元件的地方。

（4）应用动画预设

选择【窗口】/【动画预设】命令，打开"动画预设"面板，Animate提供的动画预设被放置在该面板的"默认预设"文件夹中，如图5-35所示，各参数的作用如下。

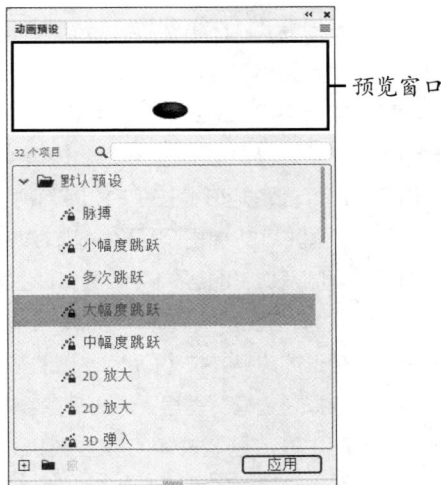

图5-35 "默认预设"文件夹

- **预览窗口：** 在"动画预设"面板中，选择任意一个动画预设都能在预览窗口中预览动画效果，若需要暂停预览只需在舞台中单击。
- **≡按钮：** 单击该按钮，在打开的下拉列表中选择"导入"选项，可以导入格式为XML的外置动画预设；选择"导出"选项，可以将选择的动画预设导出为XML格式的文件。
- **"将选区另存为预设"按钮⊞：** 选择时间轴中的补间范围后，单击该按钮，打开"将预设另存为"对话框，设置预设名称后，单击 确定 按钮，可将选择的内容保存为动画预设，并放置在"自定义预设"文件夹中。

111

- **"新建文件夹"按钮** ▣：单击该按钮，可以新建一个文件夹。
- **"删除项目"按钮** ▣：只有选择"默认预设"文件夹以外的动画预设，该按钮才会被激活，单击该按钮，可删除选择的动画预设。

若需要应用动画预设，先在舞台中选择对象，再在"动画预设"面板中选择动画预设，最后单击 ▭ 应用 ▭ 按钮即可。应用动画预设后，创建的补间范围是独立可编辑的，并且不会影响"动画预设"面板中的动画预设。另外，一个对象只能应用一个动画预设，新应用的动画预设将自动替代原来应用的动画预设。

图5-36所示为某元件应用"快速移动"动画预设的前后效果对比，该元件所在图层的形态和帧数量随之改变，这是因为每个动画预设都包含固定数量的帧，应用动画预设后，若对象所在图层的帧数量与原有的帧数量不符，将自动调整该图层的帧数量。

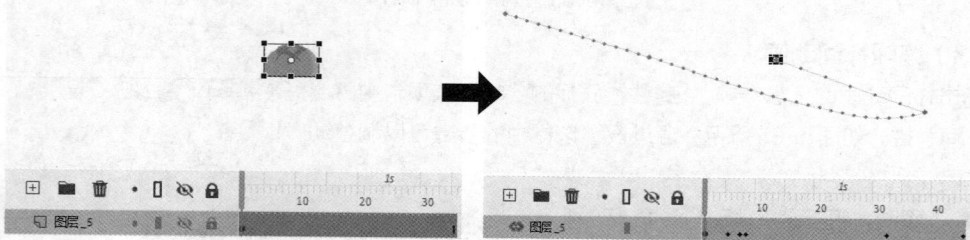

图5-36　某元件应用"快速移动"动画预设的前后效果对比

✂【任务实施】

1. 制作"进度条变色"补间动画

米拉准备先导入加载场景素材，根据场景中元素的分布来确定进度条的位置，再绘制进度条并制作变色效果的补间形状动画，具体操作如下。

（1）新建宽为"1920像素"、高为"1080像素"、帧速率为"24.00"、平台类型为"HTML5 Canvas"的动画文件，导入"加载场景.png"素材，调整其大小和位置。

（2）新建图层，选择矩形工具 ▣，设置填充为"#1F6DB6"、笔触为"#FF9933"、笔触大小为"6"、样式为"实线"、边角半径为"40"，绘制图5-37所示的圆角矩形。

（3）选择圆角矩形，按【F8】键，打开"转换为元件"对话框，设置名称为"进度条"、类型为"图形"，单击 ▭ 确定 ▭ 按钮，双击舞台中的进度条进入元件编辑窗口。

（4）复制两次"图层_1"，选择"图层_1 复制2"的填充内容，按【Delete】键删除，重命名该图层为"边框"。选择"图层_1 复制"的填充内容，调整颜色为"#FFFFFF"，然后选择圆角矩形的边框并按【Delete】键删除，重命名该图层为"填充"，效果如图5-38所示。

（5）选择"边框"图层，单击"隐藏或显示所有图层"按钮 ◉，选择"填充"图层，单击"新建图层"按钮 ▣，在新图层上使用线条工具 ✎ 绘制笔触为"#FF0000"、形状为图5-39所示的线条，绘制时可先绘制几条斜线再通过复制来提升效率。

（6）选择颜料桶工具 ◈，设置间隙大小为"封闭大空隙"、填充为"#1F6DB6"，将绘制的图形填充成图5-40所示的状态，接着删除所有线条，效果如图5-41所示。

微课视频

制作"进度条变色"补间动画

图5-37 绘制圆角矩形　　　　图5-38 编辑复制得到的图层

图5-39 绘制线条　　　　图5-40 填充图形　　　　图5-41 删除线条

（7）框选所有图层的第96帧，按【F5】键，插入普通帧。选择"填充"图层，在第96帧处插入关键帧，在该图层的任意一帧处单击鼠标右键，在弹出的快捷菜单中选择"创建补间形状"命令。

（8）选择"填充"图层的第1帧，选择任意变形工具，将编辑框的中心点移至左侧的控制点处，如图5-42所示。

图5-42 调整编辑框的中心点

（9）拖曳右侧的控制点，将白色图形调整为图5-43所示的状态，此时发现部分白色图形出现在边框外，再拖曳顶部的控制点并调整为图5-44所示的状态，降低其高度。

（10）选择"填充"图层的第1帧，在"属性"面板的"对象"选项卡中设置填充不透明度为"0%"；选择该图层的第25帧，单击鼠标右键，在弹出的快捷菜单中选择"插入关键帧"命令，设置填充不透明度为"100%"。按【Enter】键，预览进度条动画效果，如图5-45所示，时间轴如图5-46所示。

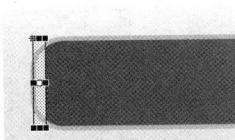

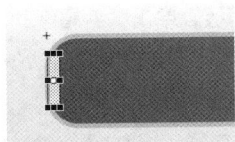

图5-43 调整图形　　图5-44 降低图形的高度　　　　图5-45 预览进度条动画效果

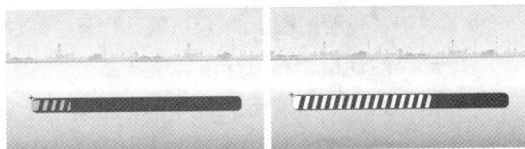

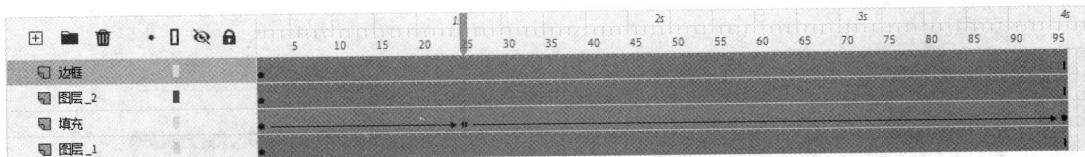

图5-46 "进度条"元件的时间轴

2. 制作"轮船行驶"传统补间动画

　　米拉感觉进度条图形在场景画面中占据的比例较小、画面留白太多，为此准备在进度条上方制作与进度条运动方向一致的轮船行驶动画。由于轮船只需发生位置变化，因此适合采用传统补间动画制作，再通过添加关键帧的方法，使轮船的行驶

微课视频

制作"轮船行驶"传统补间动画

速度与进度条的加载速度保持一致，具体操作如下。

（1）新建名称为"轮船"的图层，导入"轮船.png"素材到舞台，按【F8】键，打开"转换为元件"对话框，设置名称为"轮船"、类型为"图形"，单击 确定 按钮。

（2）调整"轮船"实例的大小和位置后，在第96帧处单击鼠标右键，在弹出的快捷菜单中选择"插入关键帧"命令。

（3）选择"轮船"图层的任意一个过渡帧，单击鼠标右键，在弹出的快捷菜单中选择"创建传统补间"命令，该图层的时间轴和舞台效果如图5-47所示。

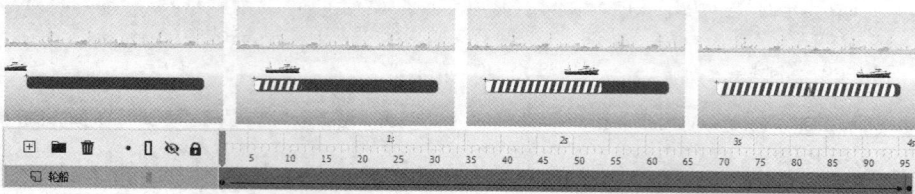

图5-47　"轮船"图层的时间轴和舞台效果

（4）此时，轮船的行驶速度略慢于进度条的加载速度，在"轮船"图层的第25帧处插入关键帧，启用标尺，从左侧标尺中拖曳出一条辅助线到进度条的白色图形右侧，使用任意变形工具[图标]向右移动轮船图像，使其与辅助线对齐，如图5-48所示。

（5）按照与步骤（4）相同的方法，依次在"轮船"图层的第60帧、第80帧处插入关键帧，并调整"轮船"实例的位置，效果如图5-49所示。

图5-48　调整第25帧实例的位置

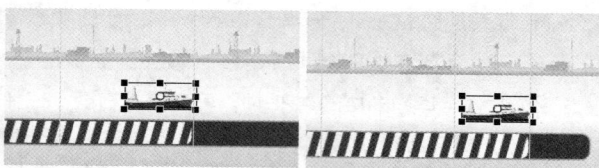

图5-49　调整第60帧和第80帧实例的位置

（6）单击"轮船"图层的第93帧，打开"属性"面板，单击"编辑缓动"按钮 ，打开"自定义缓动"对话框，将鼠标指针移至曲线中段，并向上拖曳曲线，自动创建新滑块，单击 保存并应用 按钮，如图5-50所示，制作出轮船停止行驶的效果。

（7）单击编辑栏的 ← 按钮，返回主场景，使用任意变形工具[图标]调整"进度条"实例的大小，使轮船能完整展示在场景中，如图5-51所示。框选所有图层的第96帧，按【F5】键，插入普通帧。

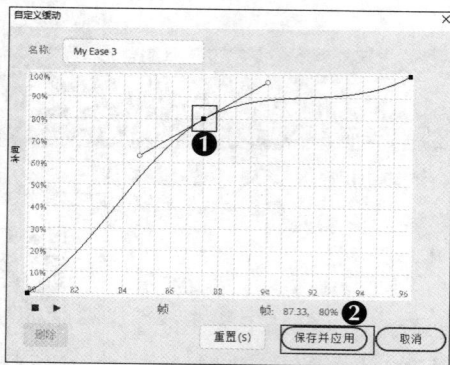

图5-50　调整轮船行驶的缓动效果

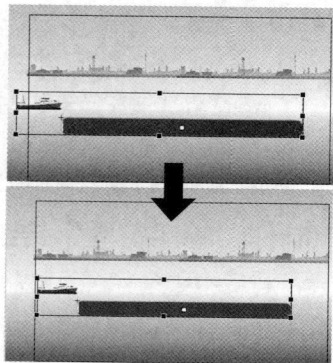

图5-51　调整"进度条"实例的大小

3. 制作"海鸥飞行"补间动画

米拉制作完加载动效后，感觉场景仍有些空旷，于是便想制作海鸥在空中飞行的动画效果。为了让海鸥的飞行效果更加真实、自然，她准备在动画中融入近大远小的透视原理，使画面外的海鸥在飞向轮船的过程中逐渐变大，在飞出画面的过程中逐渐变小，具体操作如下。

（1）新建名称为"海鸥"的图层，导入"海鸥.png"素材到舞台，按【F8】键打开"转换为元件"对话框，设置名称为"海鸥"、类型为"图形"，单击 确定 按钮。

（2）使用任意变形工具 将"海鸥"实例移至右侧场景外，单击鼠标右键，在弹出的快捷菜单中选择"创建补间动画"命令，将播放头移至第25帧处，再使用任意变形工具 调整"海鸥"实例的位置和大小，此时该帧将自动变为属性关键帧，如图5-52所示。

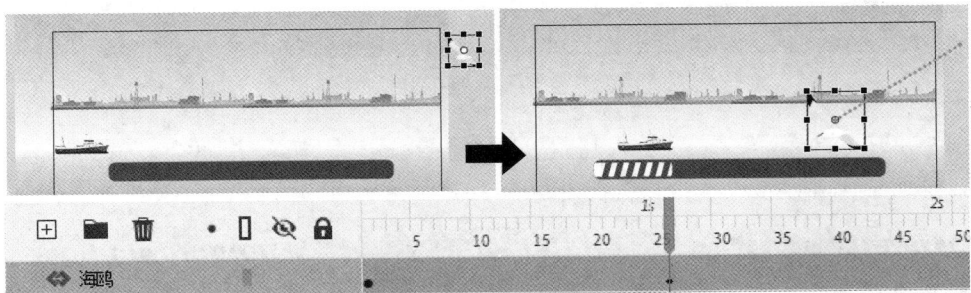

图5-52　调整第25帧实例的位置和大小

（3）按照与步骤（2）相同的方法，在"海鸥"图层的第45帧和第96帧处调整实例的位置和大小，帧将自动变为属性关键帧，如图5-53所示。

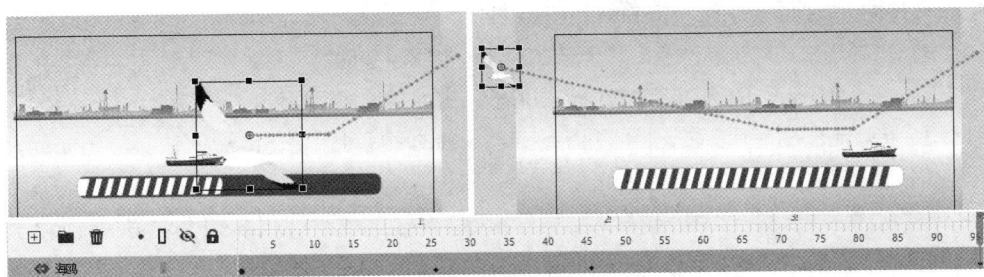

图5-53　调整第45帧和第96帧实例的位置和大小

（4）选择"海鸥"图层的第77帧，在"属性"面板的"补间"栏中设置角度为"30°"，调整海鸥飞行的角度，使其飞行动态更符合现实，如图5-54所示。

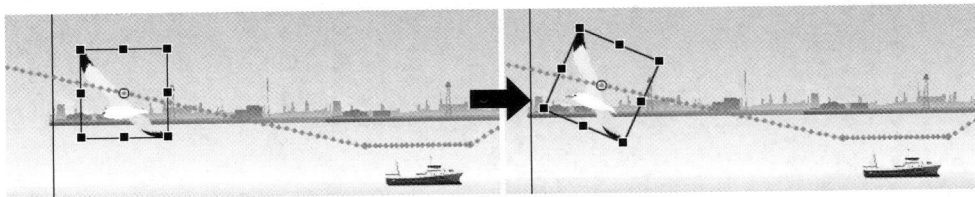

图5-54　调整海鸥飞行的角度

（5）按照与步骤（1）~ 步骤（4）相同的方法，新建"海鸥2"图层，在该图层的第15帧处创建"海鸥"实例，然后在第40帧和第96帧处创建属性关键帧，设置角度为"20°"，制作图5-55所示的补间动画。按【Enter】键预览动画效果，如图5-56所示。

图5-55　制作"海鸥2"补间动画

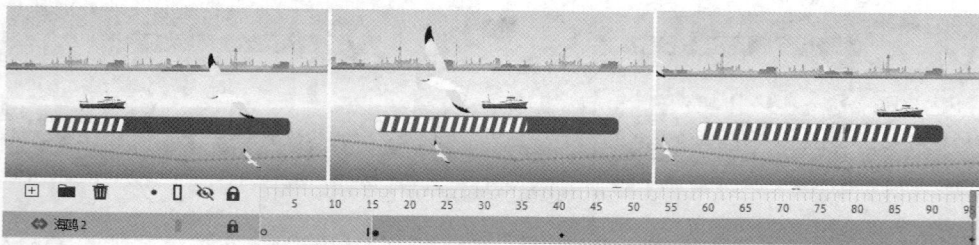

图5-56　预览"海鸥飞行"补间动画效果

4. 制作"云彩飘浮"传统补间动画

米拉觉得当前场景顶部仍有些空旷，便想在顶部添加飘浮移动的云彩，使画面顶部也富有动感。由于云彩的移动速度较慢，与海鸥、进度条的移动速度有一定差异，因此适合将其制作成影片剪辑元件，利用该元件单独的时间轴来制作传统补间动画，具体操作如下。

微课视频

制作"云彩飘浮"传统补间动画

（1）新建名称为"云彩"的图层，导入"长云.png"素材到舞台，按【F8】键打开"转换为元件"对话框，设置名称为"云彩"、类型为"影片剪辑"，单击 确定 按钮。

（2）双击"云彩"实例，进入元件编辑窗口，按【F8】键，打开"转换为元件"对话框，将其转换为图形元件，调整其位置和大小，如图5-57所示。

（3）在第300帧处单击鼠标右键，在弹出的快捷菜单中选择"插入关键帧"命令，然后调整实例的位置和大小，如图5-58所示。选择任意一个过渡帧，单击鼠标右键，在弹出的快捷菜单中选择"创建传统补间"命令。

图5-57　在第1帧处调整实例的位置和大小

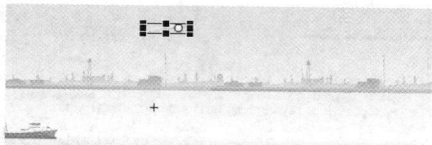

图5-58　在第300帧处调整实例的位置和大小

（4）按照与步骤（1）~步骤（3）相同的方法，新建图层，导入"宽云.png"素材并制作传统补间动画。然后复制该图层，调整复制得到的图层第1帧中实例的位置，将其移动到右侧的粘贴板中，再在第300帧中调整该实例的位置，如图5-59所示。

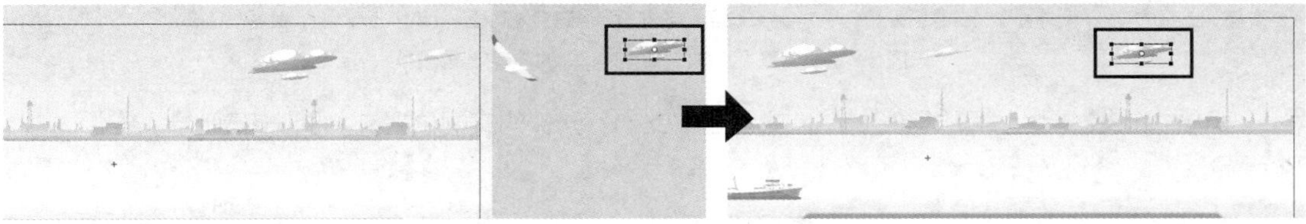

图5-59　调整复制得到的图层的实例位置

（5）按【Enter】键预览动画效果，如图5-60所示。单击编辑栏中的 ← 按钮，返回主场景。

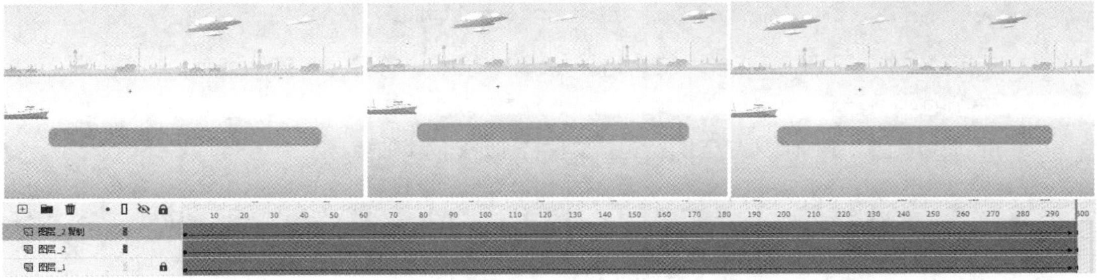

图5-60　预览"云朵飘浮"传统补间动画效果

5. 应用动画预设制作"文本跳动"动画

米拉想在进度条过半的时刻添加文本提示，让客户了解加载进度。为提升文本提示的视觉效果和制作效率，她决定添加文本后使用动画预设来制作。

微课视频

应用动画预设制作"文本跳动"动画

（1）新建"文本"图层，将其移动到"图层_2"下方，选择该图层的第40帧，单击鼠标右键，在弹出的快捷菜单中选择"插入空白关键帧"命令。

（2）使用文本工具 **T** 在"轮船"实例左侧输入"即将加载完毕"文本，设置字体为"方正中雅宋简"、填充为"#356490"、大小为"60pt"、间距为"5"。

（3）选择文本，按【F8】键，打开"转换为元件"对话框，将其转换为名称为"文本"的图形元件。选择【窗口】/【动画预设】命令，打开"动画预设"面板，在"默认预设"文件夹中选择"大幅度跳跃"选项，单击 应用 按钮，如图5-61所示。

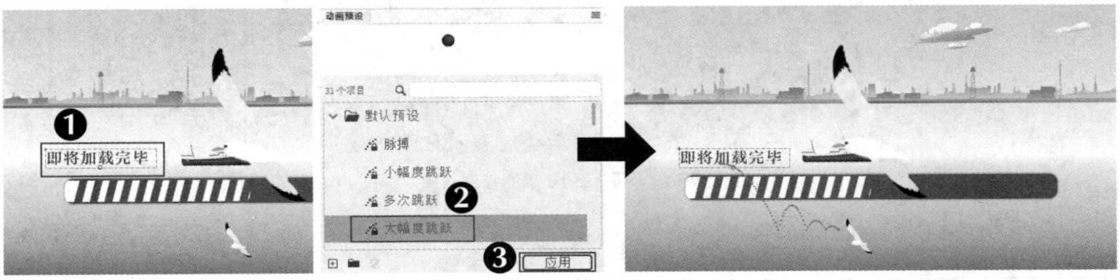

图5-61　应用动画预设

（4）选择"文本"图层的第45帧~第62帧，按【Shift+F5】组合键，删除选中的图层，使动画时长不超过4s，时间轴的前后效果对比如图5-62所示。

图5-62　调整"文本"图层时间轴的前后效果对比

（5）选择"文本"图层的第96帧，向右调整"文本"元件的实例位置，如图5-63所示。

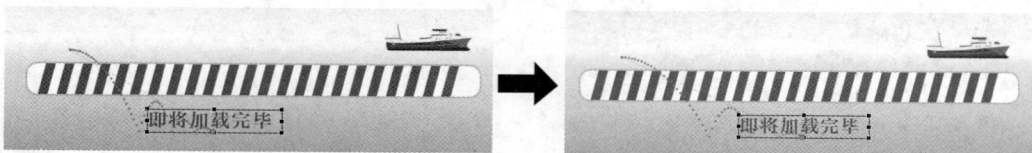

图5-63　调整"文本"元件的实例位置

（6）选择"文本"图层的第40帧，在"属性"面板"对象"选项卡中设置Alpha为"0%"，设置第57帧的Alpha为"0%"、第61帧的Alpha为"50%"、第76帧的Alpha为"80%"、第87帧的Alpha为"50%"。保存文件，设置文件名称为"网页加载动效"。

设计素养

在为动画中的元素设计动态效果时，需要尽量尊重运动规律，通过模拟真实世界中的物理规律，如重力、惯性和动量等，使动态效果更加真实、自然，增强角色塑造力和故事的表达效果，以更好地突出角色的个性、传达情感，从而使观众更容易理解和接受。

制作网页启动动效

课堂练习

世纪飞越航运物流公司准备为网站制作网页启动动效，需要以公司业务和名称为主题进行设计。制作时可导入所需的素材，将其转换为元件，添加文本并将其分离为矢量图，然后利用补间动画原理分别制作动画效果，参考效果如图5-64所示。

—— 效果预览 ——

图5-64　网页启动动效的参考效果

素材位置： 素材\项目5\飞机.png、云彩.png

效果位置： 效果\项目5\网页启动动效.fla

综合实战 **制作登录页网页动效**

之前米拉负责的网页加载动效效果丰富、视觉效果美观、设计新颖，因此受到上级领导的表扬。恰逢老洪手上还有一项制作登录页网页动效的设计任务，便准备将该任务交给米拉，继续发挥她的优势。

【实战描述】

实战背景	旅途轨迹是一个综合性旅游服务网站，受众可以在网站上获取旅行目的地的游玩攻略、风土人情、景点推荐等信息。该网站需要设计师为登录页制作动效，以提升受众体验
实战目标	① 制作尺寸为1920像素×1080像素，时长为5s，帧速率为24帧/秒，平台类型为HTML5 Canvas的动画文件
	② 通过调整舞台颜色、导入素材等操作布局画面，使其成为左文右图的版式，以便后续添加图形，使其不超过文本区域
	③ 在画面右侧添加素材，丰富画面，再制作逐帧动画和补间动画，提升画面的动感
	④ 画面各元素的堆叠具有空间感，元素的动态效果展示时间互有交叉，视觉效果和谐
知识要点	"创建传统补间"命令、"创建补间动画"命令、"转换为逐帧动画"命令

本实战的参考效果如图5-65所示。

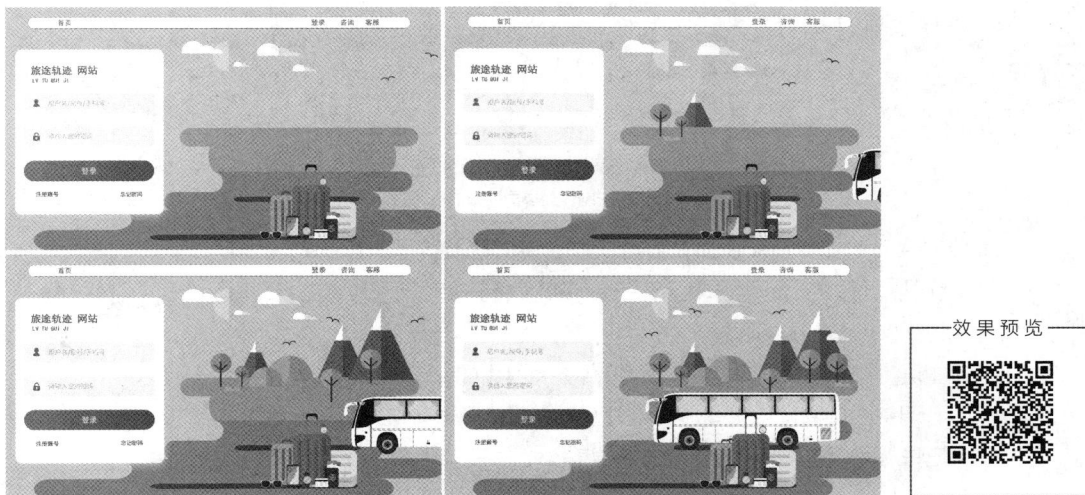

图5-65 登录页动效的参考效果

效果预览

素材位置：素材\项目5\行李箱.png、道路.png、登录栏.png、导航栏.png、大巴车.fla、山林.fla

效果位置：效果\项目5\登录页动效.fla

【思路及步骤】

米拉计划制作一个大巴车在山林景观前接送乘客的场景，她先将场景中的装饰元素分为天空、山、道路、行李箱和大巴车5部分，然后分别为其中的元素制作动态效果，如为树木制作逐渐出现的逐帧动画，为鸟制作补间动画，再通过调整关键帧位置，指定这些动态效果出现的先后顺序，如图5-66所示，参考步骤如下。

① 导入素材并布局画面

② 添加大巴车素材并制作行驶动画

③ 添加素材并制作鸟的飞行动画

④ 添加素材并制作逐渐出现动画

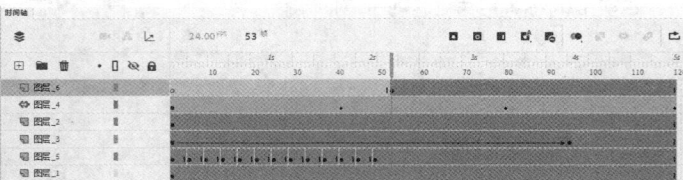

⑤ 新建图层并复制、粘贴云朵图形

图5-66　制作登录页动效的思路

（1）新建文件，调整舞台颜色为"#A4D9FE"，导入"行李箱.png""道路.png""登录栏.png""导航栏.png"素材到"库"面板，结合新建图层和排列操作来布局画面。

（2）新建图层，打开"大巴车.fla"动画文件，将其中的大巴车图形复制到新图层中，调整图层的位置和图形的位置，将大巴车图形转换为图形元件，制作大巴车从舞台外驶入舞台的动态效果。

（3）打开"山林.fla"动画文件，将其中的太阳和云朵图形复制到行李箱所在的图层中。新建图层，将"山林.fla"动画文件中的鸟图形粘贴到新图层中，将其转换为元件后，制作鸟飞行的补间动画。

（4）新建图层，将"山林.fla"动画文件中剩余的图形都复制到新图层中，然后将其转换为"每四帧设为关键帧"的逐帧动画，并分别调整每个关键帧的内容，使其按照从左到右的顺序逐渐显现图形，然后删除多余的关键帧。

（5）新建图层，在该图层的第53帧处插入空白关键帧，并复制云朵图形到该帧，调整位置后，保存文件，设置文件名称为"登录页动效"。

微 课 视 频

制作登录页
网页动效

课后练习 制作《梅花》古诗词动画

效果预览

某博物馆准备举行以梅花为主题的专题展览，打算结合北宋著名诗人王安石的《梅花》制作一个动画，在展馆大厅的电子屏幕中播放，渲染"梅花"特展的氛围，要求动画尺寸为1280像素×720像素，动画场景需要与古诗词意境相配，并且带有朗诵古诗词的声音。设计师需要先新建符合要求、平台类型为ActionScript 3.0、帧速率为24帧/秒的文件，然后导入GIF动图到"库"面板，以影片剪辑元件的形式调整该素材的位置和大小，接着添加声音、梅花素材和标题文本，并制作由梅花变形为文本的形状补间动画，最后添加古诗词文本，制作缩放、平移，且逐渐显示的传统补间动画，参考效果如图5-67所示。

图5-67 《梅花》古诗词动画的参考效果

素材位置： 素材\项目5\梅花.fla、雪景.gif、梅花.mp3
效果位置： 效果\项目5\《梅花》古诗词动画.fla

项目6
制作引导动画和遮罩动画

情景描述　　米拉发现通过创建引导层和动画层制作的引导动画，可以让动画层中的元素沿着曲线或直线轨迹移动，相较于补间动画，使用这种方式可以制作更加多样的位移效果。此外，创建遮罩层和被遮罩层制作的遮罩动画，可以让被遮罩层中的元素显示样式更加丰富。因此，米拉考虑在最近收到的设计护肤品动态Banner和企业招聘动态海报等任务中融入引导动画和遮罩动画，以提升设计作品的视觉效果。

学习目标

知识目标
- 掌握引导动画的原理，以及创建和编辑引导动画的方法。
- 掌握遮罩动画的原理，以及创建和编辑遮罩动画的方法。

素养目标
- 提高举一反三的能力，以及创造性思维能力。
- 能够整合掌握的知识，提升个人综合能力。

任务6.1 制作护肤品动态Banner

米拉在构思护肤品动态Banner时，考虑到需要方便消费者浏览其中的信息，她打算将文本信息直接展现在护肤品动态Banner中，使用传统补间动画为Banner制作护肤品在水面上的漂移效果，使用引导动画为水珠制作浮动效果，水珠浮动时伴随盘旋和平移二合一效果、进出场效果，以提升视觉冲击力。

【任务描述】

任务背景	动态Banner（或称为动画横幅）是一种在网页、应用程序或广告中使用的、具有动态效果的元素。与静态Banner相比，动态Banner可以通过动画、滚动、淡入、淡出等方式，展示更多的信息并引起人们注意。某护肤品品牌旗舰店上新了一套护肤品，准备在店铺首页添加具有动态效果的Banner，用于吸引消费者，使其对Banner中的商品信息产生兴趣，以提升购买欲望
任务目标	① 制作尺寸为1920像素×900像素，时长为6s，帧速率为24帧/秒，平台类型为ActionScript 3.0的动画文件
	② 导入所需的素材，结合文本工具和绘图工具制作Banner的静态画面，制作护肤品在水面上的漂移效果，营造水波荡漾的氛围
	③ 通过制作水珠浮动效果，丰富Banner的视觉效果，提升视觉美感，丰富画面色彩
知识要点	"添加传统运动引导层"命令

本任务的参考效果如图6-1所示。

图6-1 制作护肤品动态Banner的参考效果

素材位置： 素材\项目6\水面.png、水面1.png、水珠.png、Banner背景.jpg、护肤品套装.png

效果位置： 效果\项目6\护肤品动态Banner.fla

【知识准备】

由于水珠数量较多，若依次为每个水珠素材制作进出场动画，会影响制作效率，为此米拉准备根据引导动画的原理，为这些素材创建引导动画，使多个图层中的水珠素材与同一个引导层相关联，然后通过编辑引导层的路径来制作不同颜色水珠的浮动效果。

1. 引导动画的原理

引导动画是一种动画对象沿着指定路径移动的动画形式，如图6-2所示。引导动画由引导层和动画层两部分组成。引导层中的内容为路径，并且该路径在最终发布时不会显示出来；动画层中的内容为包含图像、图形、文本等元素的元件，其动画形式一般是传统补间动画。

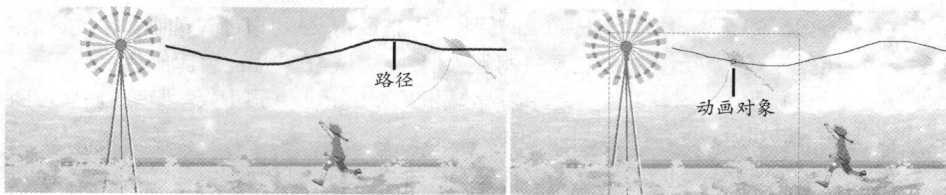

图6-2　引导动画的原理

2. 引导层的种类

在Animate中，引导层有普通引导层和传统运动引导层两种类型，分别有不同的作用和创建方法。

（1）普通引导层

普通引导层在动画中起着辅助绘图和绘图定位的作用，用于放置一些临摹参考图像、文本说明和元件位置参考信息等。普通引导层不能直接创建，只能通过已有图层来转换，且图层名称保持不变，但图标将从 形态变为 形态，如图6-3所示。具体转换方法如下。

图6-3　将图层转换成普通引导层

- **使用命令转换：** 选择要转换为普通引导层的图层，在其上单击鼠标右键，在弹出的快捷菜单中选择"引导层"命令。
- **使用对话框转换：** 双击要转换为普通引导层的图层，打开"图层属性"对话框，选中"引导层"单选项，单击 确定 按钮。

（2）传统运动引导层

传统运动引导层在动画中起着保存动画对象路径的作用，该图层中的内容都作为路径使用，并且该图层可以与一个或多个图层相关联，被关联的图层称为动画层，也称被引导层。

选择需要创建传统运动引导层的图层，单击鼠标右键，在弹出的快捷菜单中选择"添加传统运动引导层"命令，可为该图层创建一个传统运动引导层，图标为 ，同时原图层转换为动画层。此时传统运动引导层的图层名称为"引导层：所选图层名称"，如图6-4所示。

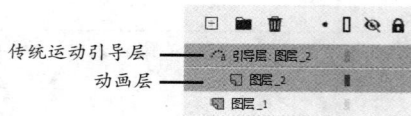

图6-4　创建传统运动引导层

将普通引导层转换为传统运动引导层

知识补充

　　由引导层的种类说明可知，制作引导动画所使用的引导层仅为传统运动引导层，若需要将普通引导层转换为传统运动引导层，只需将其他已有的普通图层拖曳到普通引导层下方，使其自动转换为动画层，同时普通引导层将变为传统运动引导层。该种方法同样适用于将已有的普通图层转换为传统运动引导层的动画层。

---

3. 创建引导动画

　　创建引导动画时需要明确引导层中的内容仅为路径，路径为从头到尾不中断、不封闭的线条，线条的转折不宜过多，不宜出现交叉、重叠，以免Animate无法准确判断对象的运动路径。而动画层中的内容必须为元件。

　　创建引导动画时，需要先选择传统运动引导层，使用可以绘制线条的工具，在图层中绘制线条充当路径，然后在动画层的开始帧处，将对象的中心点与路径的一个端点对齐，再在该图层的结束帧处，将对象的中心点与路径的另一个端点对齐，最后在动画层的开始帧和结束帧之间创建传统补间动画，如图6-5所示。

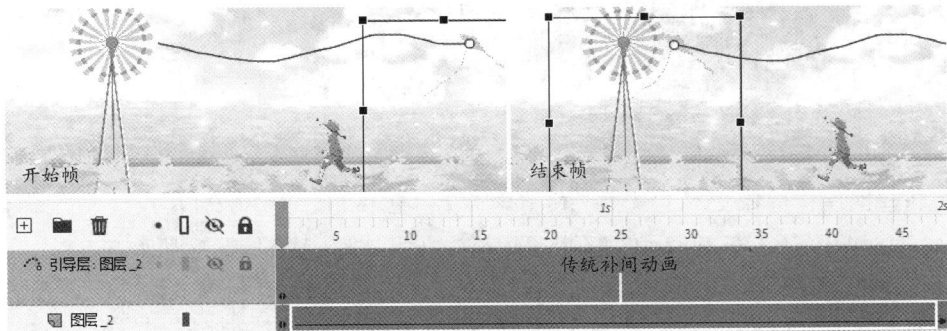

图6-5　创建引导动画

4. 引导动画的"属性"面板

　　创建传统补间动画后，选择动画层中的传统补间范围，同样能在"属性"面板的"补间"栏中调整引导动画，该栏中的参数与项目5所讲述的传统补间动画的"补间"栏中的参数一致，如图6-6所示，此处只讲述制作引导动画常用的参数。

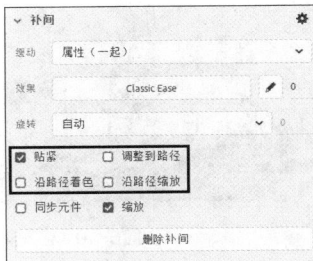

图6-6　引导动画的常用参数

● **贴紧：** 默认勾选该复选框，可使动画对象贴紧路径。

● **调整到路径：** 勾选该复选框，动画对象可根据路径的曲度变化来改变方向。

● **沿路径着色：** 勾选该复选框，动画对象可根据路径的颜色来调整"色彩效果"栏中的设置，即如果路径被填充为不同颜色，那么动画对象的颜色将随着路径颜色的改变而发生变化。

● **沿路径缩放：** 勾选该复选框，动画对象可根据路径的宽度变化来调整缩放效果。

【任务实施】

1. 制作Banner的静态效果

米拉准备先将店家提供的商品图像和自行搜集的图像素材都导入舞台，再添加文本信息，制作出Banner的静态效果，具体操作如下。

（1）新建宽为"1920像素"、高为"900像素"、帧速率为"24.00"、平台类型为"ActionScript 3.0"的动画文件。

（2）导入"水面.png""水面1.png""水珠.png""Banner背景.jpg""护肤品套装.png"素材到舞台，单击鼠标右键，在弹出的快捷菜单中选择"分散到图层"命令，将图像分别放置到以对应图像名称命名的图层中，如图6-7所示。

（3）使用任意变形工具调整素材的大小和位置，调整图层顺序，如图6-8所示。

（4）在舞台中选择水珠图像素材，按【F8】键，打开"转换为元件"对话框，将其转换为影片剪辑元件，在"属性"面板的"对象"选项卡中设置参数，如图6-9所示。

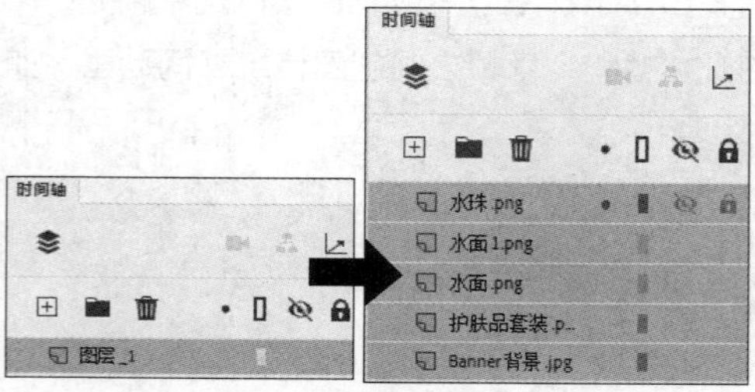

图6-7 分散素材到图层

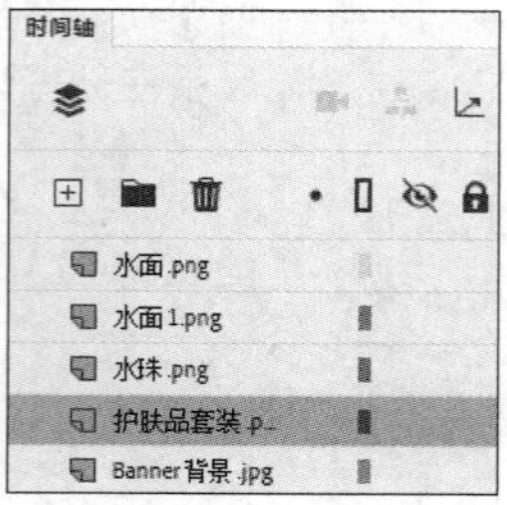

图6-8 调整图层顺序

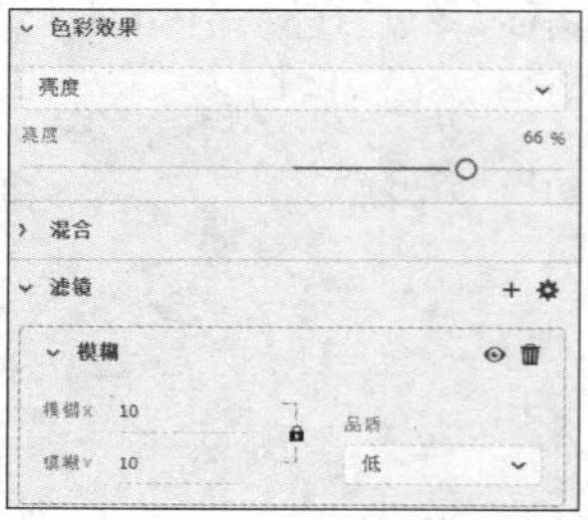

图6-9 设置影片剪辑元件的参数

（5）新建图层，选择文本工具 **T**，设置字体为"黑体"、大小为"80pt"、文本颜色为"#244791"，在Banner右侧不断调整字体大小和字距，输入图6-10所示的文本。

（6）选择线条工具，设置笔触为"#244791"、笔触大小为"2"、样式为"实线"，在第2排文本下方绘制一条水平线，然后在水平线下方绘制两个面积不等的矩形，再在左侧矩形处使用颜料桶工具填充"#FFFFFF"颜色，效果如图6-11所示。

图6-10 输入文本信息

图6-11 绘制装饰图形

（7）选择新图层中除第3排文本以外的元素，选择【窗口】/【对齐】命令，打开"对齐"面板，单击"左对齐"按钮，然后调整这些元素的位置，使其左对齐。

2. 制作护肤品在水面上的漂移效果

米拉准备为Banner中的护肤品制作水面上漂移的动态效果，使原本静止的水

面具有动感，营造出水波推动护肤品漂移的效果，具体操作如下。

（1）使用选择工具▶框选所有图层的第144帧，按【F5】键，插入普通帧，使动画时长符合要求，依次选择"水面.png""水面1.png""护肤品套装.png"图层，按【F8】键，打开"转换为元件"对话框，将图层中的图像转换为图形元件。

（2）选择选择工具▶，按住【Ctrl】键，选择"水面.png""水面1.png""护肤品套装.png"图层的第72帧，单击鼠标右键，在弹出的快捷菜单中选择"插入关键帧"命令，然后调整帧内容的位置，如图6-12所示。

（3）选择"水面.png"图层的第1帧，按【Ctrl＋Alt＋C】组合键，复制帧，选择该图层的第144帧，按【Ctrl＋Alt＋V】组合键，粘贴帧，然后分别在过渡帧处单击鼠标右键，在弹出的快捷菜单中选择"创建传统补间"命令，如图6-13所示。

图6-12　创建关键帧并调整帧内容的位置

图6-13　复制帧并创建传统补间动画

（4）按照与步骤（3）相同的方法，为"水面1.png""护肤品套装.png"图层的第144帧粘贴帧，并创建传统补间动画，护肤品在水面上的漂移效果如图6-14所示。

图6-14　护肤品在水面上的漂移效果

3. 创建引导层并绘制路径

米拉准备制作两种水珠浮动的效果，一种是从舞台顶部移动到舞台底部的进出场运动效果，另一种是盘旋和平移二合一的运动效果。针对第一种效果，她准备直接在主场景中制作，为此需要先创建引导层和动画层，然后在引导层中绘制和编辑路径，具体操作如下。

微课视频

创建引导层并绘制路径

（1）锁定所有图层。新建图层，在该图层上单击鼠标右键，在弹出的快捷菜单中选择"添加传统运动引导层"命令，为该图层创建一个引导层，并使该图层转换为动画层，如图6-15所示。

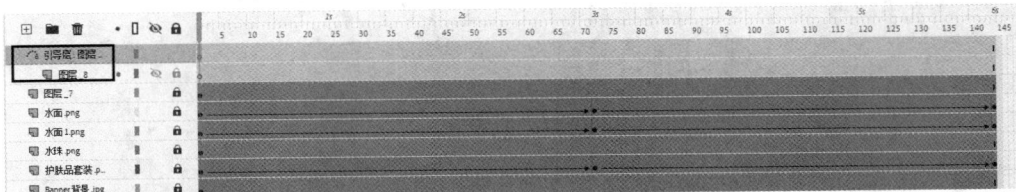

图6-15　创建引导层和转换图层为动画层

（2）选择引导层，选择铅笔工具 ✐ ，设置笔触为 "#000000"、笔触大小为 "3"，在舞台中绘制图6-16所示的6条路径，使路径的两端都位于舞台外部。

（3）选择宽度工具 ✎ ，分别单击6条路径的中部，通过拖曳鼠标指针来调整路径的宽度，使每条的路径宽度变得不均匀，如图6-17所示。

图6-16　绘制路径　　　　　　　　　　　图6-17　调整路径的宽度

（4）使用选择工具 ▶ 分别框选6条路径的部分线条，然后在 "属性" 面板中调整颜色，如图6-18所示。

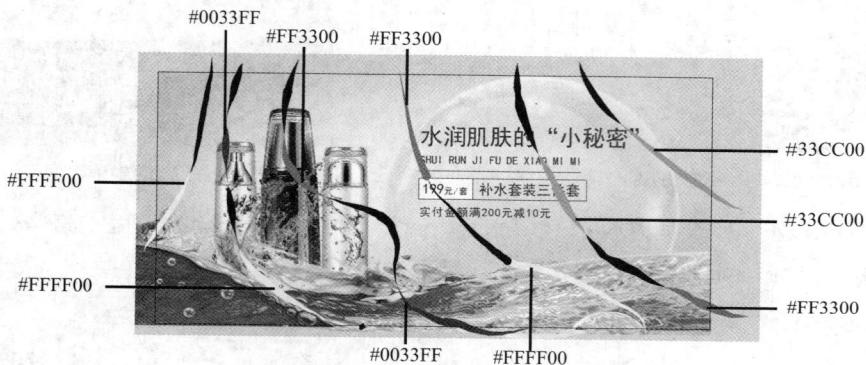

图6-18　调整路径的颜色

4．制作水珠进出场引导动画

由于每个动画层的对象只能与引导层中的一条路径产生联系，为此米拉准备先将动画层中需要使用的图像创建为元件，并创建动画层和空白关键帧，在其中添加实例后，制作水珠进出场引导动画，具体操作如下。

微课视频

制作水珠进出场引导动画

（1）选择动画层，将 "水珠.png" 素材从 "库" 面板拖曳到舞台中，调整其大小和位置，使其中心点与左侧路径的顶部端点对齐，按【F8】键，打开 "转换为元件" 对话框，将图层中的图像转换为名称为 "水珠" 的图形元件。

（2）选择动画层的第41帧，单击鼠标右键，在弹出的快捷菜单中选择 "插入关键帧" 命令，移动实例，使其中心点与左侧路径的底部端点对齐；再选择第40帧，单击鼠标右键，在弹出的快捷菜单中选择 "创建传统补间" 命令，如图6-19所示。

图6-19　在动画层中创建传统补间动画效果

（3）选择动画层的传统补间范围，在"属性"面板的"补间"栏中勾选"贴紧""调整到路径""沿路径着色""沿路径缩放"复选框，效果如图6-20所示。

图6-20　调整动画的效果

（4）在选中动画层的状态下新建"图层_10"图层，该图层将自动创建为动画层。选择该动画层的第46帧，单击鼠标右键，在弹出的快捷菜单中选择"插入空白关键帧"命令。从"库"面板中拖曳"水珠"图形元件到第2条（按照从左到右的顺序）路径的顶部端点以创建实例，调整位置后，在第95帧处插入关键帧并将实例移到第2条路径的底部端点，接着为两个关键帧创建传统补间动画，效果如图6-21所示，再勾选"贴紧""调整到路径""沿路径着色""沿路径缩放"复选框。

图6-21　"图层_10"动画层的效果

（5）按照与步骤（4）相同的方法，新建"图层_11"动画层，在第97帧处插入空白关键帧并将"水珠"图形元件拖到第3条路径顶部端点以创建实例，在第144帧处插入关键帧并调整实例的位置，创建传统补间动画，并勾选与步骤（3）中相同的复选框，效果如图6-22所示。

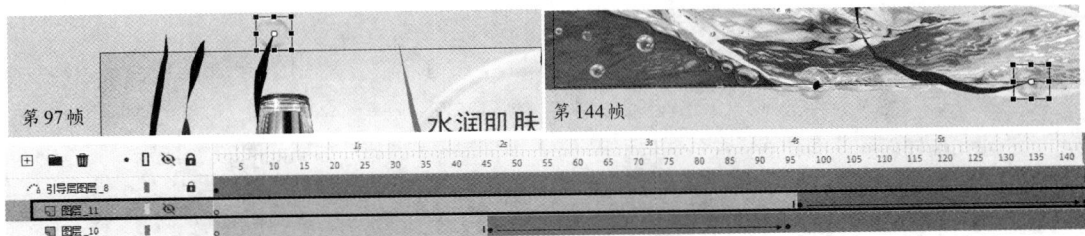

图6-22　"图层_11"动画层的效果

（6）按照与步骤（4）相同的方法，新建"图层_12"动画层，在第21帧处插入空白关键帧并将"水珠"图形元件拖到第4条路径的顶部端点以创建实例，在第70帧处插入关键帧并调整实例位置，创建传统补间动画，并勾选与步骤（3）中相同的复选框。由于路径宽度差异较大，造成动画对象偏移路径，因此在第42帧和第58帧处插入关键帧并调整"水珠"实例的位置，使其中心点重新对齐路径，如图6-23所示。"图层_12"动画层的效果如图6-24所示。

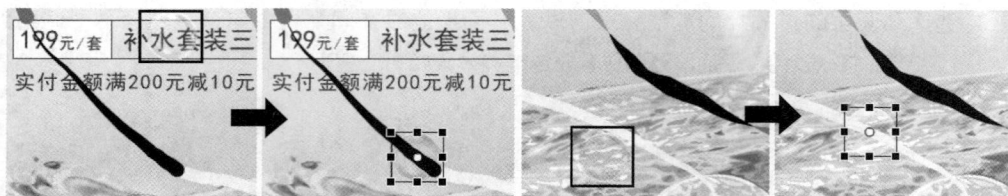

图6-23 创建关键帧并调整实例位置

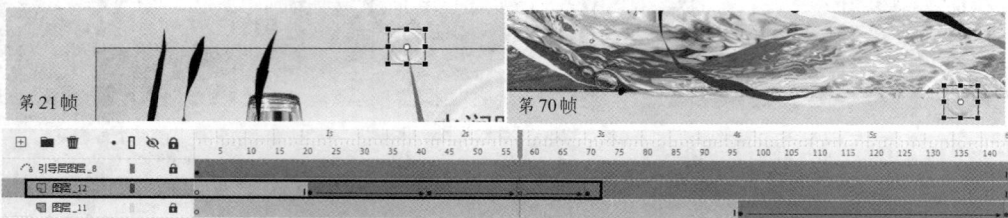

图6-24 "图层_12"动画层的效果

为什么动画对象对齐路径的端点后，有时仍会出现偏移现象？

在引导动画中，若路径的宽度不一致，则会降低动画对象与该路径的联系。因此若出现动画对象偏移路径的现象，可在动画层的传统补间范围内插入多个关键帧，并调整这些关键帧中动画对象的中心点位置，以加强与路径的联系。

（7）按照与步骤（4）相同的方法，新建"图层_13"动画层，在第78帧处插入空白关键帧并将"水珠"图形元件拖到第5条路径的顶部端点以创建实例，在第118帧处插入关键帧并调整实例位置，创建传统补间动画，并勾选与步骤（3）中相同的复选框，效果如图6-25所示。

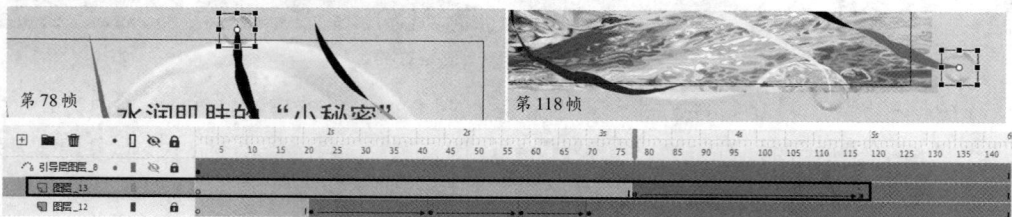

图6-25 "图层_13"动画层的效果

（8）按照与步骤（4）相同的方法，新建"图层_14"动画层，在第110帧处插入空白关键帧并将"水珠"图形元件拖到第6条路径顶部端点以创建实例，在第144帧处插入关键帧并调整实例位置，创建传统补间动画，并勾选与步骤（3）中相同的复选框，效果如图6-26所示。

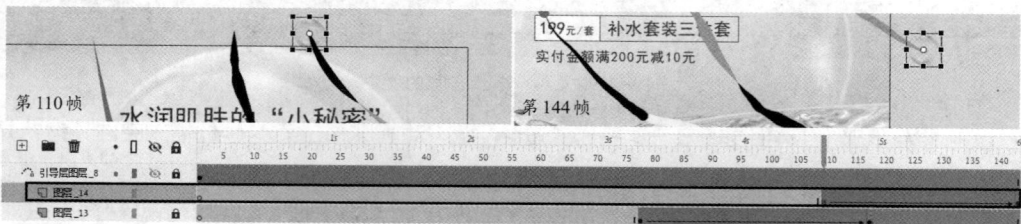

图6-26 "图层_14"动画层的效果

（9）隐藏引导层，按【Enter】键预览动画，效果如图6-27所示。

图6-27　预览Banner动态效果

5. 制作水珠盘旋引导动画

微课视频

制作水珠盘旋
引导动画

米拉打算在元件内部制作水珠盘旋的运动效果，然后在同一个图层中创建不同大小的元件实例，以丰富Banner的视觉效果，同时也让主场景的时间轴更加简洁，具体操作如下。

（1）在"库"面板的"名称"栏中单击鼠标右键，在弹出的快捷菜单中选择"新建元件"命令，新建一个名称为"水珠盘旋"的图形元件。

（2）选择"图层_1"图层，单击鼠标右键，在弹出的快捷菜单中选择"添加传统运动引导层"命令，创建引导层。选择引导层，选择铅笔工具 ✐ ，设置笔触为"#0033FF"，其余参数保持不变，在舞台中绘制螺旋状路径，然后将其调整为图6-28所示的颜色。

图6-28　绘制与调整路径颜色

（3）选择动画层，将"水珠"图形元件从"库"面板拖曳到舞台中，以创建该元件的实例，并将实例移到路径的外围端点。使用选择工具 ▶ 框选所有图层的第144帧，按【F5】键，插入普通帧，然后在动画层的第144帧处单击鼠标右键，在弹出的快捷菜单中选择"插入关键帧"命令，将"水珠"实例移到路径内围端点。

（4）选择动画层的某个过渡帧，单击鼠标右键，在弹出的快捷菜单中选择"创建传统补间"命令，效果如图6-29所示，再勾选"沿路径着色"复选框。

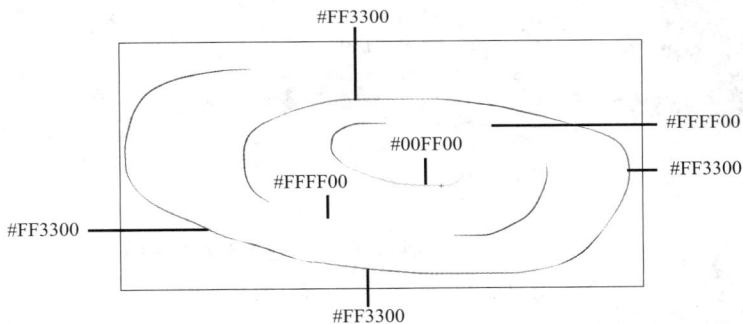

图6-29　创建水珠盘旋引导动画

（5）单击编辑栏中的 ← 按钮返回主场景，新建图层，使新图层位于引导层上方，避免它成为动画层。从"库"面板中拖曳"水珠盘旋"图形元件到舞台以创建该元件的实例，调整其位置和大小后，不断按【Ctrl+C】和【Ctrl+V】组合键，在新图层的第1帧中复制和粘贴"水珠盘旋"实例，并调整其大小和位置，使其如图6-30所示。

图6-30　动画层中"水珠盘旋"实例的效果

（6）按【Enter】键预览动画，如图6-31所示。保存文件，设置文件名称为"护肤品动态Banner"。

图6-31　预览护肤品动态Banner效果

制作洗衣机动态Banner

课堂练习

某家电网店需要为新款洗衣机制作动态Banner，要求动态效果简洁，风格清新。制作时可先导入所需的素材，制作Banner的静态效果，再将绿叶素材创建为元件，在其元件编辑窗口中创建引导层和动画层以制作并编辑绿叶飞舞的引导动画，然后返回主场景，在舞台中创建这些元件的实例，参考效果如图6-32所示。

效果预览

图6-32　洗衣机动态Banner的参考效果

素材位置： 素材\项目6\洗衣机动态Banner\
效果位置： 效果\项目6\洗衣机动态Banner.fla

任务6.2 制作企业招聘动态海报

米拉在翻看企业招聘动态海报的任务资料时，发现客户要求添加的文本并不多，因此可在海报中多添加一些图形素材，并为这些图形素材制作各种形式的出场动画，以丰富海报的视觉效果。为防止动态效果过多导致混乱，米拉打算将海报分为底图、装饰和文本3部分，并使用遮罩动画和传统补间动画来为不同部分制作动态效果。

【任务描述】

任务背景	动态海报是指利用电子显示屏、LED灯光等技术，将海报内容以动态方式展示给观众的一种广告形式。与传统的纸质海报相比，动态海报能够通过多媒体的形式吸引更多的注意，展示更丰富的信息内容，并且具有更强的互动性和传播效果。某企业即将开展招聘活动，为吸引更多优秀人才前来应聘，准备邀请设计师制作一版以"企业招聘"为主题的动态海报，将其投放到商业街区、商场、车站等人流密集的地方
任务目标	① 制作尺寸为900像素×1600像素，时长为5s，帧速率为24帧/秒，平台类型为ActionScript 3.0的动画文件
	② 使用遮罩动画分层制作海报的动态效果，以动画的形式吸引视线，先统一展示海报的场景，再展示海报的装饰，最后显示招聘信息文本和主题文本
	③ 通过在遮罩层和被遮罩层中制作不同形式的动画，创造出具有不同效果的遮罩动画，丰富海报内容
知识要点	"遮罩层"命令

本任务的参考效果如图6-33所示。

图6-33 企业招聘动态海报的参考效果

素材位置： 素材\项目6\海报底图.png、叠加底图.png、信息框.png、人物.png、招聘信息.txt

效果位置： 效果\项目6\企业招聘动态海报.fla

【知识准备】

米拉为确保自己的设想能够实现，需要规划好遮罩的位置和动画形式，因此她准备先回顾遮罩动画原理、创建和编辑遮罩动画的方法、遮罩动画的注意事项等相关知识，再展开制作。

1. 遮罩动画的原理

遮罩动画是一种由遮罩控制动画内容的显示范围和轮廓的动画形式，常用于遮挡部分动画内容来实现特殊效果。其原理是在舞台前增加一个类似于摄像机镜头的遮罩，遮罩的形状不局限于圆形，可以是任意形状；最终导出的成片只显示该遮罩内的内容，遮罩之外的内容不会显示，如图6-34所示。

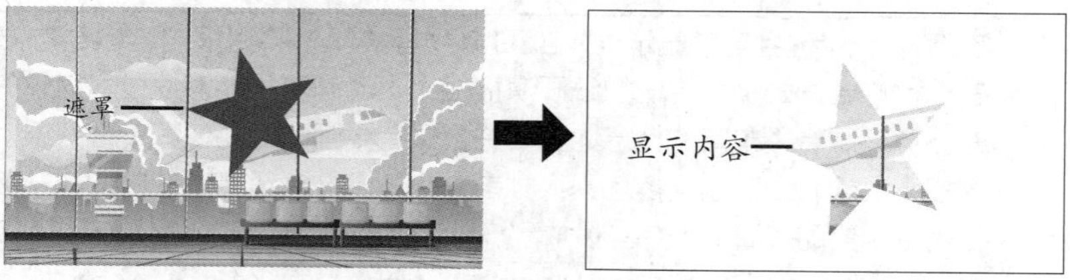

图6-34　遮罩动画原理

2. 创建遮罩动画

遮罩动画由遮罩层和被遮罩层两部分组成，其中遮罩层用于放置遮罩，遮罩可以是图像、图形和文本等，而被遮罩层用于放置所要显示的内容。

创建遮罩动画的前提是创建遮罩层和被遮罩层，可先选择需要作为遮罩层的图层，再采用以下两种方法来创建遮罩动画。

- **通过菜单命令**：在图层上单击鼠标右键，在弹出的快捷菜单中选择"遮罩层"命令，该图层将自动转换为遮罩层，图标由 🗃 变为 🔘 形态，并且位于该图层下方的图层将自动转换为被遮罩层，图标由 🗃 变为 🔘 形态。另外Animate会自动锁定转换后的遮罩层和被遮罩层，如图6-35所示。

- **通过改变图层属性**：双击图层图标，打开"图层属性"对话框，在"类型"栏中选中"遮罩层"单选项，单击 确定 按钮。此时该图层将自动转换为遮罩层，通过拖曳其他图层到遮罩层的下方，可以将下方的图层创建为被遮罩层，如图6-36所示。

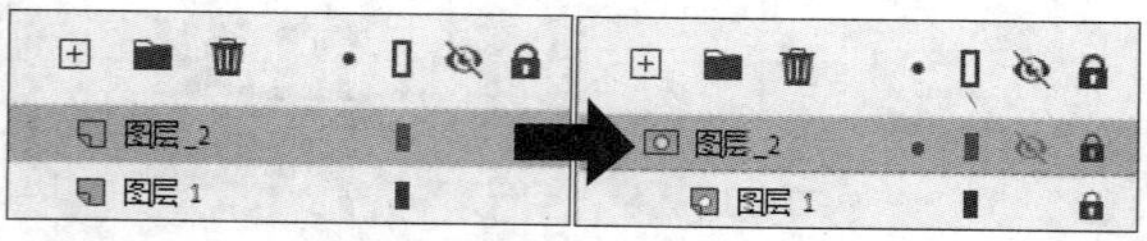

图6-35　通过菜单命令创建遮罩层和被遮罩层

图6-36　通过拖曳图层创建被遮罩层

3. 编辑和取消遮罩动画

遮罩动画的一大特点便是可以为遮罩层和被遮罩层中的内容制作动态效果，并且该动态效果是可编辑的。另外，还可以通过中断遮罩连接的方式来取消遮罩动画。

（1）编辑遮罩动画

在遮罩层和被遮罩层中，设计师可以使用补间动画、引导动画和逐帧动画等多种动画形式来编辑遮罩或显示内容的形状、大小、位置、不透明度等属性。图6-37所示为在遮罩层上制作由星形变形为不规则图形的补间形状动画，在被遮罩层上制作逐渐显示画面的传统补间动画，通过结合遮罩动画和补间动画，使动画的视觉效果更加丰富。

另外，在编辑遮罩动画时，若遮罩层未处于锁定状态，遮罩将遮挡被遮罩层中的显示内容，使设计师看不到遮罩下方的内容，因此若要编辑遮罩动画，可以单击"时间轴"面板中的"将所有图层显示为轮廓"按钮◻，使遮罩只显示其轮廓，以便调整被遮罩层中显示内容的形状、大小和位置等。

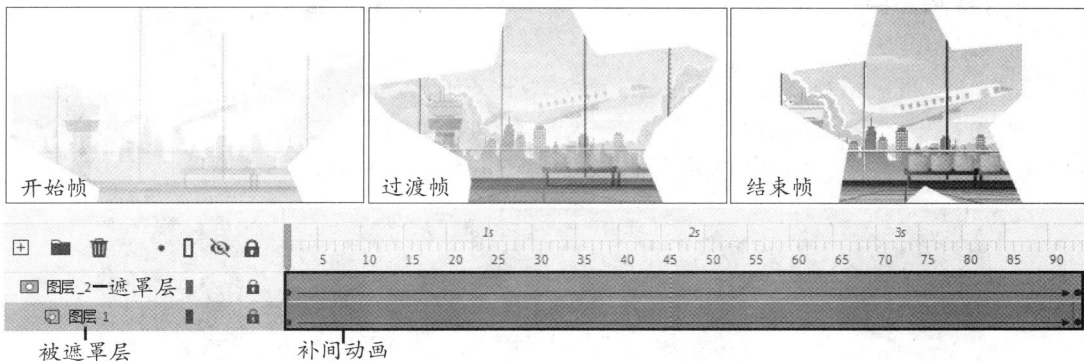

图6-37　编辑遮罩动画

（2）取消遮罩动画

中断遮罩连接较为直接的方法便是将遮罩层和被遮罩层重新转换为普通图层。具体操作方法如下：选择遮罩层，单击鼠标右键，在弹出的快捷菜单中选择"遮罩层"命令，该图层将自动转换为普通图层；或者双击遮罩层图标，打开"图层属性"对话框，在"类型"栏中选中"一般"单选项，单击 确定 按钮。

另外，将被遮罩层拖曳到遮罩层上方，可使被遮罩层自动转换为普通图层，但此时遮罩层的性质仍然不变，因此需要删除遮罩层来中断连接。这种方法较适合在不需要保留遮罩层的情况下使用。

4. 遮罩动画的注意事项

在创建遮罩动画时应注意以下事项，以防构思的遮罩动画效果不能顺利实现。

- 若使用图形充当遮罩，则该图形不能为线条，只能为填充内容。
- 被遮罩层中的文本不能采用动态文本的形式。
- 一个遮罩层可以拥有多个被遮罩层，但一个遮罩层不能遮罩另一个遮罩层。
- Animate不支持使用遮罩层遮罩引导层。若要为遮罩层和被遮罩层中的内容制作引导动画，应先将该内容转换为图形或影片剪辑元件，再在其内部制作引导动画。

✕ 【任务实施】

1. 制作变形效果的遮罩动画

米拉准备先制作出海报底图的静态效果，再以底图中某区域的形状来绘制遮罩，制作从该形状变形为海报形状的遮罩动画，从而将海报的形状完整地展示给观众，具体操作如下。

微课视频

制作变形效果的遮罩动画

（1）新建宽为"900像素"、高为"1600像素"、帧速率为"24.00"、平台类型为"ActionScript 3.0"的动画文件，导入"海报底图.png""叠加底图.png"素材到舞台，如图6-38所示。

（2）选择"海报底图.png"素材，单击鼠标右键，在弹出的快捷菜单中选择【排列】/【移至底层】命令，再调整两个图像素材的大小和位置，如图6-39所示。

（3）选择文本工具 T，设置字体为"黑体"、大小为"40pt"、间距为"20"、填充为

"#000000"、行距为"20"，在顶部的黄色矩形中输入"欢迎你的加入"文本。选择【窗口】/【变形】命令，打开"变形"面板，设置旋转为"－48°"。

（4）保持选择文本工具 T，在左侧的黄色矩形中输入"福利多多"文本，设置旋转为"35°"；接着在右侧的黄色矩形中输入"组建年轻团队"文本，设置旋转为"－35.8°"，效果如图6-40所示。

（5）新建图层，选择线条工具 ╱，设置笔触为"#FF0000"、大小为"2"，沿着白色图形的边缘绘制线条；然后选择颜料桶工具 ◈，设置间隙大小为"封闭大间隙"、填充为"#FF0000"，填充由线条组成的不规则图形，接着删除绘制的线条，如图6-41所示。

图6-38　导入素材到舞台　　图6-39　调整图像　　图6-40　输入文本　　图6-41　绘制不规则图形

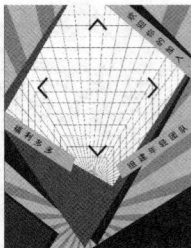

（6）选择"图层_2"，单击鼠标右键，在弹出的快捷菜单中选择"遮罩层"命令，该图层将转换为遮罩层，"图层_1"将转换为该图层的被遮罩层。

（7）解锁所有图层，选择所有图层的第121帧，按【F5】键，插入普通帧，然后在"图层_2"的第8帧处插入关键帧。选择该图层的第1帧，缩小图形。

（8）在"图层_2"的第30帧处插入空白关键帧，选择矩形工具 ▦，设置笔触为"无"，绘制一个和舞台等大的矩形。

（9）选择"图层_2"中的过渡帧，单击鼠标右键，在弹出的快捷菜单中选择"创建补间形状"命令，通过在遮罩层中创建补间形状动画来调整遮罩的形状和大小，此时"时间轴"面板如图6-42所示。

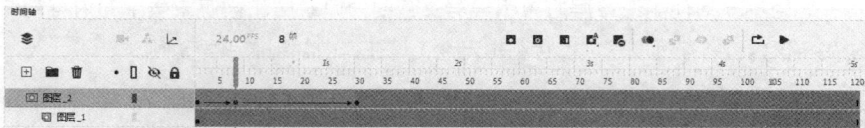

图6-42　在遮罩层中创建补间形状动画

（10）锁定所有图层，按【Enter】键预览具有变形效果的遮罩动画，如图6-43所示。

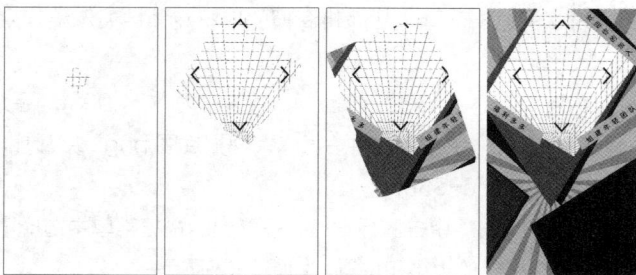

图6-43　预览具有变形效果的遮罩动画

2. 制作跳跃式效果的遮罩动画

米拉想在底图下方添加装饰图形，再为其制作跳跃式的遮罩动画，指引观众视线跟随遮罩移至海报下方，具体操作如下。

（1）新建"图层_3"，在该图层的第31帧处插入空白关键帧，然后导入"人物.png""信息框.png"素材到舞台，调整大小和位置，如图6-44所示。

（2）新建"图层_4"，在该图层的第31帧处插入空白关键帧，选择矩形工具 ▣，设置笔触为"无"、填充为"#FFFFFF"，在人物的嘴巴区域绘制一个矩形并旋转，如图6-45所示。

（3）选择绘制的矩形，按【F8】键，将其转换为图形元件，在任意一帧上单击鼠标右键，在弹出的快捷菜单中选择"创建补间动画"命令。

（4）将播放头分别移至"图层_4"的第40帧、第52帧、第71帧、第92帧、第107帧处，分别调整矩形的位置、大小和方向，以创建属性关键帧；接着将播放头移至第121帧处，调整矩形的位置、大小和方向到完全覆盖装饰图形，如图6-46所示。

图6-44　导入装饰素材到舞台　　图6-45　绘制与编辑矩形　　图6-46　编辑属性关键帧

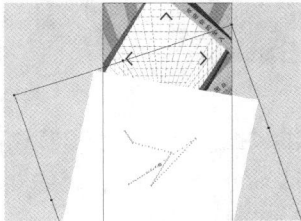

（5）选择"图层_4"，单击鼠标右键，在弹出的快捷菜单中选择"遮罩层"命令，该图层将转换为遮罩层，图标变为 ▣ 状态，"图层_3"将转化为该图层的被遮罩层，如图6-47所示。

（6）锁定遮罩层，按【Enter】键预览具有跳跃式效果的遮罩动画，如图6-48所示。

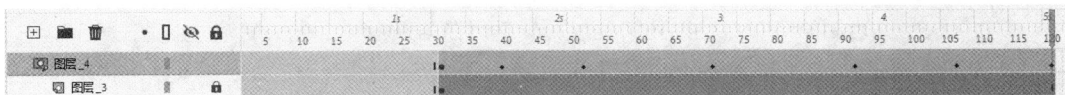

图6-47　创建遮罩层和被遮罩层

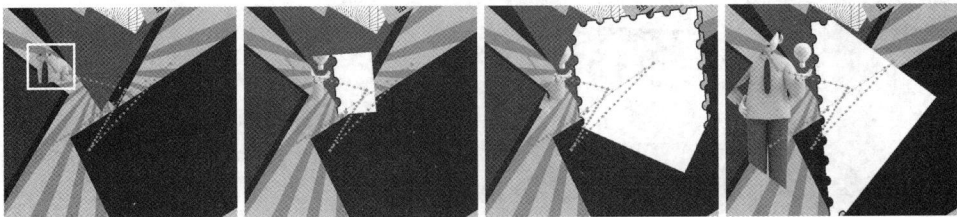

图6-48　预览具有跳跃式效果的遮罩动画

3. 制作掉落效果的遮罩动画

米拉准备在底图的顶部区域添加主题文本，并制作具有掉落效果的遮罩动画，然后为招聘信息文本制作渐显动画，完成动态海报的制作，具体操作如下。

（1）新建"图层_5"，在该图层的第63帧处插入空白关键帧，然后选择文本工具 T ，设置字体为"汉仪大黑简"、大小为"200pt"、填充为"#002267"，输入"企业招聘"文本，如图6-49所示，然后按【F8】键，将其转换为图形元件。

（2）新建"图层_6"，在该图层的第63帧处插入空白关键帧，使用椭圆工具 ● 在文本顶部绘制一个椭圆形，再将其转换为图形元件。新建"图层_7"，在该图层的第63帧处插入空白关键帧，使用矩形工具 ■ 绘制矩形遮盖文本，如图6-50所示，再将该图层移动到"图层_6"下方。

（3）选择"图层_7"，单击鼠标右键，在弹出的快捷菜单中选择"遮罩层"命令，该图层将转换为遮罩层，"图层_5"将转换为该图层的被遮罩层。解锁并选择"图层_5"，在第78帧处插入关键帧，接着调整第63帧中文本的位置，使其位于椭圆形上方，如图6-51所示。

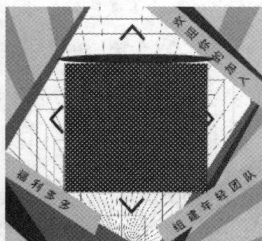

| 图6-49 输入主题文本 | 图6-50 绘制椭圆形和矩形 | 图6-51 移动主题文本 |

（4）选择"图层_5"的第63帧~第78帧，单击鼠标右键，在弹出的快捷菜单中选择"创建传统补间"命令，创建被遮罩层的传统补间动画，如图6-52所示。

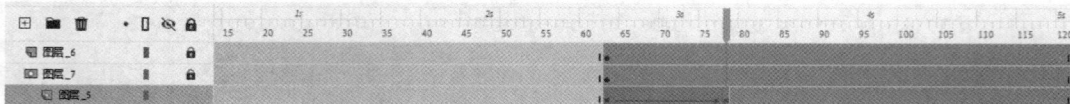

图6-52 创建被遮罩层的传统补间动画

（5）选择并复制"图层_6"的第63帧，将其粘贴到第52帧处，缩小椭圆形，设置Alpha为"0%"，复制第52帧并粘贴到第88帧处，然后在第78帧处插入关键帧，接着在第52帧~第63帧和第78帧~第88帧处创建传统补间动画。

（6）锁定"图层_5"，按【Enter】键预览具有掉落效果的遮罩动画，如图6-53所示。

图6-53 预览具有掉落效果的遮罩动画

（7）新建"图层_8"，在第121帧插入空白关键帧。打开"招聘信息.txt"文件，选择文本工具 T ，设置字体为"黑体"、填充为"#002267"，按照素材文本内容不断调整字体大小，在该图层中输入文本，如图6-54所示，然后按【F8】键，将其转换为图形元件。

（8）拖曳第121帧到第95帧处，然后在第102帧处插入关键帧，选择第95帧，将实例的Alpha设置为"0%"，在两个关键帧之间创建传统补间动画，按【Enter】键预览效果，如图6-55所示。保存文件，设置文件名称为"企业招聘动态海报"。

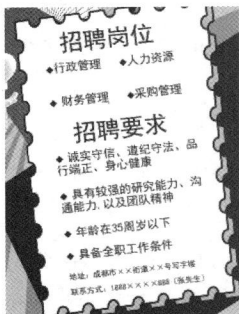

图6-54　输入招聘信息文本

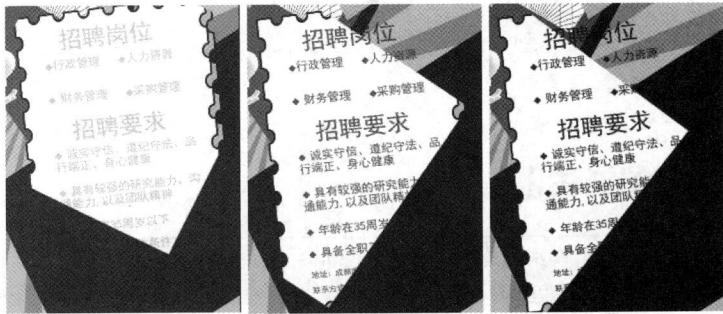

图6-55　预览招聘信息文本的渐显动画

设计素养

　　在设计动画效果时，可以某种特定的动画形式为主，使用其他动画形式进行辅助制作或综合运用多种动画形式，丰富动画的视觉效果，为制作出趣味的动画效果提供无限可能。基于这种思维进行创作，可以有效提高举一反三的能力，以及创意、主观思维能力，并能够整合掌握的知识，使个人的综合能力更强，在职场中展现出更强的竞争力，以获得更多的发展机会。

制作"猫咪艺术展"动态海报

课堂练习

　　某艺术中心准备举办猫咪艺术展，委托公司制作一张动态海报，要求视觉效果可爱、美观、主题突出。制作时可以先调整舞台颜色，再绘制与舞台等大的白色矩形，以制作变色舞台效果，然后导入素材、输入文本，制作海报的静态效果，接着为文本制作上下移动的动态效果，创建遮罩层，将当前所有图层当作被遮罩层，绘制不同样式的遮罩，以制作变形式遮罩动画，参考效果如图6-56所示。

效果预览

图6-56　"猫咪艺术展"动态海报的参考效果

素材位置： 素材\项目6\艺术展.ai

效果位置： 效果\项目6\"猫咪艺术展"动态海报.fla

综合实战　制作粮油促销动态Banner

　　米拉接到制作粮油促销动态Banner的新任务，由于Banner需要突出商品图像和文本信息，因此米拉准备为它们分别制作动态效果，并为文本信息制作引导消费者视线的动画效果，使其能够快速了解商品的具体信息。

【实战描述】

实战背景	丰收家园是一家售卖粮油商品的网店，恰逢粮食丰收，该网店准备通过促销活动吸引消费者购买。现需要设计制作一版动态Banner展示在网店首页中，以配合促销活动的开展
实战目标	① 制作尺寸为1920像素×900像素，时长为6s，帧速率为24帧/秒，平台类型为ActionScript 3.0的动画文件
	② 通过导入图像素材、输入文本等操作布局画面，使其成为左文右图的版式，为文本动画提供足够的活动空间
	③ 制作纸飞机飞行引导动画，营造动态Banner的定格画面
	④ 通过制作粮油商品遮罩动画来变换场景右侧的画面，以强调Banner中的商品图像
知识要点	"引导层"命令、"遮罩层"命令

　　本实战的参考效果如图6-57所示。

图6-57　粮油促销动态Banner的参考效果

素材位置：素材\项目6\麦田.png、纸飞机.png、食用油.png、面粉.png、酱油.png

效果位置：效果\项目6\粮油促销动态Banner.fla

效 果 预 览

【思路及步骤】

　　由于该商品属于日常必需品，适合亲民风格的视觉效果，为此米拉准备使用麦田作为Banner背景。促销文本在Banner中的地位较为重要，可将其放置在背景中空白区域较多的位置，然后为其制作上下移动的动画；再制作纸飞机飞行引导动画，引导消费者的视线到文本信息处。通过遮罩动画的形式展示商品，使其在融入场景的同时，也提示消费者关注商品主体，如图6-58所示，参考步骤如下。

① 导入素材和输入文本信息

② 创建与编辑文本信息元件

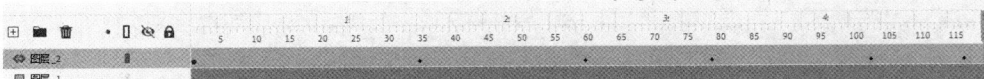

③ 制作文本信息元件的位移动画

④ 制作纸飞机飞行引导动画

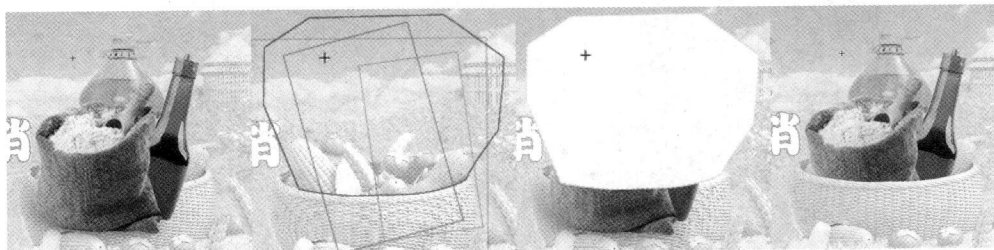

⑤ 在商品图像所在元件内部绘制遮罩

⑥ 在主场景中为商品图像绘制遮罩

图6-58　制作粮油促销动态Banner的思路

（1）新建文件，导入"麦田.png"素材到舞台，在舞台左侧输入与编辑文本信息，使文本信息层级清晰，视觉效果美观。

（2）将文本信息转换为图形元件，在元件内部为"入冬囤货""粮油大促销"文本制作描边，并添加装饰框。返回主场景后，调整该元件实例的位置。

微课视频

制作粮油促销动态Banner

（3）为所有图层插入帧，延长动画时长，在文本信息所在图层插入关键帧制作文本上下移动的补间动画，且每段补间范围的移动距离越来越小。

（4）新建图层，导入"纸飞机.png"素材到舞台，将其转换为图形元件，将播放头移至第120帧，进入元件编辑窗口，创建引导层，绘制与编辑路径，并在动画层中插入关键帧制作传统补间动画，使纸飞机实例能够跟随路径颜色和宽度的变化而变化。

（5）新建图层，导入"食用油.png""面粉.png""酱油.png"素材到舞台，将它们统一转换为图形元件，进入元件编辑窗口，创建遮罩层，通过绘制遮罩来遮挡部分画面，使其在视觉上呈现出被放置在竹篮里的效果。

（6）返回主场景，为商品素材所在图层创建遮罩层，绘制遮罩，在被遮罩层制作传统补间动画，以制作出穿越式遮罩动画效果。

（7）保存文件，设置文件名称为"粮油促销动态Banner"。

▶ 课后练习　制作"立冬"节气动态海报

　　某物业公司准备以动态海报的形式，在立冬当天为所服务的小区业主送上祝福，要求海报尺寸为900像素×1600像素，海报画面中带有祝福语。制作时需要先新建符合要求、平台类型为ActionScript 3.0、帧速率为24帧/秒的文件，然后依次制作海报的静态效果，雪花飘落动画，飞鸟图像变色、缩放、移动的引导动画，以及不断变化形状、位置的遮罩动画，参考效果如图6-59所示。

效果预览

图6-59　"立冬"节气动态海报的参考效果

素材位置： 素材＼项目6＼立冬场景.jpg、雪.png、飞鸟.png、雪花.ai

效果位置： 效果＼项目6＼"立冬"节气动态海报.fla

项目7
制作摄像头动画和骨骼动画

情景描述

米拉在制作动画时，有时为了使动画效果更加真实，会多次调整某些元素的缩放效果；有时为了使人物的行动更加流畅，还会调整人物每帧的画面。这些操作都比较费时费力，影响工作效率。于是，米拉向老洪咨询提升效率的方法，老洪告诉米拉可以使用摄像头动画和骨骼动画来解决这些问题，并交给她一些会用到这两类动画的设计任务，希望米拉在制作过程中，可以逐渐领悟和掌握摄像头动画和骨骼动画的精髓。这样，米拉不仅能更加高效地完成设计任务，还能提升动画效果和质量。

学习目标

知识目标
- 掌握控制摄像头的方法。
- 掌握制作摄像头动画的方法。
- 掌握添加和编辑骨骼的方法。

素养目标
- 在制作新题材、新类型的动画时，勇于创新和尝试。
- 在动画制作中重视客户需求和受众体验，不要一味地追求炫酷的视觉效果。

任务7.1　制作《城市风光》节目片头动画

　　根据客户关于制作《城市风光》节目片头动画的要求，米拉觉得可以将内容设定为一辆汽车沿街行驶，展示某街道风光，以突出节目的内核。为此，她需要制作一张街道的场景图，然后使用摄像头动画分别以特写、中景、全景等景别展示不同的画面，丰富视觉效果。

知识补充	**景别** 　　景别是指由于摄影机与被摄体的距离不同，造成被摄体在画面中呈现出不同的范围大小。景别的划分由近至远分别为拍摄物体特定细节的特写，拍摄物体一部分的近景，拍摄物体较大一部分的中景，拍摄整个物体和较少所处环境的全景，拍摄整个物体和较多所处环境的远景。

【任务描述】

任务背景	《城市风光》节目主要以展示城市景观和街道风光为主题，新一季节目内容为展示城市的一些冬季风光，需要设计师根据节目主题和该季内容来设计节目的片头动画
任务目标	① 制作尺寸为1280像素×720像素，时长为8s，帧速率为24帧/秒，平台类型为ActionScript 3.0的动画文件
	② 制作比舞台宽数倍的场景图，为展示街道提供足够的空间
	③ 制作包含节目标题文本的元件，以文本框和文本相结合的形式来提升视觉效果
	④ 结合传统补间动画和摄像头动画来展示街道的风光，在动画开始时以特写镜头展示正在行驶的车辆，逐渐切换为中景、远景、特写来展示节目标题文本，最后以全景的形式结束动画
知识要点	"图层深度"命令、摄像头工具、"摄像机设置"栏

　　本任务的参考效果如图7-1所示。

图7-1　《城市风光》节目片头动画的参考效果

素材位置： 素材\项目7\城市景观素材.fla、节目声音.mp3
效果位置： 效果\项目7\《城市风光》节目片头动画.fla

【知识准备】

米拉搜集完所需的图像素材后，开始制作摄像头动画。由于需要切换不同景别来展示画面，为此需要添加和编辑摄像头，并设置图层深度，以调整画面中元素的位置，从而提升画面的真实感，营造出身临其境的氛围。

1. 摄像头动画的原理

摄像头动画是一种通过使用摄像头工具模拟摄像头来移动展示舞台画面的动画形式。使用该动画不但可以放大感兴趣的画面，或缩小画面以查看更大范围的效果，还可切换动画内容的场景，使其从一个场景转移到另一个场景。

2. 添加摄像头

要想创建摄像头动画，需要确保当前文件在"文档设置"对话框中已经勾选"使用高级图层功能"复选框，开启了高级图层功能。然后在工具箱中选择摄像头工具 📷，或在"时间轴"面板中单击"添加摄像头"按钮 📷，此时"时间轴"面板中将出现名称为"Camera"的摄像头图层，表示已经成功添加摄像头，并且舞台与粘贴板分界线的颜色将与摄像头图层的轮廓颜色相同，表示舞台已成为摄像头、分界线已成为摄像头边框，舞台下方将出现摄像头控件，如图7-2所示。

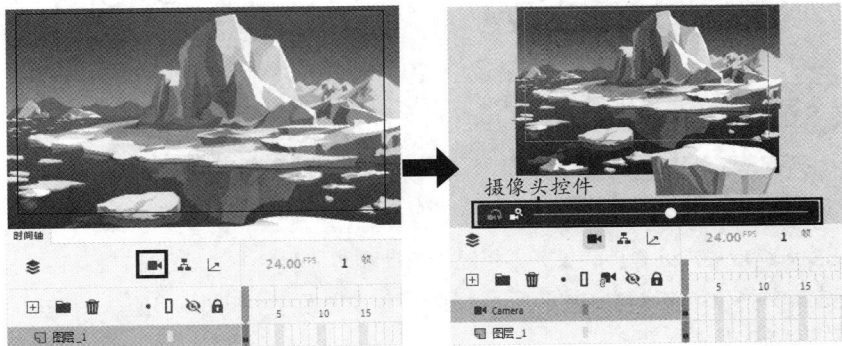

图7-2　添加摄像头的效果

另外，摄像头图层还具有以下特点。

- 添加摄像头后，不能在摄像头图层中添加内容，但可以插入关键帧以制作传统补间动画和补间动画，以制作摄像头动画。
- 创建的摄像头图层会一直位于所有图层上方，而且一个文件仅支持一个摄像头图层，该图层无法被重命名。
- 创建摄像头图层后，"时间轴"面板上的"添加摄像头"按钮 📷 将变为"删除摄像头"按钮 📷，虽然图标样式没变，但单击该按钮将删除摄像头图层。
- 创建摄像头图层后，"时间轴"面板中"显示或隐藏所有图层"按钮 👁 左侧将出现"将所有图层附加到摄像头，或从摄像头分离所有图层"按钮 📷，单击该按钮可调整摄像头图层与下方所有图层的关联关系。

3. 编辑摄像头

添加摄像头后，可通过编辑摄像头，如缩放、旋转和平移摄像头，控制摄像头画面的显示效果。编辑摄像头的操作主要在摄像头控件和"属性"面板中进行。

（1）摄像头控件

摄像头控件由"缩放"按钮 、"旋转"按钮 和圆形滑块3部分组成，具体作用如下。

- **"缩放"按钮 ：** 单击该按钮，切换到缩放模式，向左拖曳圆形滑块（原位置将出现灰色定位线），可以缩小舞台中的画面，如图7-3所示，释放鼠标后，滑块将重新回到定位线位置；向右拖曳圆形滑块，可以放大舞台中的画面。

图7-3　缩小舞台中的画面

- **"旋转"按钮 ：** 单击该按钮，切换到旋转模式，向左拖曳圆形滑块，可以顺时针旋转舞台中的画面，如图7-4所示；向右拖曳圆形滑块，可以逆时针旋转舞台中的画面，如图7-5所示。

图7-4　顺时针旋转舞台中的画面　　　　图7-5　逆时针旋转舞台中的画面

无论是切换到缩放模式还是旋转模式，将鼠标指针移动到舞台中，鼠标指针都将变为 形态，此时，按住鼠标左键并拖曳可移动舞台中的画面，相当于移动摄像头，如图7-6所示。若按住【Shift】键拖曳，可水平或垂直移动摄像头。

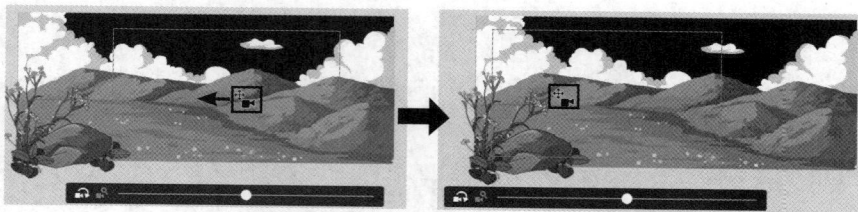

图7-6　移动舞台中的画面

（2）摄像头工具的"属性"面板

保持选择摄像头工具 ，在"属性"面板的"工具"选项卡中可以编辑摄像头中的显示画面，如图7-7所示。

- **X：** 在该数值框中输入数值后，将沿水平方向移动摄像头。
- **Y：** 在该数值框中输入数值后，将沿垂直方向移动摄像头。
- **缩放：** 在该数值框中输入数值后，将缩放舞台中的画面。
- **旋转：** 在该数值框中输入数值后，将旋转舞台中的画面。
- **"重置"按钮 ：** 单击"X"/"Y"数值框右侧的该按钮，

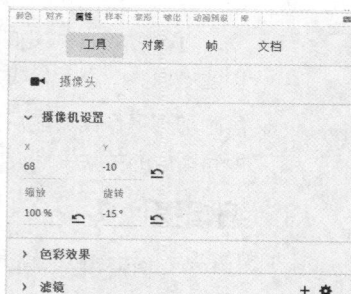

图7-7　摄像头工具的"属性"面板

可重置摄像头位置，使数值变为原始数值；单击"缩放"数值框右侧的该按钮，可重置摄像头缩放，使其数值归为100%；单击"旋转"数值框右侧的该按钮，可重置摄像头旋转，使其数值归为0。

- **色彩效果：** 用于调整摄像头的不透明度、色调、亮度，从而影响到摄像头拍摄的画面效果。
- **滤镜：** 用于为摄像头添加滤镜效果，从而影响到摄像头拍摄的画面效果。

4. "图层深度"面板

制作摄像头动画时，虽然可以应用补间动画来平移、缩放、旋转摄像头，在视觉上呈现画面移动、缩放或旋转的动态效果，但摄像头下方的各个图层之间并未发生相对运动。此时可使用"图层深度"面板，将摄像头聚焦在一个恒定的焦点上，使摄像头动画在不同速度下移动对象，以呈现"视差滚动"动画效果（指让多层次的元素以不同的速度移动，形成具有空间感和立体感的运动效果）。

选择【窗口】/【图层深度】命令，打开"图层深度"面板，如图7-8所示，其中"0"数值框用于设置所有图层的Z轴深度，默认值为0，代表所有图层中的画面到摄像头的距离都是一样的。所选图层的彩线颜色与图层轮廓色相同，在调整图层深度时，向上移动彩线，可增大该图层中内容的深度；向下移动彩线，可减小该图层中内容的深度。单击"保持大小"按钮，可以更改所选图层的图层深度，同时不影响其内容的大小和位置。

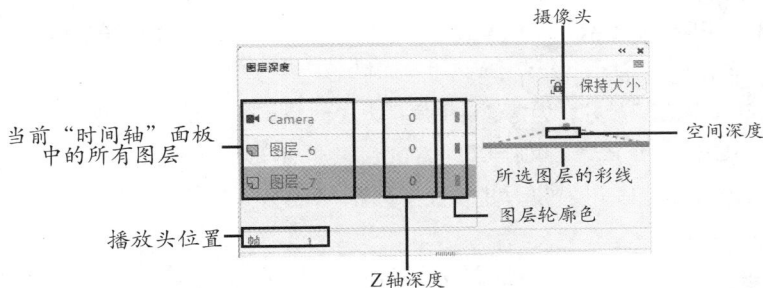

图7-8 "图层深度"面板

【任务实施】

1. 制作城市景观的动画效果

米拉将搜集好的图像素材放置到Animate中，准备使用这些图像素材制作城市景观的动画效果，并为后续制作摄像头动画做准备，具体操作如下。

（1）打开名称为"城市景观素材.fla"的动画文件，使用"分散到图层"命令调整素材所在的图层，并根据图像内容重命名图层，调整图层的顺序，如图7-9所示。

（2）调整素材的位置，使其呈现出图7-10所示的状态，然后依次选择图像素材，按【F8】键，分别将它们转换为图形元件。

微课视频

制作城市景观的动画效果

图7-9 调整图层

图7-10 调整素材位置

（3）在除"文本框"图层以外的所有图层的第210帧处插入关键帧，并调整元件实例的位置，此时舞台中图像的效果如图7-11所示，接着创建传统补间动画。

图7-11　第205帧舞台中图像的效果

2. 添加与设置摄像头

此时城市景观的动画效果已经制作完毕，现需要创建摄像头图层来添加摄像头，并通过缩放摄像头来获得不同景别的画面，具体操作如下。

（1）将播放头移至第1帧处，单击"时间轴"面板中的"添加摄像头"按钮 ■◀ 创建摄像头图层，在"属性"面板"工具"选项卡的"摄像机设置"栏中设置图7-12所示的参数，以制作出特写动画，调整摄像头前后的效果对比如图7-13所示。

（2）将播放头移至第30帧处，为摄像头图层插入关键帧，在"属性"面板中设置X为"1527"、Y为"－946"、缩放为"400%"、Alpha为"100%"，然后为两个关键帧创建传统补间动画，以制作出由特写切换到近景的摄像头动画，调整摄像头前后的效果对比如图7-14所示。

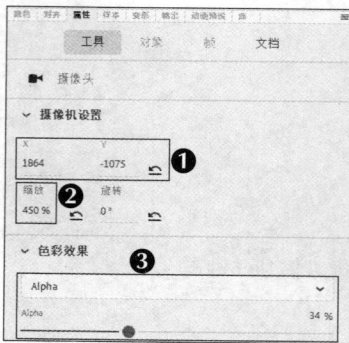

图7-12　设置摄像头工具的参数

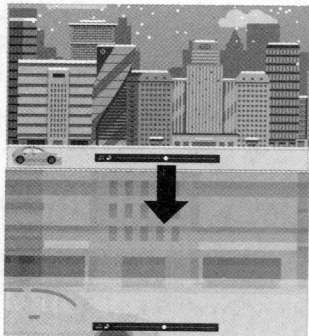

图7-13　特写摄像头动画

图7-14　由特写切换到近景的摄像头动画

（3）将播放头移至第51帧处，为摄像头图层插入关键帧，在"属性"面板中设置X为"502"、Y为"－351"、缩放为"200%"，然后为两个关键帧创建传统补间动画，以制作出由近景切换到远景的摄像头动画，调整摄像头前后的效果对比如图7-15所示。

（4）隐藏"文本框"图层，将播放头移至第91帧处，为摄像头图层插入关键帧，在"属性"面板中设置X为"170"、Y为"400"、缩放为"100%"，然后为两个关键帧创建传统补间动画，从而将视角由地面引入天空，为后续节目标题文本出现做铺垫，调整摄像头前后的效果对比如图7-16所示。

（5）显示"文本框"图层，将第1帧拖曳至第91帧处，调整文本框图像的大小和位置，选择选择工具▶，双击该元件实例，进入元件编辑窗口，使用文本工具 **T** 输入"城市风光"文本，适当调整文本样式，如图7-17所示。

图7-15 由近景切换到远景的摄像头动画　　图7-16 调整视角　　图7-17 输入与编辑文本

（6）复制"文本框"图层的第91帧，粘贴到该图层的第72帧处，并设置Alpha为"0%"，然后创建传统补间动画，以制作出由远景切换到全景的摄像头动画，如图7-18所示。

（7）在摄像头图层的第141帧和161帧处分别插入关键帧，选择摄像头工具 ■，在第161帧处设置X为"－614"、Y为"－354"、缩放为"200%"，然后为两个关键帧创建传统补间动画，制作将视角重新切换到地面的动画效果，调整摄像头前后的效果对比如图7-19所示。

（8）在摄像头图层的第190帧处插入关键帧，设置X为"38"、Y为"47"、缩放为"88%"，为其创建传统补间动画，以制作出由中景切换到远景的动画效果，调整摄像头前后的效果，对比如图7-20所示。

图7-18 由远景切换到全景的摄像头动画　　图7-19 切换镜头画面　　图7-20 由中景切换到远景的摄像头动画

（9）此时最后一帧的画面显示残缺，并且天空中出现文本框图像，选择"文本框"图层的第160帧，插入空白关键帧；选择最后一帧为关键帧的图层，选择任意变形工具▭，向右调整图像位置，调整前后的效果对比如图7-21所示。

图7-21 调整文本框图像前后的效果对比

3. 设置图层深度

米拉预览制作的动画效果时，发现部分帧的画面空间感和立体感不强，因此准备通过设置图层深度来解决该问题，具体操作如下。

（1）将播放头移至第74帧处，在"云"图层中插入关键帧，选择【窗口】/【图层深度】命令，打开"图层深度"面板，单击"保持大小"按钮，设置该图层的Z轴深度为"-216"，调整前后的效果对比如图7-22所示。

（2）由于调整了"云"图层的深度，使云图像在视觉上成为离摄像头最近的图像，为此需要调整雪花图像的深度，恢复雪花图像原本离摄像头最近的地位。选择"雪"图层，在第74帧处插入关键帧，设置Z轴深度为"-290"，以变大的雪花图像突出深度的变化，效果如图7-23所示。

图7-22　调整云朵图像深度前后的效果对比

图7-23　调整雪花图像深度后的效果

（3）在"云""雪"图层的第161帧处分别插入关键帧，单击"保持大小"按钮，设置Z轴深度为"0"，以恢复当前图像的深度，如图7-24所示。

（4）将播放头移至第210帧处，此时雪花图像主要集中在舞台右下区域，分布不均匀，选择"雪"图层，设置Z轴深度为"-166"，使雪花图像布满舞台，调整前后的效果对比如图7-25所示。

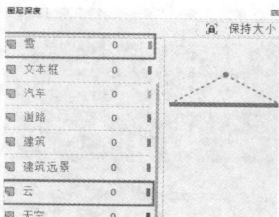

图7-24　图层深度效果

图7-25　调整第210帧处雪花图像深度前后的效果对比

（5）按【Enter】键预览动画，可发现第20帧~第60帧、第158帧~第210帧处的画面存在问题，选择"道路""汽车"图层的第74帧，插入关键帧，并移动图像使其与建筑图像底部相连，以解决图像位置不当等问题，如图7-26所示。

（6）双击"道路"实例，进入元件编辑窗口，使用矩形工具绘制与路面同色的矩形，增加道路宽度，以解决道路图像尺寸不够的问题，如图7-27所示。

（7）新建图层，导入"节目声音.mp3"素材到舞台，另存文件，设置文件名称为"《城市风光》节目片头动画"。

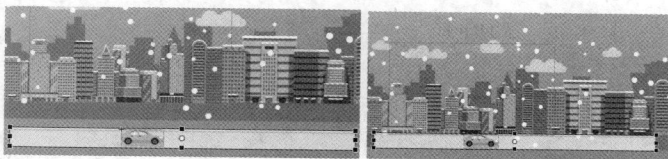

图7-26　调整图像位置

图7-27　调整"道路"实例

为什么设置图层深度后，舞台中的元素有时会位置不当或尺寸不够？

疑难解析

由于动画的场景常常由数量不一的图像、图形等元素组成，在设置某个元素的图层深度前，未单击"保持大小"按钮🔒，将会使该元素变形，从而影响到与其他元素的位置关系，因此反而会使原本位置无误、尺寸恰当的元素出现问题。此时设计师可针对问题，巧用所学知识进行调整。

设计素养

在制作摄像头动画时，虽然可以使用摄像头制作不同的画面效果，但仍要坚守方便观众观看的制作理念，而不是一味追求酷炫的视觉效果，采用倒转画面、变形画面等形式，让观众感到困惑和不适，降低信息传达的效果。因此，设计师应时刻保持将观众体验放在首位的设计思路，才能制作出更易于观众理解和接受的动画画面。

制作《遗落之船》节目片头动画

课堂练习

《遗落之船》节目以探索世界废弃轮船历史为主要内容，最新一季已经拍摄完毕，现打算制作一个片头动画。制作时可先导入所需的图像素材，输入文本，接着添加与设置摄像头，制作景别由全景变成近景的动画，最后添加背景声音，参考效果如图 7-28 所示。

图 7-28 《遗落之船》节目片头动画的参考效果

素材位置： 素材\项目 7\船 .png、探险声音 .wav
效果位置： 效果\项目 7\《遗落之船》节目片头动画 .fla

效果预览

任务 7.2　制作团队风采 MG 动画

某企业委托设计部制作企业宣传片，由于宣传片时长较长，为提升制作效率，老洪按照内容将其划分成不同篇分给不同的同事进行制作。米拉负责的是团队风采篇的动画制作，她打算以会议室场景作为主要画面，为场景中负责发言的人物制作动作流畅的骨骼动画，再运用骨骼动画为场景中的绿植制作摇摆效果，提升画面的生动性。

🔍 【任务描述】

任务背景	MG（Motion Graphics）动画是一种在视觉表现上基于平面设计规则，在技术上使用计算机软件制作出动态效果的动画形式。某公司准备以动画的形式制作一个企业宣传片，要求从公司环境、团队风采、员工介绍、产品介绍常等方面来详细展示。米拉负责的是团队风采方面的动画制作，需要展现团队成员协同工作、交流互动的工作场景，以及积极的工作状态
任务目标	① 制作尺寸为1280像素×720像素，时长为4s，帧速率为24帧/秒，平台类型为ActionScript 3.0的动画文件
	② 为绿植图像制作叶片摇摆的动态效果，为画面增添乐趣
	③ 为发言人图像制作发言时的肢体动态效果
知识要点	骨骼工具、"插入姿势"命令、"复制姿势"命令、"粘贴姿势"命令

本任务的参考效果如图7-29所示。

图7-29　团队风采MG动画的参考效果

素材位置： 素材\项目7\龟背竹.ai、绿植.fla、人物.fla、会议场景.png
效果位置： 效果\项目7\团队风采MG动画.fla

📦 【知识准备】

米拉根据骨骼动画的原理，将需要添加动态效果的素材转换为元件，在元件内部根据其外形特点来添加与编辑骨骼、创建骨骼动画，并设置相关属性，以便后续制作其他动态效果。

1. 骨骼动画的原理

骨骼动画也叫反向运动动画，是使用骨骼-关节结构对一个对象或彼此相关的一组对象进行处理的动画形式。

制作骨骼动画首先需要确定需要移动对象的哪些部分，以及这些部分是如何连接与移动的。这些连接在一起的各个部分会形成一个层次结构，这种层次结构叫作骨架。骨架就像一棵树一样，从根部开始逐渐扩展出各个分叉，连接分叉的部件为关节。骨架决定了对象的哪个地方可以弯曲，不同骨骼之间如何连接。

构成分叉的第一根骨头叫作父骨骼，与之相连的叫作子骨骼，一个父骨骼可以连接多个子骨骼，并且当父骨骼移动时，通过关节与其连接的子骨骼也会进行相应的移动。若骨架存在多个父骨骼，则这些父骨骼为同级关系。若一个父骨骼与多个子骨骼相连接，那么这些子骨骼也是平级关系。图7-30所示为为老奶奶图像添加骨骼的效果。

2. 添加骨骼

添加骨骼的对象一般为元件（或实例）和图像，这两种对象分别有相应的添加方法和使用要求。添加骨骼后，若通过骨骼连接的对象处于不同图层，则它们所在的图层将自动合并成一个骨架图层；若通过骨骼连接的对象处于同一个图层，则该图层将自动转换为骨架图层。骨架图层呈现出绿色的背景，同时该图层中的关键帧转化为菱形关键帧。

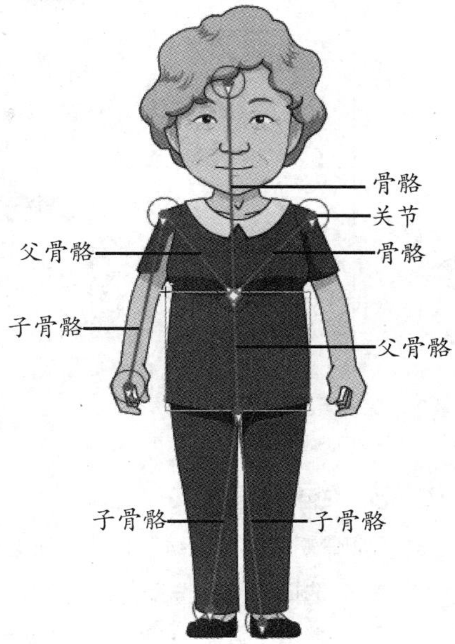

图7-30 为老奶奶图像添加骨骼的效果

（1）在元件（或实例）上添加骨骼

在元件（或实例）上添加骨骼，可以将不同元件（或实例）连接起来，如将躯干、上臂、前臂、手连接起来，使彼此之间更加协调，变化的动画效果也更加逼真。

选择骨骼工具 ，单击要成为骨架根部或头部的元件（或实例），将其拖曳到其他元件（或实例）中，此时两个元件（或实例）之间将显示一条连接线，即添加好了一个骨骼，骨骼的两端是形状控制点，即关节，效果如图7-31所示。继续使用骨骼工具 从第一个骨骼的形状控制点拖曳到下一个元件（或实例）上，再添加一个骨骼。重复该操作可将所有元件（或实例）都用骨骼连接在一起，且所有元件（或实例）所在图层都将被合并，如图7-32所示。

图7-31 添加一个骨骼的效果

图7-32 为所有元件（或实例）添加骨骼

（2）在图像上添加骨骼

在图像上添加骨骼，可将图像作为多个骨骼的容器，使其逼真地进行运动。为图像添加骨骼时，需要先分离图像，再使用骨骼工具 在图像内部拖曳，以添加第一个骨骼，继续使用骨骼工具 从第一个骨骼的形状控制点拖曳到下一部分，以添加下一个骨骼。重复该操作，最终效果如图7-33所示。

图7-33　为图像添加骨骼

3. 编辑骨骼

添加骨骼后，可以编辑骨骼，如选择、删除、移动、旋转骨骼，以及调整骨骼的长度等。

- **选择骨骼：**选择选择工具▶或部分选取工具▷，单击骨骼可将其选中，按住【Shift】键可选择多个骨骼，如图7-34所示。选中单个骨骼后，在"属性"面板中单击"上一个同级"按钮←、"下一个同级"按钮→、"子级"按钮↑、"父级"按钮↓，可以选择相应的骨骼。使用选择工具▶双击任意一个骨骼，可选择所有骨骼。

- **删除骨骼：**若要删除单个骨骼及其所有子骨骼，可以先选择该骨骼，然后按【Delete】键。若要删除所有骨骼，可以先选择该骨架中的任意元件（或实例）或骨骼，然后选择【修改】/【分离】命令，删除骨骼后，骨架图层将还原为正常图层；选择骨架图层的任意帧，单击鼠标右键，在弹出的快捷菜单中选择"删除骨架"命令，也可删除骨骼，并将骨架图层还原为正常图层。

- **移动骨骼：**拖曳骨架中的任意骨骼或元件（或实例），可以移动骨骼，如图7-35所示。

- **旋转多个骨骼：**若要将某个骨骼与其子骨骼一起旋转而不移动其父骨骼，需要按住【Shift】键拖曳该骨骼。

- **调整骨骼的长度：**按住【Ctrl】键拖曳骨骼所关联的元件（或实例）可调整骨骼的长度，如图7-36所示。

图7-34　选择多个骨骼　　　　　　图7-35　移动骨骼　　　　　　图7-36　调整骨骼的长度

4. 创建骨骼动画

创建骨骼动画时，需要先为元素添加骨骼，然后在骨架图层中插入关键帧，即插入姿势帧，该帧将以实心菱形显示，然后在姿势帧中调整舞台中的骨架，若前后两个姿势帧中骨骼的位置、长度、角度等属性存在差异，Animate会在这两个姿势帧之间自动创建过渡效果。另外，制作骨骼动画时，常会用到以下操作。

- **更改动画的长度：** 将鼠标指针移至骨架图层的最后一帧，当鼠标指针变为 ↔ 状态时，向右或向左拖曳，可延长或缩短动画。
- **添加姿势帧：** 在骨架图层中要添加姿势帧的帧处单击鼠标右键，在弹出的快捷菜单中选择"插入姿势"命令，或将播放头移动到要添加姿势帧的帧上，然后在舞台中调整骨架，Animate 将自动依据调整的操作来添加对应的姿势帧。
- **清除姿势帧：** 在骨架图层的姿势帧处单击鼠标右键，在弹出的快捷菜单中选择"清除姿势"命令。
- **复制与粘贴姿势帧：** 在骨架图层的姿势帧处单击鼠标右键，在弹出的快捷菜单中选择"复制姿势"命令，然后在要粘贴姿势帧的位置单击鼠标右键，在弹出的快捷菜单中选择"粘贴姿势"命令。

5. 骨骼的"属性"面板

选择骨骼后，在其"属性"面板中还可以为骨骼动画的运动添加各种约束，如限制小腿骨骼的旋转角度、禁止膝关节向错误的方向弯曲等，以达到更加逼真的动画效果。骨骼的"属性"面板如图 7-37 所示，其中主要参数的作用如下。

- **位置：** X 或 Y 用于显示骨骼在舞台中的位置；↔ 用于显示骨骼的长度；∠ 用于显示骨骼的角度；⏱ 用于限制骨骼的运动速度；"固定"复选框用于决定是否将所选骨骼的尾部固定在舞台中。
- **关节：** 旋转：勾选"约束"复选框，然后设置左偏移和右偏移，可限制骨骼旋转角度的最小值和最大值。
- **关节：** X 平移：勾选"约束"复选框，然后设置左偏移和右偏移，可限制骨骼在 x 轴方向上活动距离的最小值与最大值。
- **关节：** Y 平移：勾选"约束"复选框，然后设置顶部偏移和底部偏移，可限制骨骼在 y 轴方向上活动距离的最小值与最大值。
- **弹簧：** 用于限制骨骼的运动强度。其中强度用于设置骨骼的弹力值，值越大，创建的弹力效果越强；阻尼用于更改弹簧强度的衰减速率，值越大，弹力效果结束得越快。

图 7-37　骨骼的"属性"面板

【任务实施】

1. 为绿植制作骨骼动画

米拉搜集的绿植素材是 FLA 格式的动画文件，她准备先将其制作成元件，然后在元件内部为其制作骨骼动画，再以元件的形式将其运用在会议场景中，具体操作如下。

（1）打开"绿植.fla"动画文件，选择全部图像，按【F8】键，打开"转换为元件"对话框，设置名称为"绿植"、类型为"图形"，单击"确定"按钮，双击该元件进入元件编辑窗口。

（2）选择花盆图像，按【F8】键，将其转换为图形元件，按【Ctrl+X】组合键以剪切元件，新建图层，按【Ctrl+V】组合键以粘贴元件。依次选择每个绿植图像，按【F8】键，将其转换为图形元件。

微课视频

为绿植制作骨骼动画

（3）选择"图层_2"，选择骨骼工具，将鼠标指针移至花盆的中心点处，按住鼠标左键朝左侧绿植叶片拖曳，以添加第一个骨骼，如图7-38所示。

（4）按照与步骤（3）相同的方法，依次为其他绿植叶片添加骨骼，如图7-39所示。

（5）选择骨架图层的第20帧，单击鼠标右键，在弹出的快捷菜单中选择"插入姿势"命令，使用选择工具选中最右边的骨骼并向右拖曳，接着移动其他骨骼，使叶片向两侧舒展，如图7-40所示。

（6）按照与步骤（5）相同的方法，为骨架图层的第40帧插入姿势帧，并移动所有骨骼，使叶片向右侧方向靠拢，如图7-41所示。

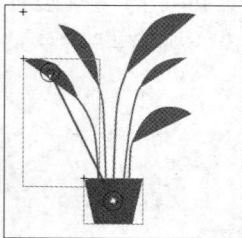

图7-38　添加第一个骨骼　　　图7-39　添加其他骨骼　　　图7-40　移动骨骼　　　图7-41　移动所有骨骼

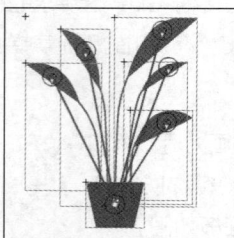

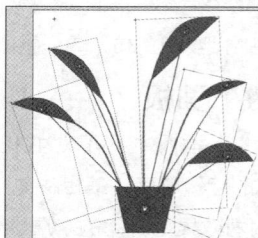

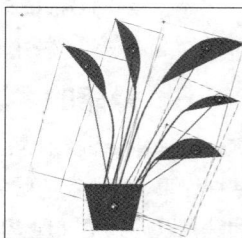

（7）按照与步骤（5）相同的方法，为骨架图层的第60帧插入姿势帧，然后选择第1帧，单击鼠标右键，在弹出的快捷菜单中选择"复制姿势"命令，选择第60帧，单击鼠标右键，在弹出的快捷菜单中选择"粘贴姿势"命令，使第1帧和第60帧的骨骼姿势一致，形成循环效果。

2. 为人物制作骨骼动画

由于人物占据的场景面积较大，为确保人物运动不妨碍其他元素的展示，米拉准备先将所有的人物图像添加到场景文件中，再为发言人图像制作骨骼动画，具体操作如下。

微课视频

为人物制作骨骼动画

（1）新建宽为"1280像素"、高为"720像素"、帧速率为"24.00"、平台类型为"ActionScript 3.0"的文件，导入"会议场景.png"素材到舞台，调整其位置。打开"库"面板，在"选择文件"下拉列表中选择"绿植"选项，拖曳"绿植"图形元件到舞台以创建实例，并调整位置。

（2）打开"人物.fla"文件，选择双人带桌图像，按【Ctrl+X】组合键以剪切图像，切换到新文件，按【Ctrl+V】组合键以粘贴图像，然后调整其位置和大小，使用"下移一层"命令调整排列顺序，如图7-42所示。

（3）在"库"面板的"名称"栏中单击鼠标右键，在弹出的快捷菜单中选择"新建元件"命令，创建名称为"发言人"、类型为"图形"的元件。切换到"人物.fla"动画文件，选择发言人的所有图层，将其复制到新文件的"发言人"元件中，然后删除没有内容的图层。

（4）单击按钮返回主场景，拖曳"发言人"元件到舞台以创建实例，并调整其大小和位置，双击该实例进入元件编辑窗口，如图7-43所示。

（5）按照图层顺序，依次将所有图层中的内容转换为图形元件，然后使用骨骼工具添加骨骼，效果如图7-44所示。此时，添加骨骼造成人物左手臂元件的堆叠顺序发生改变，选择该元件并使用"下移一层"命令调整。

（6）选择骨架图层的第20帧，单击鼠标右键，在弹出的快捷菜单中选择"插入姿势"命令。使用选择工具移动图7-45所示的骨骼，选择左腿骨骼，在"属性"面板中勾选"关节：X平移"栏和"关节:Y平移"栏的"约束"复选框,并设置强度为"23"、阻力为"50"。

（7）按照与步骤（6）相同的方法,在第40帧处插入姿势帧,移动图7-46所示的骨骼,并选中双腿骨骼设置与步骤（6）中相同的参数;在第60帧处插入姿势帧,移动图7-47所示的骨骼,选中右腿骨骼,设置与步骤（6）中相同的参数。

图7-42　添加与调整图像素材

图7-43　创建并进入"发言人"元件编辑窗口

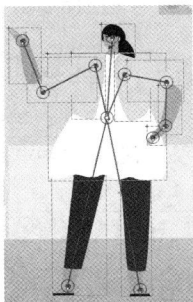

图7-44　为人物添加骨骼　　　图7-45　移动第20帧的骨骼　　　图7-46　移动第40帧的骨骼　　　图7-47　移动第60帧的骨骼

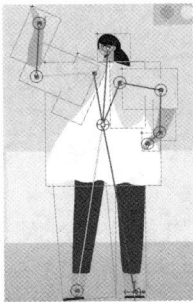

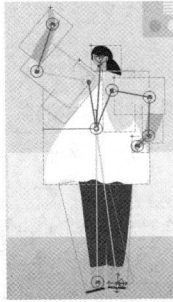

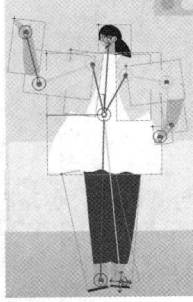

（8）在骨架图层的第80帧处插入姿势帧,然后复制第1帧的姿势到该帧处。单击 ← 按钮返回主场景,导入"龟背竹.ai"素材,调整其位置和大小,增强画面的纵深感,在第96帧处按【F5】键,插入普通帧,保存文件,设置文件名称为"团队风采MG动画"。

制作钓鱼MG动画

课堂练习

　　某钓鱼爱好者组织即将举办首届线下交流会,准备在会上播放钓鱼题材的动画,展示鱼儿上钩后,钓鱼者喜悦的心情和姿态,渲染愉悦和放松的氛围,传达出钓鱼活动的快乐和成就感。制作时可先将人物的各个组成部分转换为元件,然后为它们添加骨骼并编辑,制作出人物挥舞双臂的骨骼动画,接着将植物图形转换为元件,在元件内部添加与编辑骨骼,以制作出植物随风摇摆的骨骼动画,参考效果如图7-48所示。

效果预览

图7-48　钓鱼MG动画的参考效果

素材位置： 素材\项目7\人物和场景.fla

效果位置： 效果\项目7\钓鱼MG动画.fla

综合实战　制作《航空驿站》节目片头动画

　　米拉顺利完成上个任务后，接到了老洪交给她的新任务，要求她结合摄像头动画和骨骼动画来创作《航空驿站》节目的片头动画，在充分展示该节目风格和主题的基础上，进一步提高制作效率。

【实战描述】

实战背景	《航空驿站》是一档以介绍机场为内容的节目，为了提升观众的视觉享受和节目质量，展示摄像组的敬业态度，需要设计师制作动画形式的节目片头，并在其中突出展示节目名称
实战目标	① 制作尺寸为1280像素×720像素，时长为8s，帧速率为24帧/秒，平台类型为ActionScript 3.0的动画文件
	② 为记者图像添加骨骼并编辑，制作出动作流畅的动态效果，展现记者在工作中丰富的肢体语言
	③ 使用搜集的素材和制作的骨骼动画制作机场环境的动态效果，然后添加和编辑摄像头，以不同景别和画面全方面展示机场环境
	④ 制作美观的节目名称文本，并通过编辑元件等操作调整文本出现后画面中元素的位置，使其布局合理，并在最后突出显示节目名称文本
知识要点	摄像头工具、骨骼工具、"属性"面板、"插入姿势"命令、"复制姿势"命令、"粘贴姿势"命令

　　本实战的参考效果如图7-49所示。

图7-49　《航空驿站》节目片头动画的参考效果

效　果　预　览

素材位置： 素材\项目7\摄像组.fla、机场.fla、机场声音.wav

效果位置： 效果\项目7\《航空驿站》节目片头动画.fla

💬【思路及步骤】

按照客户要求，米拉准备将片头动画的制作分为4部分。第1部分使用人物素材为摄像组制作骨骼动画，展示摄像组的工作内容；第2部分使用场景素材制作摄像头动画，展示机场的环境；第3部分制作节目标题的展示动画，同时调整图层深度；第4部分添加合适的背景声音，增强视听效果。本实战的制作思路如图7-50所示，参考步骤如下。

① 为记者图像添加骨骼并制作骨骼动画

② 添加摄像组图像并为机场制作动画

③ 制作摄像头动画

图7-50 制作《航空驿站》节目片头动画的思路

④ 制作节目名称文本的展示动画

⑤ 调整画面元素的位置和图层深度

图7-50 制作《航空驿站》节目片头动画的思路（续）

（1）打开"摄像组.fla"动画文件，双击记者图像进入元件编辑窗口，将每个图层的图像分别转换为元件，再使用骨骼工具 ✦ 添加骨骼，使用"排列"命令调整堆叠顺序。

（2）在骨架图层的第20帧、第40帧、第60帧处分别插入姿势帧，使用选择工具 ▶ 选择并移动骨骼，以调整记者的姿势，在第80帧处插入姿势帧，复制第1帧的姿势帧到第80帧处，返回主场景，选择全部人物图像并复制。

（3）打开"机场.fla"动画文件，新建图层，将复制的图像粘贴到新图层，并调整其大小和位置，然后框选所有图层的第132帧，按【F5】键，插入普通帧。

（4）将云、大巴车、飞机图像转换为图形元件，并分别在第132帧插入关键帧，通过调整第1帧和第132帧实例的位置，创建传统补间动画，制作位移的动画效果。

（5）单击"添加摄像头"按钮 ■，创建摄像头图层，在该图层的第36帧、第66帧处插入关键帧，通过调整"属性"面板"摄像机设置"栏中的参数，创建传统补间动画，制作由全景切换到近景、特写，由地面切换到天空的摄像头动画。

（6）新建图层，在该图层的第76帧处插入空白关键帧，使用文本工具 T 输入"航空驿站"文本，将其转换为元件后，在元件编辑窗口中继续美化标题文本，返回主场景后，在该图层的第96帧处插入关键帧，制作传统补间动画，再缩小第76帧的文本实例并设置Alpha、旋转等参数，制作旋转渐显出场效果。

（7）将播放头移至第132帧处，分别在元件编辑窗口和主场景中调整两处飞机实例的位置，设置"云"图层的深度，美化舞台中的画面效果。

（8）将播放头移至第1帧处，新建图层，导入"机场声音.wav"素材到舞台，保存文件并命名文件。

课后练习　制作旅游宣传MG动画

某文旅局计划以当地温暖如春的气候和发达的交通等条件来吸引游客，为更好地进行宣传，现需要设计师以气候和交通为核心制作旅游宣传MG动画，尺寸为1280像素×720像素，时长为7s左右，平台类型为ActionScript 3.0，要求镜头景别丰富，表现手法生动有趣，能够展示高铁附近的优美风景和温暖的气候特征。设计师须制作高铁和热气球的位移动画，为树木和花朵图像制作骨骼动画，接着通过复制和粘贴花朵实例来布局画面，以模拟高铁气流对其造成的影响，最后制作摄像头动画，以不同景别的画面展示动画效果，参考效果如图7-51所示。

效果预览

图7-51　旅游宣传MG动画的参考效果

素材位置：素材\项目7\旅游宣传素材.fla
效果位置：效果\项目7\旅游宣传MG动画.fla

项目 8
制作交互动画

情景描述

　　米拉已经熟练掌握制作逐帧动画、补间动画、遮罩动画、引导动画、摄像头动画和骨骼动画的方法，老洪也很满意米拉近期的设计作品，因此准备交给她更加复杂和特殊的任务——制作交互动画。交互动画是一种非常有趣和创新的动画形式，它可以与用户产生互动，让用户参与其中，创造沉浸式体验。老洪告诉米拉，可以使用Animate提供的脚本语言、"动作"面板、"代码片断"面板等来制作交互动画。制作过程中不光要注重创意设计，还需要充分考虑用户的行为习惯，引导用户按照预期的方式进行操作，以提高用户的参与度和满意度。

学习目标

知识目标

- 熟悉交互动画的基础知识。
- 掌握"动作""代码片断"面板的使用方法。
- 掌握创建和编辑交互动画的方法。

素养目标

- 培养以用户体验为中心的设计思维。
- 培养沉着冷静、全方面考虑问题、注意细节的工作习惯。

任务8.1 制作电子菜单交互动画

米拉翻看了电子菜单交互动画的任务资料，结合自身的经历构思出电子菜单的大概画面：菜单由4个页面组成，其中第1页是菜单的首页，第2～4页是店铺的菜式页面，在每页中添加控制按钮，通过这些控制按钮可以跳转到所需页面。

【任务描述】

任务背景	中味食堂由于菜式较多，特意引进了电子菜单技术，使消费者能够通过座位上的横屏显示器浏览菜单，现需要设计师根据店内菜式制作一个电子菜单交互动画
任务目标	① 制作尺寸为1440像素×810像素，帧速率为24帧/秒，平台类型为ActionScript 3.0的动画文件
	② 导入所需的素材，结合文本工具和绘图工具制作菜单的首页和菜式页面，其中首页和菜式页面中的元素既保持统一，又稍有区别，以丰富视觉效果
	③ 制作控制按钮，并为控制按钮添加脚本语言，达到通过单击每页的控制按钮能够跳转到目的页面的效果，由消费者自己控制菜单
知识要点	"动作"面板、"代码片断"面板

本任务的参考效果如图8-1所示。

图8-1　电子菜单交互动画的参考效果

素材位置： 素材\项目8\菜单1场景.jpg、餐馆名称.png、
厨师.png、特效.fla、菜单2场景.jpg、
菜单.txt、店铺首页.png

效果位置： 效果\项目8\电子菜单交互动画.fla

效 果 预 览

⬚【知识准备】

米拉想为菜单制作不同的页面，并由消费者控制页面的翻页，以便消费者使用。这种效果需要用到脚本语言、"动作"面板、"代码片断"面板等。因此，米拉打算先系统地梳理交互动画的相关知识，并结合自己的构思来寻求解决方法。

1. ActionScript与JavaScript

交互动画的核心便是为动画文件中的元素添加脚本语言，即代码，而不同平台类型的文件添加的脚本语言有所不同，通用的脚本语言有ActionScript与JavaScript两类，它们都是基于对象和事件驱动，并相对安全的客户端脚本语言。

- **ActionScript：**常用于ActionScript 3.0、AIR for Desktop、AIR for iOS或AIR for Android平台类型的文件中。ActionScript提供一系列命令，可以让动画响应用户的动作，如使用这些命令播放声音、跳转到某个指定关键帧，或者计算某些数值等。
- **JavaScript：**常用于HTML5 Canvas平台类型的文件中，可以使Web页面响应用户的动作。

2. 交互动画的基础要素

变量、数据类型、表达式和运算符、函数、语法规则、语句都是交互动画的基础要素。

（1）变量

在交互动画中，变量是存储和跟踪数据的容器，用来记录用户输入、保存状态信息或控制动画的行为。通过使用变量，可以实现与用户的交互和响应。在Animate中，可以使用ActionScript或JavaScript脚本语言来创建和操纵变量。通过创建变量并赋予不同的值，可以在动画中根据需要改变交互对象的状态或属性。创建变量通常使用var关键字，而赋予值需要使用赋值符"＝"来完成，如"var city1=25"，表示创建一个名为city1的变量，并为变量赋值25。

创建变量时，只需要将影片剪辑实例、按钮实例或文本字段放置到舞台中，在"属性"面板中设置实例名称，Aniamte将自动在后台创建与实例同名的变量。设置实例名称需要注意以下3点。

- 变量名只能由字母、数字和下划线"_"组成，以字母开头，并且不能有空格和其他符号。
- 变量名不能使用ActionScript中的关键字，如as、else、if、new、each等。
- 在命名变量时，最好使变量的意义与其代表的意思对应，以免出现错误。

（2）数据类型

数据类型简单来说就是变量值的类型。如为变量赋值35，由于35为数值，数据类型则为数字数据类型。除此之外，还有字符串、布尔、Null等数据类型。

- **字符串数据类型：**字符串包含拉丁字母、汉字、阿拉伯数字、希腊字母和符号，但需使用双引号或单引号引起来，如"var city1='box'"。
- **布尔数据类型：**只有true和false两个数值，如"var city1=true"，或"var city1=false"，主要用于条件判断和循环控制，以决定是否继续执行对应段的代码，或判断循环是否结束。
- **Null数据类型：**只有Null一个数值，如"var city1=Null"，Null是一个关键字，表示该变量没有值，或不是一个对象，但不能等同于数字0。

（3）表达式和运算符

在对变量进行赋值、改变、计算等一系列操作时，涉及表达式和运算符。

- **表达式：**由数字、运算符、数字分组符号（括号）、变量等以能求得数值的有意义排列方法所得的组合，如图8-2所示。

- **运算符:** 用于完成操作的一系列符号,包括算术运算符、比较运算符和逻辑运算符。其中算术运算符用于进行加、减、乘、除和其他数学运算,如图8-3所示;比较运算符用于比较表达式的值,如图8-4所示;逻辑运算符用于比较两个布尔值(真或假),然后返回一个布尔值,如图8-5所示。

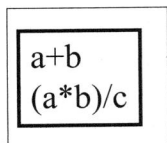

逻辑运算符	描述
&&	逻辑与,在形式A&&B中,只有当两个条件A和B同时成立,整个表达式的值才为true
||	逻辑或,在形式A||B中,只有当两个条件A和B中有一个成立,整个表达式的值才为true
!	逻辑非,在!A中,当A成立时,表达式的值为false;当A不成立时,表达式的值为true

算术运算符	描述
+	加
−	减
*	乘
/	除
%	取模
++	递加1
−−	递减1

比较运算符	描述
<	小于
>	大于
<=	小于等于
>=	大于等于
=	等于
!=	不等于

```
a+b
(a*b)/c
```

图8-2 表达式　　图8-3 算术运算符　　图8-4 比较运算符　　图8-5 逻辑运算符

(4)函数

函数是一个拥有名字的一系列ActionScript或JavaScript脚本语言的有效组合,只要这个函数被调用,就意味着这一系列脚本语言可以按顺序进行解释并执行对应操作。常用的函数有play函数、stop函数、gotoAndPlay函数、gotoAndStop函数。

- **play函数:** 用于播放时间轴。
- **stop函数:** 用于暂停播放时间轴。
- **gotoAndPlay函数:** 用于跳转到指定帧并播放,参数为帧编号或帧标签。
- **gotoAndStop函数:** 用于跳转到指定帧并暂停,参数为帧编号或帧标签。

(5)语法规则

在添加脚本语言时,还需要注意语法规则。常见的语法包括点语法、括号和分号、关键字、字母的大小写、注释等类型,这些语法类型的作用和使用要求各不相同,因此具有不同的规则,如下。

- **点语法:** 语法中包含"."字符的语法,如"myDot.prop1 = 35"。可以使用后跟点运算符(后跟点运算符是一种访问对象属性和方法的方式,有助于操作和处理对象数据)和属性名(或方法名)的实例名称来引用类(引用类是指通过类名来访问类的属性和方法)。
- **括号和分号:** 括号主要包括大括号"{}"和小括号"()"两种类型。其中大括号用于将脚本语言分成不同的块,而小括号通常用于放置使用动作时的参数,定义一个函数以及调用该函数时,都需要用到小括号。分号则用在脚本语言的结束处,用来表示该语言结束,如"gotoAndStop(10);"。

小括号的其他使用方法

知识补充

由于脚本语言定义了默认的运算符优先级,若需要人为控制运算优先级,可以使用小括号,如var sum = 2 + 3*4,默认先进行乘法运算,添加小括号变成var sum = (2 + 3) *4后,将强制优先进行加法运算。

- **关键字：** 具有特殊含义，供脚本语言调用的特定单词。在编辑脚本语言时，要注意关键字的编写，若关键字拼写错误将会使脚本产生混乱，导致赋予对象的动作无法正常执行。
- **字母的大小写：** 在编辑脚本代码时，除了关键字需要区分大小写之外，其余的大小写字母可以混用。但是应尽量遵守书写约定，便于区分和阅读不同的脚本代码。
- **注释：** 在编辑脚本代码时，为了便于阅读和理解，可以添加注释。添加注释的方法是直接在代码后面输入"//+注释内容"。注释内容以灰色显示，不会执行，它的长度不受限制，如图8-6所示。

gotoAndStop（10）；//运行并在第10帧停止

图8-6 注释

（6）语句

脚本语言主要有两种语句。一种是条件语句，如if、switch；另一种是循环语句，如for、while。

- **单if语句：** if可以理解为"如果"，即如果条件满足就执行其后的语句。
- **if…else语句：** else可以理解为"另外的、否则"，即如果条件成立就执行if后面的语句，否则执行else后面的语句。
- **if…else if语句：** 该语句用于连续测试多个条件，以实现对更多条件的判断。
- **switch语句：** 当判断条件比较多时，为了使程序更加清晰，可以使用switch语句。
- **for语句：** 该语句用于循环访问某个变量以获得特定范围的值。for语句中必须提供3个表达式，分别是设置了初始值的变量、用于确定循环何时结束的条件语句，以及在每次循环中更改变量值的表达式。
- **for…in语句：** 该语句用于循环访问对象属性或数组元素。
- **while语句：** 该语句用于重复执行某条语句或某段程序。使用while语句时，系统会先计算表达式的值，如果值为true，就执行循环体中的语句，在执行完循环体的每个语句之后，while语句会再次对该表达式进行计算，当表达式的值仍为true时，会再次执行循环体中的语句，直到表达式的值为false。
- **do…while语句：** 该语句与while语句类似，使用do…while语句可以创建与while语句相同的循环，但do…while语句在其循环结束时会对表达式进行计算，因此使用do… while语句至少会执行一次循环。

3. "动作"面板

制作交互动画离不开使用"动作"面板为互动对象添加动作，即使用脚本语言编写的命令集，用于引导影片或外部应用程序执行任务。

（1）认识"动作"面板

选择【窗口】/【动作】命令，或按【F9】键，可打开图8-7所示的"动作"面板，该面板由脚本导航器、"使用向导添加"按钮、工具栏和脚本编辑窗口4部分组成。

- **脚本导航器：** 用于显示当前文件中哪些帧添加了脚本语言，并可以在这些帧之间来回切换。
- **使用向导添加 按钮：** 用于使用一个简单易用的向导添加动作，而不是通过编写代码来操作，仅可用于HTML5 Canvas平台类型的文件。
- **"固定脚本"按钮 ⊶：** 用于将脚本编辑窗口中的各个脚本固定为标签，然后可相应地移动它们。
- **"插入实例路径和名称"按钮 ⊕：** 用于插入实例的路径或者实例的名称。
- **"代码片断"按钮 ⟨⟩：** 单击该按钮，打开"代码片断"面板，在该面板中可以选择常用的动作脚本语言。

- **"设置代码格式"按钮** ≣：用于将输入的代码按照一定的格式进行书写。
- **"查找"按钮** 🔍：用于查找或替换脚本语言。
- **"帮助"按钮** ❶：用于打开"帮助"面板。
- **脚本编辑窗口**：编辑脚本语言的主要区域，将鼠标指针移至脚本编辑窗口，单击以插入光标，直接输入代码即可。

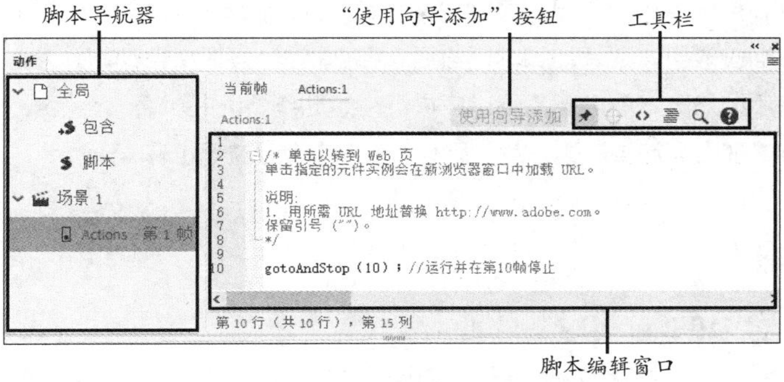

图8-7 "动作"面板

（2）使用"动作"面板

在"动作"面板中可以添加脚本，主要有以下4种方式。

- **添加帧脚本**：需要在某个关键帧上添加脚本时，首先选中该关键帧，然后打开"动作"面板并输入脚本语言，该帧上方将出现 🄰 符号。当动画播放到该帧时，Animate将会运行帧中的程序。
- **引入第三方脚本**：在脚本导航器中选择"全局"栏下方的"包含"选项，再单击"添加新全局脚本"按钮 ✚ 可以引入第三方的脚本文件。
- **添加全局脚本**：在脚本导航器中选择"全局"栏下方的"脚本"选项，可以添加全局脚本，在播放动画时，首先运行全局脚本，并且启动定义的变量和函数。
- **使用向导添加**：单击 使用向导添加 按钮，然后按照面板内出现的提示内容进行操作。

4. "代码片断"面板

Animate将一些常用的脚本语言放置在"代码片断"面板中。选择【窗口】/【代码片断】命令，打开"代码片断"面板，脚本语言被放置在其中的ActionScript和HTML5 Canvas文件夹中，如图8-8所示。

- **"添加到当前帧"按钮** 🖭：选择脚本语言后，单击该按钮，可为当前帧中的对象添加对应的脚本语言。需要注意的是，若帧中的对象不是元件实例，则单击该按钮后，Animate将自动把该对象转换为影片剪辑元件；若帧中的对象没有实例名称，则单击该按钮后，Animate将自动为该对象添加一个实例名称。

图8-8 "代码片断"面板

- **"复制到剪贴板"按钮** 🗐：选择脚本语言后，单击该按钮，可将脚本语言复制到粘贴板上。该操作常用于将预设的脚本语言转移到外部文件中。
- **选项** ⚙：单击右侧的 ▾ 按钮，在打开的下拉列表中可以选择"创建新代码片断""编辑代码片断 XML""删除代码片断"等选项。

展开"代码片断"面板的 ActionScript 或 HTML5 Canvas 文件夹，再展开子文件夹，在其中双击所需的脚本语言，该脚本语言将直接添加到"动作"面板中，并且图层的上方将会新建一个名为"Actions"的图层，"Actions"图层相应帧的上方也会出现 ⍺ 符号。

为什么添加脚本语言后，有时会新建"Actions"图层，有时不会？

疑难解析

由于脚本语言具有多种效果，若添加的脚本语言需要用户执行某种动作才能产生相应效果，则添加脚本语言后，"时间轴"面板将自动新建"Actions"图层。若是添加的脚本语言不需要用户执行特定动作，而是由 Animate 根据代码内容自行执行，那么添加脚本语言后，则只会在该帧的上方添加 ⍺ 符号。

✂ 【任务实施】

1. 制作菜单页面

微课视频

制作菜单页面

米拉为保证菜单的统一性，计划使用相同的图像素材分别在 3 个关键帧中制作菜单的 3 个页面，并为厨师图像制作动态效果，具体操作如下。

（1）新建宽为"1440像素"、高为"810像素"、帧速率为"24.00"、平台类型为"ActionScript 3.0"的动画文件。

（2）导入"菜单1场景.jpg""餐馆名称.png""厨师.png"素材到舞台，调整其大小和位置后，选择厨师图像素材，将其转换为名称为"厨师"的影片剪辑元件，双击该元件进入元件编辑窗口。

（3）在第15帧处插入帧，将播放头移至第1帧处，新建两个图层，打开"特效.fla"动画文件，依次将其中的特效图像复制到新图层上，如图8-9所示。

（4）返回主场景，在第2帧处插入空白关键帧，导入"菜单2场景.jpg"素材到舞台，调整其大小和位置后，将"库"面板中的"餐馆名称.png"素材和"厨师"元件拖曳到舞台中，调整其大小和位置。

（5）新建名称为"菜名"的图层，在第2帧处插入空白关键帧，使用矩形工具▣绘制两个等大、填充为"#D0020E"的矩形。打开"菜单.txt"文件，选择文本工具 T，设置字体为"微软雅黑"、填充为"#FFFFFF""#7F4B22"，在矩形中和下方输入文本并设置合适的字号。

（6）选择品类文本和其对应的价格文本，按【Ctrl + G】组合键组合，然后选择第1列文本，单击鼠标右键，在弹出的快捷菜单中选择【对齐】/【左对齐】命令。

（7）按照与步骤（6）相同的方法左对齐第2列文本，如图8-10所示。

图8-9　复制特效图像

图8-10　制作第2页菜单

（8）在"图层_1"的第4帧处插入普通帧，在"菜名"图层的第3帧处插入关键帧，选择两列文本，按【Ctrl+B】组合键分离组合，按照"菜单.txt"文件中盖饭类和炒饭类的内容，使用文本工具 T 修改文本，若因为修改文本导致文本不能左对齐，可按照与步骤（6）相同的方法进行调整，效果如图8-11所示。

（9）在"菜名"图层的第4帧处插入关键帧，按照"菜单.txt"文件中热菜类和凉菜类的内容，使用文本工具 T 修改文本，效果如图8-12所示。

图8-11　修改第3页菜单的文本

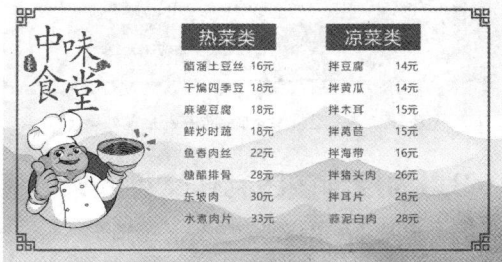

图8-12　修改第4页菜单的文本

2. 制作控制按钮

由于实现页面的跳转需要媒介来添加代码，因此米拉准备制作"首页""上一页""下一页"控制按钮来充当媒介，具体操作如下。

（1）新建"按钮"图层，使用矩形工具 ▣ 在该图层第1帧处绘制一个笔触为"#000000"、填充为"#C92B1D"、笔触大小为"3"的正方形，再将其转换为名称为"下一页"的按钮元件。

（2）双击按钮元件，进入元件编辑窗口，在第2~4帧处分别插入关键帧，依次调整笔触和填充为同色，分别为"#7D3731""#5AC91D""#FFCC00"。新建图层，使用多角星形工具 ⬤ 在该图层的第1帧处绘制一个三角形，效果如图8-13所示。

（3）返回主场景，选择"库"面板中的"下一页"元件，单击鼠标右键，在弹出的快捷菜单中选择"直接复制"命令，打开"直接复制元件"对话框，设置名称为"上一页"，单击 确定 按钮。

（4）双击"上一页"元件，进入元件编辑窗口，选择三角形，单击鼠标右键，在弹出的快捷菜单中选择【变形】/【水平翻转】命令，调整位置，效果如图8-14所示。

（5）返回主场景，按照与步骤（3）~步骤（4）相同的方法，复制一个名称为"首页"的按钮元件，并进入该元件的编辑窗口，删除三角形，导入"店铺首页.png"素材到舞台，调整其大小和位置，效果如图8-15所示。

图8-13　创建"下一页"元件

图8-14　创建"上一页"元件

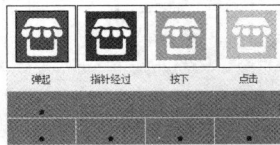

图8-15　创建"首页"元件

（6）返回主场景，在"按钮"图层的第2帧处插入空白关键帧，将"库"面板中创建的3个按钮元件一同拖曳到舞台中，调整其大小后，再调整位置和方向，效果如图8-16所示。

（7）选择"按钮"图层第2帧中的"下一页"实例，按【Ctrl+C】组合键，将播放头移至第1帧处，按【Ctrl＋Shift＋V】组合键，将复制的实例粘贴到当前位置，使其与其他帧中的"下一页"实例具有相同的形态和位置，加强画面的整体性，效果如图8-17所示。

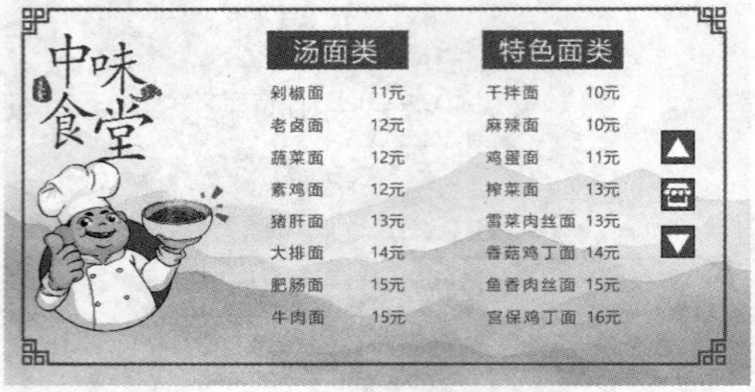

图8-16　在第2帧中添加控制按钮后的效果

图8-17　在第1帧中添加控制按钮后的效果

3. 为控制按钮制作交互效果

由于添加脚本语言需要为控制按钮设置实例名称才能起效，因此米拉打算先为3个控制按钮设置实例名称，再使用"动作""代码片断"面板添加与编辑代码，制作交互效果，具体操作如下。

微课视频

为控制按钮制作交互效果

（1）选择"下一页"实例，在"属性"面板的"对象"选项卡中，设置实例名称为"tz1"，如图8-18所示。

（2）将播放头移至第2帧处，按照与步骤（1）相同的方法，设置"上一页"实例的名称为"tz2"、"首页"实例的名称为"tz3"、"下一页"实例的名称仍为"tz1"。在"按钮"图层的第3帧和第4帧处插入关键帧，删除第4帧的"下一页"实例，此时的"时间轴"面板如图8-19所示。

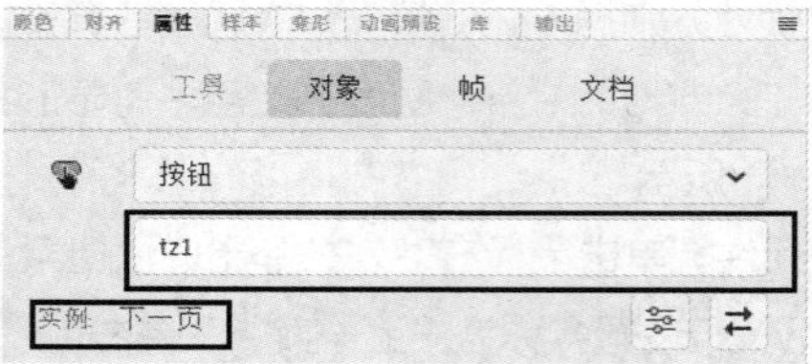

图8-18　设置"下一页"元件的实例名称

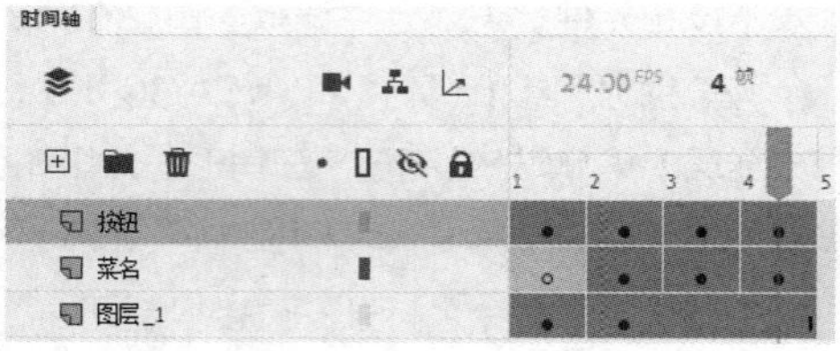

图8-19　"时间轴"面板

（3）将播放头移至第1帧处，选择"图层_1"，按【F9】键，打开"动作"面板，在脚本编辑窗口中输入"stop(); //暂停播放"，如图8-20所示，使播放动画时画面停留在第1帧，不自动播放其他帧的画面。

图8-20　为菜单首页添加脚本语言

（4）选择"按钮"图层第1帧中的"下一页"实例，单击"动作"面板中的"代码片断"按钮<>，打开"代码片断"面板，依次展开"ActionScript""时间轴导航"文件夹，双击"单击以转到下一帧并停止"选项，"动作"面板中将会出现代码，如图8-21所示，并且"时间轴"面板中将自动新建"Actions"图层。

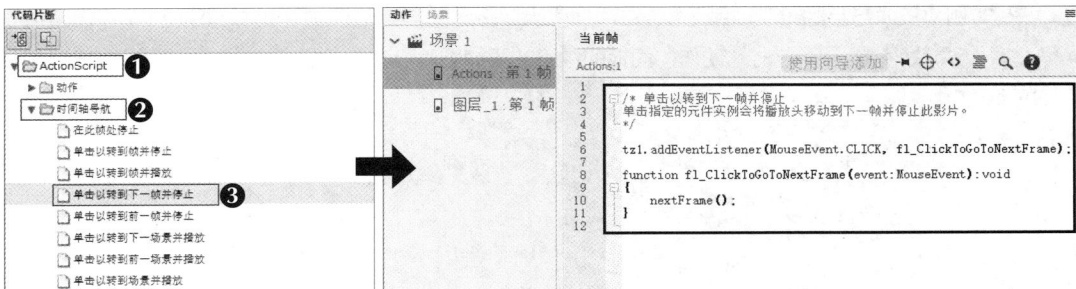

图8-21 为"下一页"实例添加脚本语言

（5）选择"按钮"图层第2帧中的"上一页"实例，双击"代码片断"面板"时间轴导航"文件夹中的"单击以转到帧并停止"选项，再将"动作"面板"gotoAndStop(5)"代码中的"5"改为"1"，如图8-22所示，使单击该按钮可以跳转到菜单的上一页。

图8-22 为"上一页"实例添加脚本语言

（6）选择"按钮"图层第2帧中的"首页"实例，按照与步骤（5）相同的方法添加代码，以指定单击该按钮能够跳转到菜单的首页。选择"按钮"图层第2帧中的"下一页"实例，按照与步骤（5）相同的方法添加代码，将"动作"面板"gotoAndStop(5)"代码中的"5"改为"3"，以指定单击该按钮能够跳转到下一页。

（7）选择"按钮"图层第3帧中的"上一页"实例，按照与步骤（5）相同的方法添加代码，将"动作"面板"gotoAndStop(5)"代码中的"5"改为"2"；选择"按钮"图层第3帧中的"首页"实例，按照与步骤（5）相同的方法添加代码，将"动作"面板"gotoAndStop(5)"代码中的"5"改为"1"；选择"按钮"图层第3帧中的"下一页"实例，按照与步骤（5）相同的方法添加代码，将"动作"面板"gotoAndStop(5)"代码中的"5"改为"4"，如图8-23所示。

（8）选择"按钮"图层第4帧中的"上一页"实例，按照与步骤（5）相同的方法添加代码，将"动作"面板"gotoAndStop(5)"代码中的"5"改为"3"；选择"按钮"图层第3帧中的"首页"

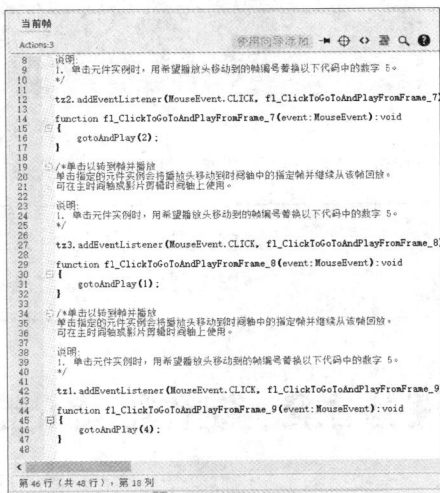

图8-23 为3个实例添加脚本语言

实例，按照与步骤（5）相同的方法添加代码，将"动作"面板"gotoAncStop(5)"代码中的"5"改为"1"，此时"动作"面板的最终效果如图8-24所示。

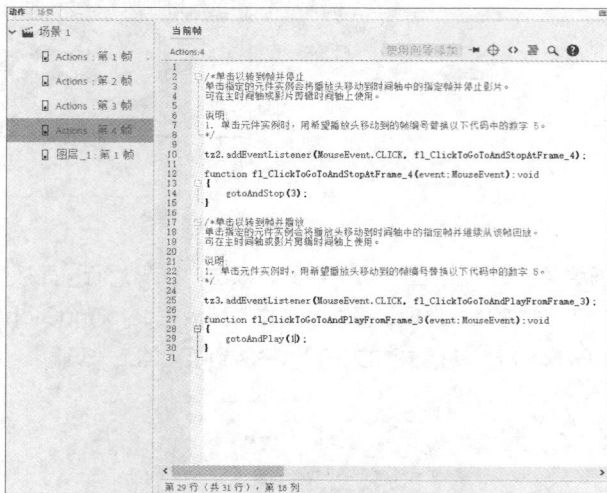

图8-24　"动作"面板的最终效果

（9）保存文件，设置文件名称为"电子菜单交互动画"。

制作动态风景相册

课堂练习

某旅行社准备将四季推荐旅游路线制作成动态风景相册，并发布到各大社交平台，吸引潜在消费群体。制作时需创建尺寸为1280像素×720像素的文件，导入所需的素材制作相册的静态效果，再制作控制按钮，通过为控制按钮添加脚本语言，通过按钮实现相册的翻页效果，参考效果如图8-25所示。

图8-25　动态风景相册的参考效果

素材位置： 素材\项目8\动态风景相册
效果位置： 效果\项目8\动态风景相册.fla

任务8.2　制作抽奖转盘交互动画

米拉接到了制作抽奖转盘交互动画的任务，她想到在网上看到过的多种抽奖转盘交互动画大多数都是通过单击画面中的某个元素来控制动画的播放。于是她向老洪请教如何实现这样的效果，老洪告诉米拉可以使用事件来达到这个目的。基于对提升动画视觉效果的考虑，她还准备为鼠标指针制作红包跟随效果。

【任务描述】

任务背景	某大型商场为庆贺春节的到来，准备开展促销活动，凡是消费满100元的顾客都能参与转盘抽奖。考虑到动画形式的转盘抽奖比实体转盘抽奖具备更高的灵活性和成本效益，也更方便记录数据，同时视觉效果也更为美观，现需要设计师制作一个抽奖转盘交互动画，通过鼠标的单击、移动等不同状态来控制抽奖转盘转动的效果
任务目标	① 制作尺寸为1280像素×720像素，帧速率为24帧/秒，平台类型为ActionScript 3.0的动画文件
	② 制作抽奖转盘的转动效果，通过添加代码来控制动画的播放和暂停，达成抽奖的目的
	③ 在抽奖动画中添加鼠标指针跟随效果，由移动鼠标指针带来红包飘落动画，增强抽奖活动的氛围感
知识要点	"代码片断"面板

本任务的参考效果如图8-26所示。

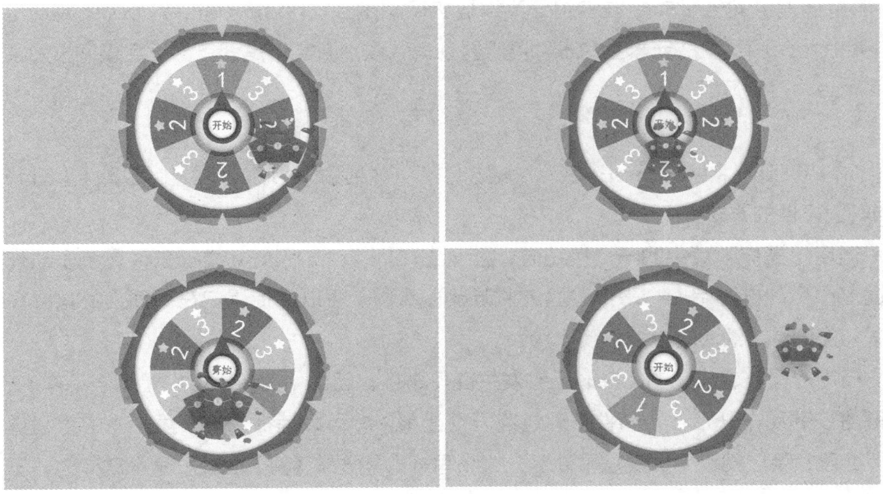

图8-26 抽奖转盘交互动画的参考效果

素材位置： 素材\项目8\转盘素材.fla、红包.fla
效果位置： 效果\项目8\抽奖转盘交互动画.fla

【知识准备】

米拉在设计动画效果时，准备使用事件处理的相关操作来制作由鼠标控制动画播放和停止的效果，再在画面中添加鼠标指针跟随效果，为动画效果增添乐趣。

1. 事件

事件是指在某事务上根据某种行为所执行的操作。在Animate中制作交互动画时，常会用到不同类型的事件，并且需要指定受事件处理影响的目标。

（1）事件内容

事件包括添加事件、移除事件、是否包含指定事件等内容。

- **添加事件：** 若要为某个实例添加事件，首先需要在"属性"面板中设置实例名称，然后在帧脚本中应用addEventListener函数。常用的事件包括click（单击）、dbclick（双击）、mouseover（鼠标指针悬停）、mouseout（鼠标指针离开）等。

addEventListener函数

知识补充　　addEventListener是一种事件监听机制，而addEventListener函数是用于向HTML元素添加事件句柄的标准函数。为特定的元素或对象绑定一个或多个事件监听器后，当该元素或对象触发指定的事件时，就会自动执行相应的代码。

- **移除事件：** removeEventListener函数是一种用于从HTML元素中移除事件监听器的函数，使用该函数可以移除通过addEventListener函数为实例添加的事件。
- **是否包含指定事件：** 若要查看HTML元素上已添加的事件监听器，可使用 getEventListeners（Chrome浏览器提供的一个非标准应用程序编程接口）函数。hasEventListener函数通过getEventListeners函数获取元素上的事件监听器列表，以判断实例是否包含指定事件，如果包含则返回true，否则返回false。

（2）触发事件

制作交互动画时，有鼠标事件（MouseEvent）、键盘事件（KeyBoardEvent）和帧事件（EN-TER_FRAME）3种触发事件的方式。

- **鼠标事件。** 当用户操作影片中的一个按钮时，会发生鼠标事件。因此，鼠标事件是基于动作的，需要通过鼠标动作开始一个事件，通过监听鼠标事件，可以捕捉用户在页面上的鼠标操作，如单击、移动、滚动滚轮等。
- **键盘事件。** 当用户操作键盘上的按键时，会发生键盘事件。因此，键盘事件也是基于动作的，需要通过键盘按键动作开始一个事件，通过监听键盘事件，可以捕捉用户在页面上的键盘操作，如按下键盘、释放键盘等。键盘事件区分大小写，即需要按【A】键触发一个动作时，不能按【a】键。
- **帧事件。** 帧事件是交互动画的核心事件，能够控制代码跟随Animate的帧频播放，即播放每一帧都会触发相应的动作或代码。帧事件需要设置在关键帧上，用于在某个时间点触发某个特定动作。如stop动作使影片停止放映，而goto动作则使影片跳转到时间轴的另一帧或者场景。这种事件可以让设计师控制动画的流畅度和精确度，对于需要实时响应用户交互的场景非常有用。

（3）指定事件处理的目标

通过事件可以控制当前影片、其他影片和外部应用程序3个主要目标。

- **当前影片。** 当前影片是一个相对目标，包含触发某个动作的按钮或帧。例如，将某个事件分配给一个影片剪辑实例，如果该事件将只影响该实例的内容和时间轴，那么目标便是当前影片。
- **其他影片。** 其他影片是一个传达目标。将某个事件分配给某个按钮或者影片剪辑实例，但该事件影响的动画效果并不仅限于该按钮或者影片剪辑实例本身与该按钮或影片剪辑实例相关联的动画效果都会受到影响。

- **外部应用程序。** 外部应用程序是一个外部目标，不在动画文件内，引用外部源需要外部应用程序的帮助，目标可以是Web浏览器、Flash程序、Web服务器或其他应用程序。

2. 播放和停止动画

在Animate中，除非添加play和stop语句，否则动画一旦开始播放，它将按照时间轴的帧顺序从头播放到尾。

添加语句的方法有很多，常用的方法为创建一个影片剪辑实例或按钮实例，设置好实例名称后，双击"代码片断"面板中"事件处理函数"文件夹中的对应选项，可通过鼠标事件、键盘事件或帧事件来控制当前动画。以"Mouse Over事件"为例，双击该选项后，"动作"面板中将出现相关代码，选择并修改"trace("鼠标悬停")"代码为"play();//开始播放"或"stop();//暂停播放"，用户便可通过鼠标指针是否悬停在实例上方来控制动画的播放与暂停，如图8-27所示。

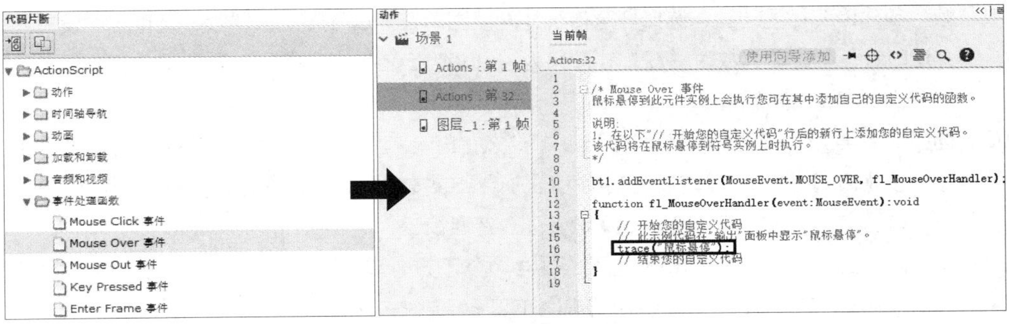

图8-27　制作动画播放和暂停效果

3. 鼠标指针跟随动画

鼠标指针跟随动画的原理是为舞台中的某个元素添加脚本语言，使其跟随鼠标指针移动。简单来说便是使用这个元素代替鼠标指针。

将需要代替鼠标指针的元素转换为按钮元件或者影片剪辑元件，设置实例名称后，打开"代码片断"面板，双击"动作"文件夹中的"自定义鼠标光标"选项，"动作"面板中将出现如下代码，表示已经将该元素的x、y坐标等同于鼠标指针的x、y坐标。

```
stage.addChild(实例名称);
实例名称.mouseEnabled = false;
实例名称.addEventListener(Event.ENTER_FRAME, fl_CustomMouseCursor);
function fl_CustomMouseCursor(event:Event)
{
     实例名称.x = stage.mouseX;
     实例名称.y = stage.mouseY;
}
Mouse.hide();
//要恢复默认鼠标指针，对下列行取消注释：
//movieClip_1.removeEventListener(Event.ENTER_FRAME, fl_CustomMouseCursor);
//stage.removeChild(实例名称);//Mouse.show();
```

【任务实施】

1. 制作抽奖转盘的转动效果

米拉需要先制作出转盘的转动效果和交互按钮，为后续添加播放和停止动画脚本代码提供媒介，具体操作如下。

（1）打开"转盘素材.fla"动画文件，选择"图层_1"，选择文本工具 **T**，设置字体为"黑体"、填充为"#FFFFFF"、字体大小为"40pt"，在橙色区域输入"1"文本，然后在3个蓝色区域分别输入"2"文本，在4个黄色区域分别输入"3"文本，再使用任意变形工具 调整位置和方向，使其呈图8-28所示的状态。

（2）选择"图层_1"中的图形，按【F8】键，将其转换为图形元件，然后在第72帧处插入关键帧，创建传统补间动画，选择任意传统补间范围，在"属性"面板"帧"选项卡中设置旋转为"逆时针"、旋转次数为"72"、效果为"Quart Ease-Out"，让转动效果呈现慢—快—慢的变化，增添抽奖乐趣。

（3）选择"图层_2""图层_3"，在第72帧处按【F5】键，插入普通帧。选择"图层_3"中的图形，按【F8】键，将其转换为名称为"开始"的按钮元件，双击进入元件编辑窗口，在"点击"提示文本下方的帧处按【F5】键，插入普通帧。

（4）新建两个图层，并将新图层拖曳到"图层_1"下方，单击图层_1的"将所有图层显示为轮廓"按钮 ，在"图层_2"中使用椭圆工具 绘制一个和"图层_1"轮廓同等大小、填充为"#FFFFFF"的圆形。

（5）在"图层_2"中插入3个关键帧，依次修改填充颜色为"#FFFFCC""#FFFF33""#66CCFF"，使圆形在按钮的4种状态下呈现不同的颜色。

（6）选择"图层_3"的"弹起"提示文本下方的帧，选择文本工具 **T**，设置填充为"#FF0000"、字体大小为"30pt"，在圆形中间位置输入"开始"文本，用于提示消费者单击该处来控制动画，然后依次插入3个关键帧，调整文本填充为"#FF3300""#3399FF""#FFFFFF"，使文本在按钮的4种状态下呈现不同的颜色，如图8-29所示。

（7）返回主场景，此时转盘效果如图8-30所示。

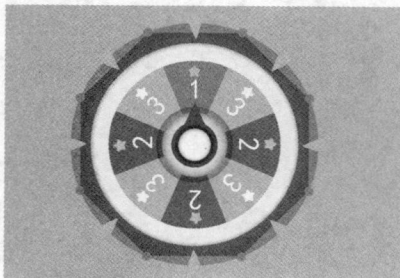

图8-28　输入文本

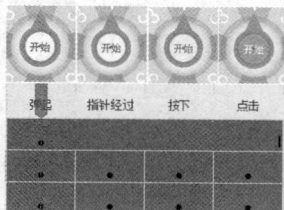

图8-29　输入并编辑文本

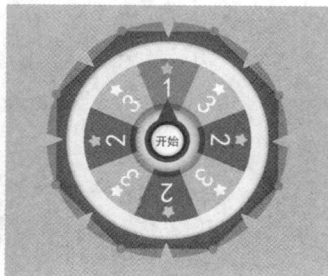

图8-30　转盘效果

2. 制作鼠标控制动画播放和停止的效果

米拉准备借助转盘中心的"开始"按钮来控制动画的播放与停止，但由于播放和停止是两种不同的效果，而按钮只有一个，因此她需要通过鼠标的单击、移动等不同状态来创建鼠标事件，这样才能在鼠标的不同操作状态下响应对应的事件，具体操作如下。

（1）选择"图层_1"，按【F9】键，打开"动作"面板，在脚本编辑窗口中输入"stop(); //暂停播放"，使播放动画时画面停留在第1帧，不自动播放其他帧的画面。

（2）在舞台中选择"开始"按钮，在"属性"面板中设置实例名称为"bt1"，选择【窗口】/【代码片断】命令，打开"代码片断"面板，依次展开"ActionScript""事件处理函数"文件夹，双击"Mouse Click事件"选项，打开"动作"面板，如图8-31所示。

微课视频

制作鼠标控制动画播放和停止的效果

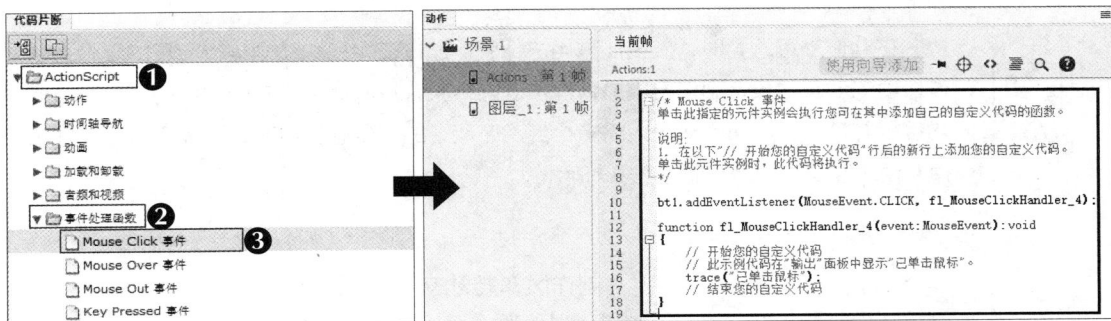

图8-31 创建鼠标事件

（3）选择"trace("已单击鼠标")"代码，将其修改为"play();//开始播放"，如图8-32所示，制作单击"开始"按钮便播放转盘转动动画的效果。

（4）在舞台中选择"开始"按钮，在"代码片断"面板的"事件处理函数"文件夹中双击"Mouse Out事件"选项，然后在"动作"面板中选择"trace("鼠标已离开")"代码，将其修改为"stop();//暂停播放"，如图8-33所示。

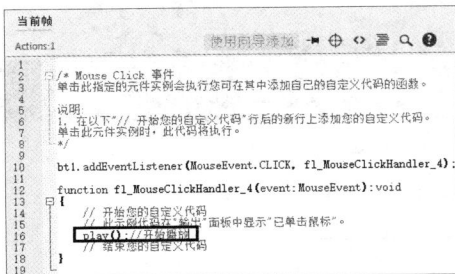

图8-32 制作动画播放效果

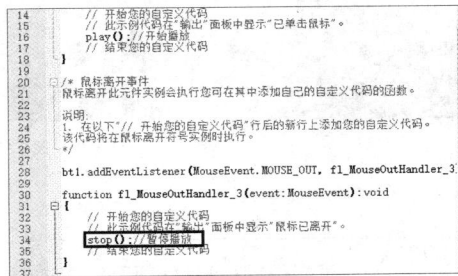

图8-33 制作动画暂停效果

3. 制作鼠标指针跟随效果

米拉准备将搜集到的红包动画效果添加到转盘动画中，再为其制作鼠标指针跟随效果，使其能够跟随鼠标指针移动，具体操作如下。

微课视频

制作鼠标指针跟随效果

（1）新建"图层_4"，打开"红包.fla"动画文件，复制舞台中的"红包"素材，将其粘贴到新图层中，并调整其大小和位置。

（2）选择"红包"素材，在"属性"面板中设置实例名称为"bt2"，打开"代码片断"面板，双击"动作"文件夹中的"自定义鼠标光标"选项，"动作"面板中将出现相关代码，如图8-34所示。

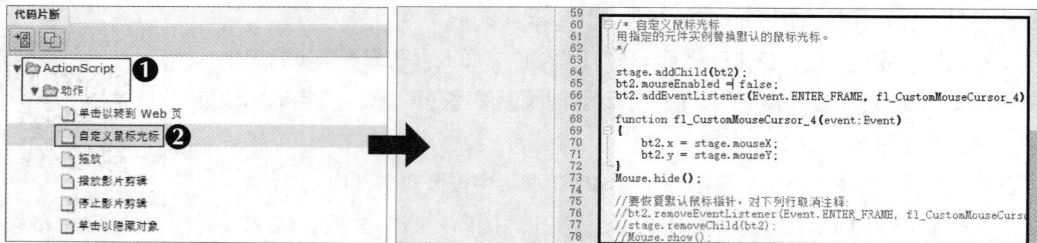

图8-34　制作鼠标指针跟随效果

（3）保存文件，设置文件名称为"抽奖转盘交互动画"。

设计素养　在制作交互动画时，应该注重用户体验，通过在用户和动画进行交互的媒介上制作合适的动画效果，制作出模拟物理按键的效果，从而让用户知晓他们的操作已被成功接受并执行，进而收获个人需求得到及时反馈的满足感。这有助于提升用户的好感度，同时能提升设计作品的竞争力。

制作风车转动交互动画

课堂练习　某游乐园引进了一批电子显示器设备，准备在其中添加交互动画，使游客可以通过触摸显示器来控制交互动画的播放。制作时可先制作风车的转动效果，再制作两个按钮元件，并分别为其添加脚本代码来控制动画，接着制作风车外形的鼠标指针跟随效果，参考效果如图8-35所示。

┌─ 效果预览 ─┐
│　（二维码）　│
└───────────┘

图8-35　风车转动交互动画的参考效果

素材位置： 素材\项目8\风车素材.fla
效果位置： 效果\项目8\风车转动交互动画.fla

综合实战　制作"趣味问答"交互动画

米拉将自己制作的电子菜单交互动画和抽奖转盘交互动画交给老洪，并说了自己的心得。老洪感觉米拉已经掌握了制作交互动画的精髓，但仍有提升的空间，特别是在动画创意形式方面。因此，老洪便交给米拉制作"趣味问答"交互动画的任务，要求她根据客户提供的题目制作出消费者通过选择问题的选项，实现跳转到下一个问题的动态效果，以引导消费者完成问答环节。

【实战描述】

实战背景	"柠檬之家"水果实体店面对近期销售额下降的趋势,准备在店铺内投放"趣味问答"交互动画,以邀请进店的消费者填写问题,收集消费者对购买水果的考虑事项,以调整经营方向,设计师需要根据问答文档制作交互动画
实战目标	① 制作尺寸为1280像素×7200像素,帧速率为24帧/秒,平台类型为ActionScript 3.0的动画文件
	② 制作问答的首页,使消费者能够通过点击页面中的箭头按钮来跳转页面。为背景图添加脚本代码,使其能够暂停播放;为柠檬动态效果影片剪辑元件制作鼠标指针跟随效果,加深消费者对店铺名称的印象
	③ 在第2～5页中添加店铺标志动画、问题文本和文本框来布局页面,使每页的元素一致,增强整体性
	④ 通过在结束页面添加结束语,提示消费者已经完成填写操作,并提醒其领取礼物,提升消费者的好感度
知识要点	"动作"面板、"代码片断"面板

本实战的参考效果如图8-36所示。

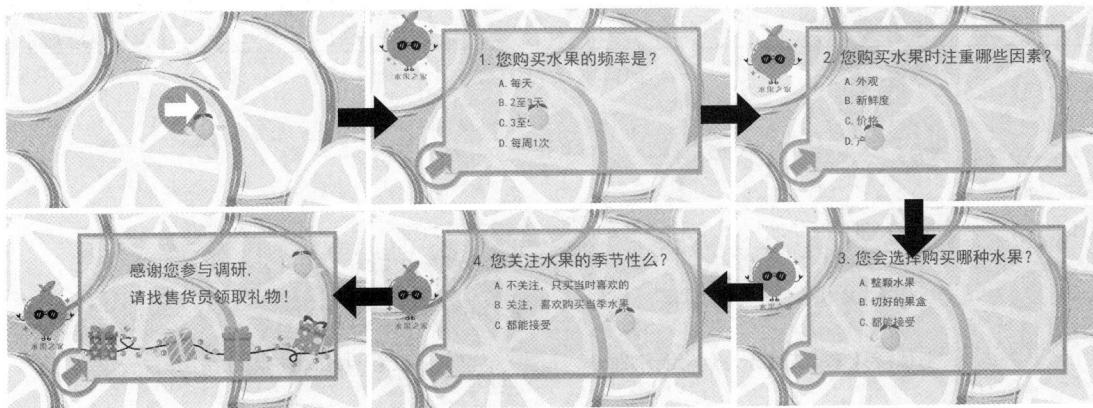

图8-36 "趣味问答"交互动画的参考效果

素材位置: 素材\项目8\问题.txt、背景.jpg、水果之家.ai、
文本框.fla、柠檬.ai、礼物.png

效果位置: 效果\项目8\"趣味问答"交互动画.fla

效果预览

【思路及步骤】

由于"趣味问答"交互动画的本质是让消费者填写调查问卷,因此可制作6页的交互动画,其中第1页和第6页分别为开始页和结束页,分别用于放置开始按钮和结束语,然后将所有问题按照同一版式在第2～5页中进行排版,再通过为问题的选项制作点击状态,以及添加脚本语言的形式来实现跳转。最后制作店铺标志的动画效果,以及制作水果形式的鼠标指针跟随效果,加深消费者对店铺的印象,如图8-37所示,参考步骤如下。

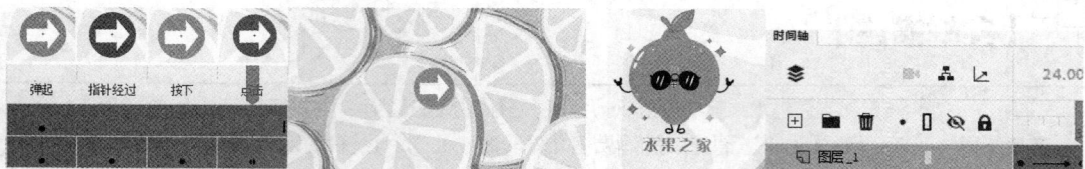

① 制作按钮元件　② 创建店铺名称动画

③ 输入文本并将选项文本制作成按钮

④ 制作"柠檬"影片剪辑元件

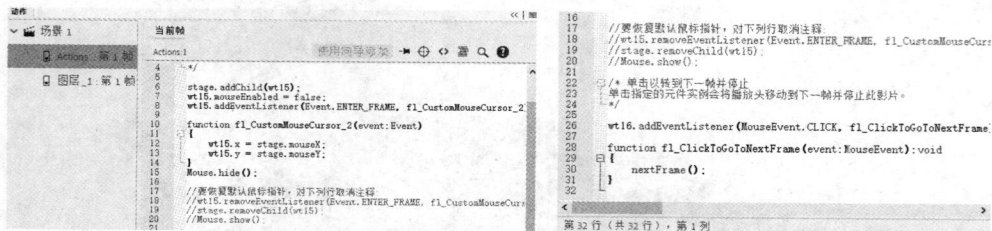

⑤ 为"柠檬"影片剪辑元件制作鼠标指针跟随效果　⑥ 为"按钮"元件添加脚本语言

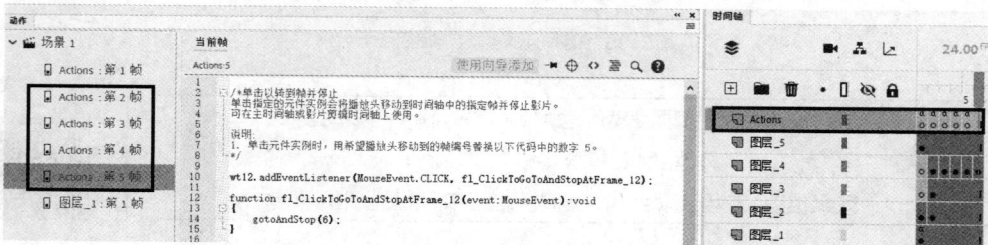

⑦ 为问题的选项添加脚本语言

图8-37　制作"趣味问答"交互动画的思路

（1）新建文件，导入"背景.jpg"素材到舞台，在"动作"面板中输入"stop(); //暂停播放"，使该动画不自动播放。

（2）新建图层，在新图层上通过椭圆工具组绘制由圆形底托，将其转换为按钮元件，在元件编辑窗口中调整圆形底托的颜色，然后新建图层，使用矩形工具和多角星形工具绘制箭头图形，在主场景添加投影滤镜。

微课视频

制作"趣味问答"交互动画

（3）在新图层的第2帧处插入空白关键帧，导入"水果之家.ai"素材，并将其转换为影片剪辑元件，在元件内部制作时长为5帧，具有位移效果的传统补间动画。

（4）新建图层，在新图层的第2帧处插入空白关键帧，打开"文本框.fla"动画文件，将文本框图像复制到新图层的第2帧处，调整其位置后，将其转换为影片剪辑元件，并添加与步骤（2）相同的投影滤镜。

（5）新建图层，在新图层的第2帧处插入空白关键帧，打开"问题.txt"文件，分开输入问题和选项文本，并分别将选项文本转换为按钮元件，在其内部的"按下"提示文本下方的帧处调整文本颜色，然后设置实例名称。

（6）按照与步骤（5）相同的方式，依次在新图层的第3～5帧处插入关键帧，重新输入问题和选项文本，并进行处理，然后在第6帧处插入关键帧，输入结束语文本，并导入"礼物.png"素材，调整素材的位置和大小。

（7）新建图层，在该图层的第1帧处导入"柠檬.ai"素材，将其转换为影片剪辑元件，在其内部制作传统补间动画。返回主场景，设置实例名称，添加"代码片断"面板中的"自定义鼠标光标"脚本语言。

（8）选择"图层_2"第1帧的按钮元件，设置实例名称，添加"单击以转到下一帧并停止"脚本语言；然后依次选择第2～5帧的问题按钮元件，添加"单击以转到帧并停止"脚本语言，在"动作"面板中，根据需跳转页面的帧数来调整"gotoAndStop(5)"代码中的数字。

（9）保存文件，设置文件名称为"'趣味问答'交互动画"。

课后练习　制作课件交互动画

　　某校计划制作一批具有交互性的课件动画，使学生可以通过操作来控制动画的播放与暂停，以提高学生的参与感和学习兴趣。目前，在讲述到大巴车从白天行驶到黑夜的情景时，需要设计交互动画，让学生控制大巴车行驶动画在白天播放、晚上暂停。需要使用搜集的素材，制作出同一场景的昼夜景象，再为大巴车、星体、地图坐标等图像制作动态效果，接着制作控制按钮，并为背景图层、控制按钮和地图坐标的动态效果添加脚本语言，制作鼠标指针悬停在控制按钮上时播放动画，鼠标指针移至控制按钮外便暂停播放动画的效果，参考效果如图8-38所示。

图8-38　课件交互动画的参考效果

素材位置： 素材\项目8\交通素材.fla、地图图标.ai
效果位置： 效果\项目8\课件交互动画.fla

项目 9
测试和发布动画

情景描述

老洪告诉米拉："公司需要将一些动画发布到一个展示优秀设计作品的平台上，这项任务由你负责。为了确保发布的动画效果完美，你需要先测试和优化这些动画，再进行发布。此外，为了便于整合和调用动画文件，你还需要分别为这些动画导出一张静态图像以及一个视频文件。现在我先交给你一些制作好的动画作品，你可以通过这些作品不断积累测试、优化、发布和导出动画的经验。"

学习目标

知识目标
- 掌握测试与优化动画的方法。
- 掌握发布与导出动画的方法。

素养目标
- 培养精益求精的工匠精神。
- 以严格的标准审查设计作品，保持追求卓越和不断改进的态度。

任务9.1 测试和优化卡车行驶动画

米拉在测试卡车行驶动画时，发现打开文件的速度较慢，并且文件也较大，发布和导出速度都比较慢，为此米拉准备优化该动画，以解决这些问题。

【任务描述】

任务背景	某卡车租赁公司准备在官网增设安全驾驶小课堂页面，并在该页面中添加生动有趣的安全驾驶动画，向员工强调安全驾驶的重要性，降低事故的发生概率。现需要设计师制作一个关于卡车在乡村道路行驶的动画，以提醒员工不能超速行驶。现同事已经制作好该动画，需要米拉测试并优化该动画
任务目标	① 测试尺寸为1280像素×720像素，时长为4s，帧速率为24帧/秒，平台类型为HTML5 Canvas的动画文件
	② 根据测试结果优化动画，减少动画加载时间、减小文件，并使其能在网页中流畅播放
知识要点	"测试"命令、"转换为位图"命令

本任务的参考效果如图9-1所示。

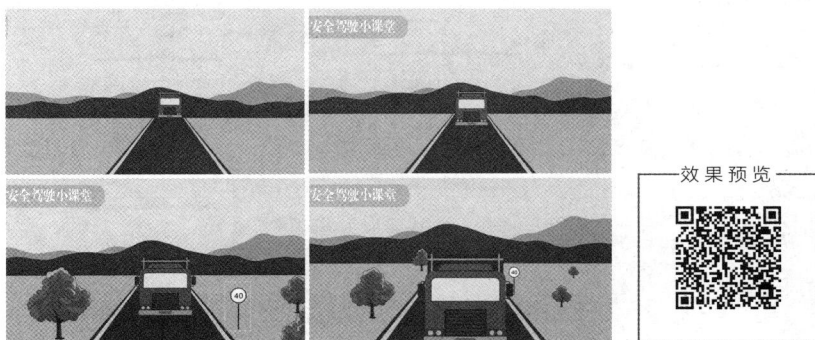

图9-1 测试和优化卡车行驶动画的参考效果

素材位置： 素材\项目9\卡车行驶动画.fla
效果位置： 效果\项目9\卡车行驶动画.fla

【知识准备】

米拉发现，Animate针对测试动画内容的不同提供了不同方法，为确保动画无误，米拉打算全方位测试动画，然后根据测试结果，有针对性地优化动画，以提升制作效率。

1. 测试动画

在Animate中制作完动画后，为了降低动画播放时的出错率，同时审视动画效果是否符合要求，需要测试动画。选择【控制】/【测试】命令，或按【Ctrl + Enter】组合键，若当前文件为ActionScript 3.0平台类型，将打开一个窗口；若当前文件为HTML5 Canvas平台类型，将打开默认浏览器，并在其中播放要测试的动画，此时可以测试以下内容。

（1）测试整个动画过程

测试时，Animate 的"输出"面板中将显示警告信息，这些警告信息是动画中可能会出现问题的内容，设计师可以根据警告信息，观察整个动画过程是否符合预期要求，如果不符合，就需要分析产生问题的原因，然后有针对性地进行优化。

（2）测试动画能否正常加载

在测试 HTML5 Canvas 平台类型的动画时，如果动画无法正常加载，浏览器中将不会显示任何内容。出现这种情况，通常是因为脚本代码出现了严重错误，这时需要按【F12】键，打开浏览器的"开发人员工具"面板，在"控制台"选项卡中查看具体的错误信息，如图9-2所示。

（3）测试加载速度

在"开发人员工具"面板的"网络"选项卡中，勾选"停用缓存"复选框，在"节流"下拉列表中选择任意选项，

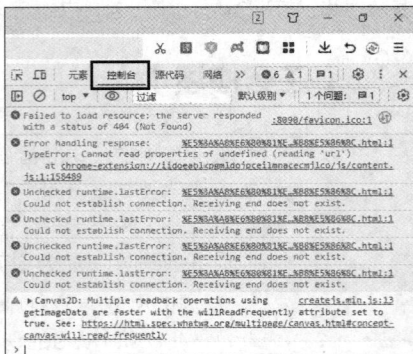

图9-2 "开发人员工具"面板的"控制台"选项卡

按【F5】键可测试动画的加载速度，如图9-3所示，在中下方的表格中可以查看动画中每个文件的类型以及加载时间等信息，在下方的状态栏中可以查看整个动画文件的大小和完成加载所有文件的时间等信息。

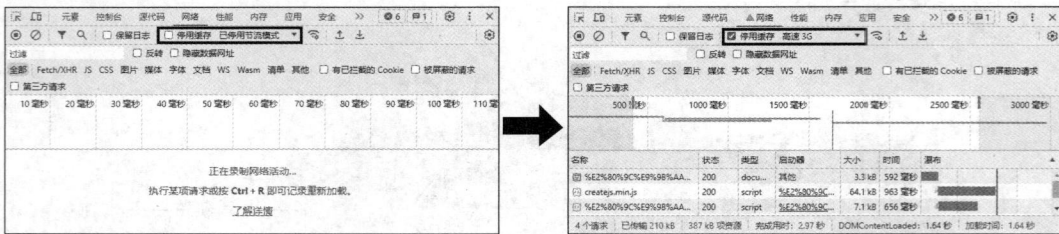

图9-3 使用"网络"选项卡测试加载速度

为什么刷新网页查看动画加载速度前，需要停用缓存？

疑难解析

浏览器为了节约网络资源，提升加载数据的速度，会在磁盘中存储最近打开过的文档数据，这样便产生了缓存。若不停用缓存，那么即使刷新网页查看动画加载速度，得到的也是不精确的数值，因为该动画的加载速度已经被浏览器缓存所提升。

2. 优化动画

由于Animate动画文件越大，其下载和播放速度就会越慢，在播放时越容易产生卡顿现象，从而影响动画的传播，因此，想让导出的Animate动画能在网络中顺利、流畅地播放，在完成动画制作后，除了测试动画，还需优化动画，减小文件。

在Animate中，优化动画可从动画整体、元素和色彩方面入手。

（1）优化动画整体

从动画整体方面减小动画文件，可采用以下方法。

- 将动画中重复使用的内容转换为元件，在需要使用时，直接创建该元件的实例。
- 由于传统补间动画中的过渡帧是由系统计算得到的，而逐帧动画的过渡帧是通过设计师添加对象得到的，因此传统补间动画的数据量相对逐帧动画而言要小得多。所以制作动画时最好

少用逐帧动画，尽量使用传统补间动画。

- 由于舞台越大，所需要的元素可能越多，并且添加的内容也会越大，这些都会增大动画文件，因此尽量在符合实际需求的情况下，在较小的舞台中制作动画。

（2）优化动画元素

常用的动画元素有声音、文本、图形、图像，从这些元素入手，并采用以下方法可以有效减小动画。

- 由于位图数据量通常大于矢量图，因此制作动画时可尽量使用矢量图，少用位图；但有些复杂的矢量图需要使用很多线条和填充内容，使用这种矢量图可能会导致 Animate 无响应，此时则需要将该矢量图转换为位图使用。
- 斑马线、虚线、点线等特殊类型线条占用的存储空间都比实线大，因此可减少特殊类型线条的使用。
- 通常情况下，MP3格式的声音比WAV格式的声音数据量较小，因此需要使用某声音时，可先使用格式转换工具将其转换为 MP3 格式，再导入 Animate。
- 使用较多不同的字体、较大的字体、嵌入字体，都会增大动画，若需要使用嵌入字体，可只为需要设置的文本使用。
- 在 HTML5 Canvas 平台类型下，静态文本在发布时将会被打散，如果文本量较大，则会增大文件，此时可将静态文本转换为动态文本。

（3）优化动画色彩

在 Animate 中，纯色的数据量较小，若为动画的色彩添加特殊效果，会导致文件变大。因此可采用以下方法优化动画色彩。

- 尽量避免为帧和对象设置 Alpha 参数，以及减少使用渐变色和滤镜。
- 若需要使用同款不同色的内容，可将该内容转换为元件，然后使用"属性"面板为该元件的实例调整不同的颜色。
- 选择色彩时，尽量使用色板中的预设颜色，预设颜色比自定义颜色的数据量更小。

【任务实施】

1. 测试动画效果

米拉准备从能否正常加载、动画过程和加载速度这3个方面来测试动画效果，具体操作如下。

（1）打开"卡车行驶动画.fla"动画文件，选择【控制】/【测试】命令，打开的对话框中将显示导出进度，如图9-4所示，大约等待3s，对话框消失，打开默认浏览器播放动画，代表该动画可以正常加载，但该动画的标题图像并未和舞台左侧对齐，如图9-5所示。

图9-4 测试动画   图9-5 查看动画效果

（2）按【F12】键，打开"开发人员工具"面板，选择"网络"选项卡，勾选"停用缓存"复选框，在"节流"下拉列表中选择"低速3G"选项，按【F5】键，刷新页面，测试加载速度，如图9-6所示，由图可知当前文件的大小为327KB，加载时间为6.50秒。

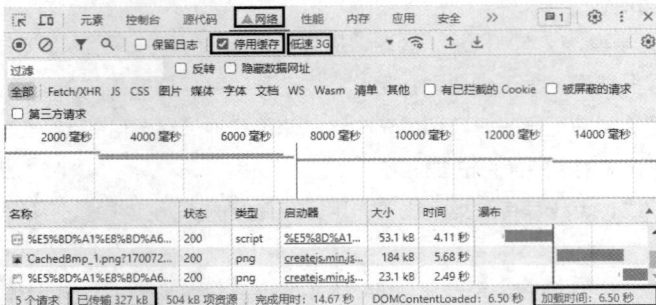

图9-6　测试动画加载速度

（3）返回Animate，在"输出"面板中查看警告信息，如图9-7所示。

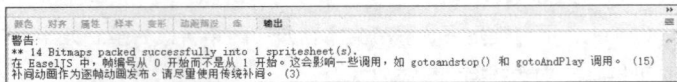

图9-7　查看警告信息

2. 优化动画效果

根据测试结果和警告信息，米拉需要调整标题图像的位置，以及将动画中的补间动画调整为传统补间动画；另外，她考虑提升文件的加载速度和减小文件，因此还需要将动画中的矢量图转换为位图，具体操作如下。

（1）选择"图层_5"的第1帧，将其向左移动，使其微微超出舞台，确保发布后，该图像能与舞台左侧对齐。

（2）选择补间动画范围，单击鼠标右键，在弹出的快捷菜单中选择"删除补间动画"命令，第15帧的属性关键帧消失，该图层变为普通图层。

（3）在"图层_5"的第15帧处插入关键帧，使用任意变形工具调整标题图像的形状，再调整其位置，然后双击该图层进入元件编辑窗口，选择"安全驾驶小课堂"文本，在"属性"面板"对象"选项卡的"实例行为"下拉列表中选择"动态文本"选项。

（4）返回主场景，优化标题图像前后的效果对比如图9-8所示，再为"图层_5"的两个关键帧创建传统补间动画。

图9-8　优化标题图像前后的效果对比

（5）按照与步骤（2）~步骤（4）相同的方法，将"图层3"中的补间动画转换为传统补间动画。

（6）由于场景图是较为复杂的矢量图，并且无特写画面，不需要过于清晰，因此可将其转换为位图。双击"图层_1"中的图像，在舞台上单击鼠标右键，在弹出的快捷菜单中选择"转换为位图"命令，返回主场景。

（7）选择【控制】/【测试】命令，可以明显感觉加载速度更快了，按【F12】键，打开"开发人员工具"面板，按【F5】键，刷新页面，重新测试动画，如图9-9所示。由图可知动画加载速度得到提升，且动画文件大幅度减小，最后保存文件。

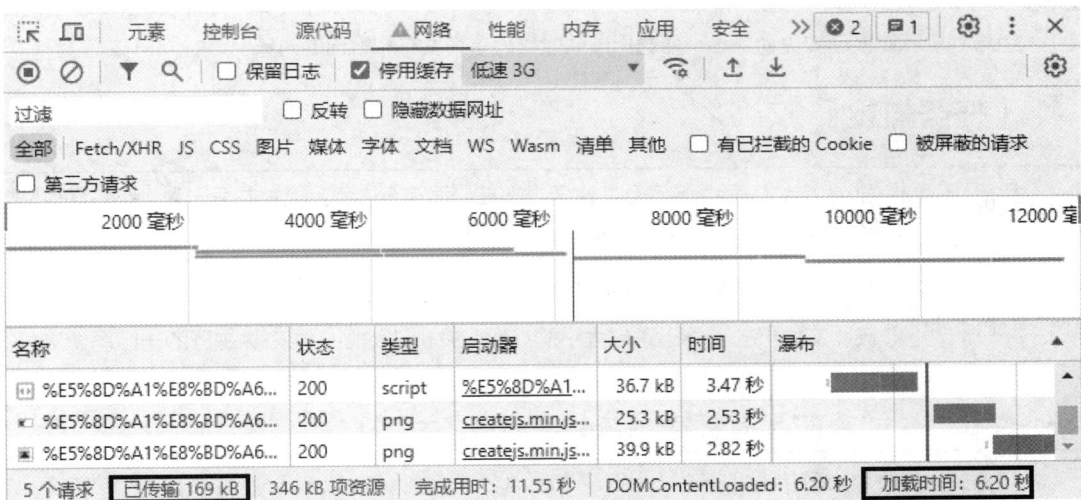

名称	状态	类型	启动器	大小	时间	瀑布
%E5%8D%A1%E8%BD%A6...	200	script	%E5%8D%A1...	36.7 kB	3.47 秒	
%E5%8D%A1%E8%BD%A6...	200	png	createjs.min.js...	25.3 kB	2.53 秒	
%E5%8D%A1%E8%BD%A6...	200	png	createjs.min.js...	39.9 kB	2.82 秒	

5 个请求　已传输 169 kB　346 kB 项资源　完成用时：11.55 秒　DOMContentLoaded：6.20 秒　加载时间：6.20 秒

图9-9　重新测试文件加载速度

测试和优化"雪夜"网页加载动画

课堂练习

　　某宠物网聘请设计师制作一个以"雪夜"为主题的加载动画，现已制作好动态效果，需要测试和优化动画。设计师可使用"测试"命令在"开发人员工具""输出"面板中查看测试结果，并根据结果从动画整体、元素和色彩等方面进行优化，如将补间动画改为传统补间动画，为小狗图像去除滤镜效果，在外部软件中修改图像颜色后，更新素材，参考效果如图9-10所示。

效果预览

图9-10　测试和优化"雪夜"网页加载动画的参考效果

素材位置： 素材\项目9\"雪夜"网页加载动画素材
效果位置： 效果\项目9\"雪夜"网页加载动画.fla

任务9.2　发布和导出网页启动动效

　　老洪在米拉完成测试和优化卡车行驶动画后，把一部分需要发布到平台的优秀动画作品清单交给她，让她按照清单和导出注意事项文档的要求，处理这些动画文件。米拉发现自己制作的网页启动动效也在其中，考虑到自己对该动效更为熟悉，便选择该动效作为首个发布和导出的对象。

【任务描述】

任务背景	根据公司计划，网页启动动效需要发布在公司规定的平台上，并导出为JPEG图像和MP4格式的文件，便于整合和调用动画文件
任务目标	① 通过调整发布设置参数来发布动画
	② 按照文件尺寸，导出对应大小的视频，并挑选动画中能表达主题的一帧图像进行导出
知识要点	"发布设置"命令、"导出视频/媒体"命令

　　本任务的参考效果如图9-11所示。

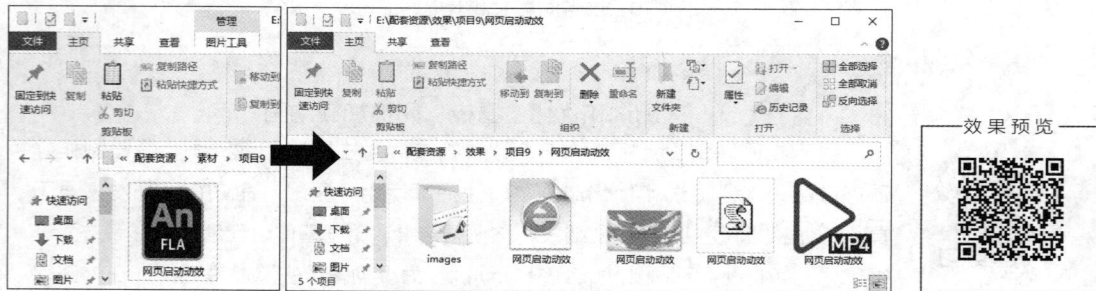

图9-11　发布和导出网页启动动效的参考效果

素材位置： 素材\项目9\网页启动动效.fla
效果位置： 效果\项目9\网页启动动效\

【知识准备】

　　米拉使用Animate制作的网页启动动效文件格式为FLA，由于该格式的文件不能直接在网页中播放，因此需要将该格式的文件发布成便于传播的格式。使用Animate提供的导出功能，可直接将动画导出为图像、GIF动画、影片和视频，因此米拉准备发布动画后，使用这项功能来完成后续处理。

1. 发布设置

　　发布是指创建一系列文件，以供播放制作好的Animate动画。发布动画的具体操作方法：选择【文件】/【发布设置】命令，打开"发布设置"对话框，在其中根据发布要求进行设置后，单击 发布(P) 按钮；也可以先单击 确定 按钮保存参数，再选择【文件】/【发布】命令。

另外，根据发布文件的平台类型不同，该对话框中的参数也会不同，最后发布出来的文件也会有所不同。例如，在图9-12中，左图为ActionScript 3.0平台类型对应的参数，右图为HTML5 Canvas平台类型对应的参数，ActionScript 3.0平台类型的动画默认发布SWF格式的文件，而HTML5 Canvas平台类型的动画通常需要发布一个HTML文件（包含动画效果的网页文件）、一个JavaScript文件（包含把所有图像资源制作成动画的代码）、一个"images"文件夹（包含动画中用到的所有位图资源）。

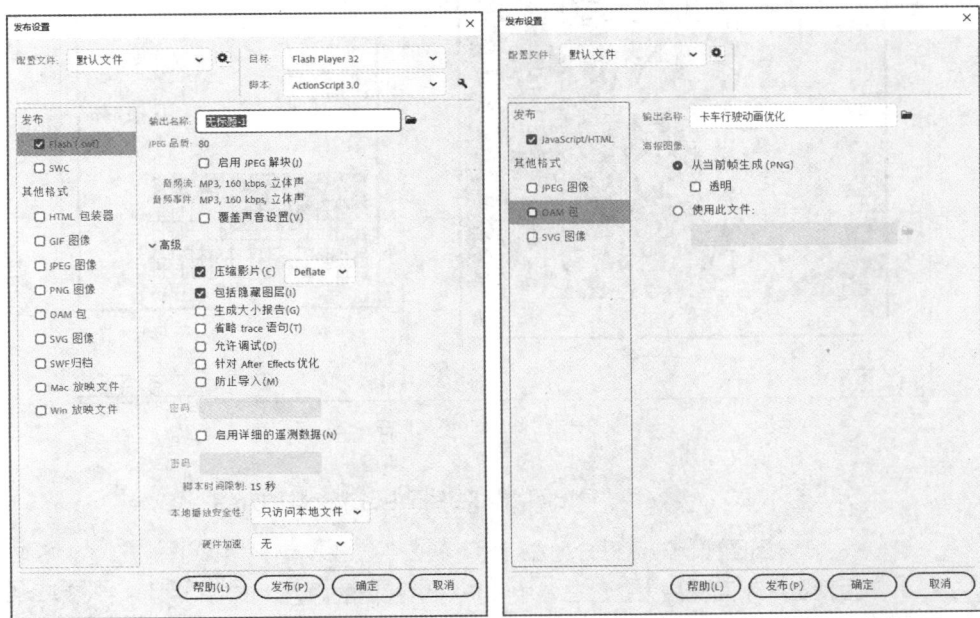

图9-12 "发布设置"对话框

"发布设置"对话框中各个参数的介绍

知识补充

"发布设置"对话框分为上部和下部两个区域，在下部区域中，左侧所选选项不同，右侧参数也会不同。"发布设置"对话框中各个参数的介绍可扫描右侧二维码查看。

知识补充

"发布设置"对话框中各个参数的介绍

2. 导出动画

选择【文件】/【导出】命令，在弹出的子菜单中选择不同命令，可以将当前动画导出为图像、影片、视频和GIF动画。

（1）导出图像

选择【文件】/【导出】/【导出图像】命令，打开"导出图像"对话框，如图9-13所示，在其中进行设置后，单击 保存 按钮，打开"另存为"对话框，在其中设置图像的文件名后，单击 保存(S) 按钮可以导出当前播放头所在帧的内容，无论文件存在多少个图层，播放头位置的内容都将被导出。

工具栏

预览区

参数栏

图9-13 "导出图像"对话框

"导出图像"对话框中各个参数的介绍

知识补充

　　"导出图像"对话框分为左、中、右3个区域。其中，中间为预览区，面积最大，可在其中预览导出图像的内容；而左侧和右侧区域则为工具栏和参数栏。"导出图像"对话框中各个参数的介绍可扫描右侧二维码查看。

知识补充

"导出图像"对话框中各个参数的介绍

　　选择【文件】/【导出】/【导出图像（旧版）】命令，将直接打开"另存为"对话框，在其中只能设置导出文件的名称和存储位置，不可以设置图像的其他参数。

（2）导出影片

　　选择【文件】/【导出】/【导出影片】命令，打开"导出影片"对话框，在其中进行设置后，单击 保存(S) 按钮。

　　需要注意的是，若设置的保存类型是SWF影片，则单击 保存(S) 按钮可直接导出对应文件；若设置的保存类型是JPEG、GIF、PNG或SVG序列，单击 保存(S) 按钮后，还会打开相应的设置对话框，在其中设置参数（通常保持默认设置）后，单击 确定 按钮，方可导出对应文件。

（3）导出视频

　　选择【文件】/【导出】/【导出视频/媒体】命令，打开"导出媒体"对话框，如图9-14所示，其中各参数的作用如下。

- **宽：** 用于设置导出视频的宽度。
- **高：** 用于设置导出视频的高度。

- **忽略舞台颜色（生成Alpha通道）：** 勾选该复选框，将忽略舞台的背景颜色，生成Alpha通道，导出具有透明效果的视频文件。
- **间距：** 用于设置导出视频的范围。选中"整个影片"单选项，将导出该文件所有的内容；选中"场景"单选项，在后方的下拉列表中选择场景，则将只导出该场景的内容，并且勾选"帧范围"复选框后，还能设置该场景中需要导出的帧；选中"时间"单选项，可以设置视频的开始时间和持续时间，即有选择性地按照时间来导出视频内容。
- **格式：** 用于设置导出视频的格式和预设。
- **输出：** 用于设置导出视频的存储位置。
- **立即启动Adobe Media Encoder渲染队列：** Animate只能导出MOV格式的视频文件，如果要导出其他格式的视频文件，可以勾选该复选框，单击 导出(E) 按钮后将自动启动Adobe Media Encoder（需提前安装），在其中可以导出其他格式的视频文件。

在对话框中进行设置后，单击 导出(E) 按钮，将弹出内容为"已成功创建文件 + 存储地址和文件名称"的提示对话框，单击 确定 按钮完成视频的导出。

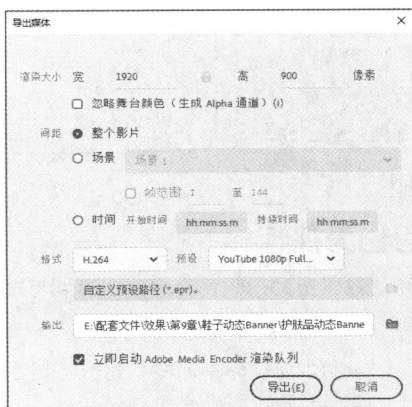

图9-14 "导出媒体"对话框

（4）导出GIF动画

选择【文件】/【导出】/【导出动画GIF】命令，打开"导出图像"对话框，该对话框与使用"导出图像"命令打开的"导出图像"对话框类似，只是右下方多了一个"动画"栏，在其中可以控制动画的播放。另外，在"优化的文件格式"下拉列表中也只能选择"GIF"选项。

> **设计素养**
>
> 设计师在动画设计的前期策划、搜集素材、制作动画、后期调试与优化、测试动画和发布动画等环节中，应保持精益求精的工匠精神和责任心，精细雕琢设计作品，不断地优化和调试动画效果，使最终发布或导出的动画作品保持较佳的效果。这样才能不断提升自己的专业水平，创造出高质量、有影响力的动画作品。

🛠 【任务实施】

1. 设置网页启动动效的发布格式

米拉已经完成了网页启动动效的测试和优化，还需要进行发布设置。由于通过"发布设置"对话框也能导出图像，米拉决定同时完成该动画的发布和导出操作，具

微课视频

设置网页启动动效的发布格式

体操作如下。

（1）打开"网页启动动效.fla"动画文件，将播放头移至最后一帧处，选择【文件】/【发布设置】命令，打开"发布设置"对话框，单击"选择发布目标"按钮 📁，打开"选择发布目标"对话框，设置发布位置后，保持文件名为默认，单击 保存(S) 按钮，如图9-15所示。

（2）在"属性"面板的"基本"选项卡中，勾选"舞台居中""使得可响应""缩放以填充可见区域"复选框，再取消勾选"导出声音资源""导出CreateJS资源"复选框。

（3）在左侧勾选"JPEG图像"复选框，单击"选择发布目标"按钮 📁 以设置与发布地址一样的存储位置，再设置品质为"100"，勾选"渐进"复选框，单击 确定 按钮，等"发布进度"对话框消失后，单击"发布设置"对话框的"关闭"按钮×。

（4）打开发布位置的文件夹，查看发布动画的效果，如图9-16所示。

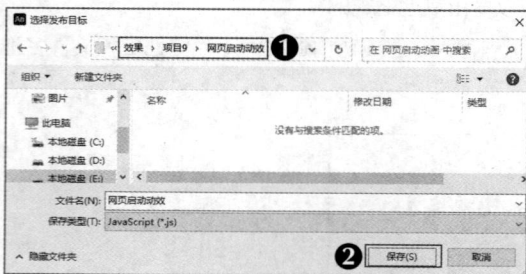

图9-15　设置发布位置

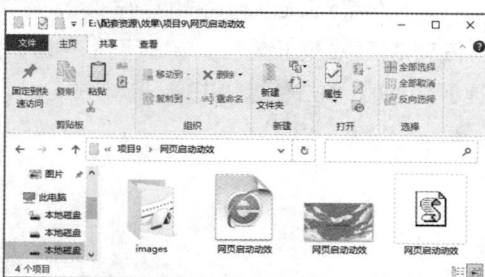

图9-16　查看发布动画的效果

2. 将网页启动动效导出为视频

此时，米拉只需要将网页启动动效导出为视频，并将其保存到与发布设置同样的位置，便可结束对该文件的处理，具体操作如下。

（1）选择【文件】/【导出】/【导出视频/媒体】命令，打开"导出媒体"对话框，如图9-17所示。

（2）设置预设和输出地址，勾选"立即启动Adobe Media Encoder 渲染队列"复选框，如图9-18所示，单击 导出(E) 按钮。

（3）等导出进度提示对话框消失后，打开的Adobe Media Encoder中显示渲染已完成，返回Animate，将出现图9-19所示的"导出媒体"提示对话框，单击 导出(E) 按钮完成导出。

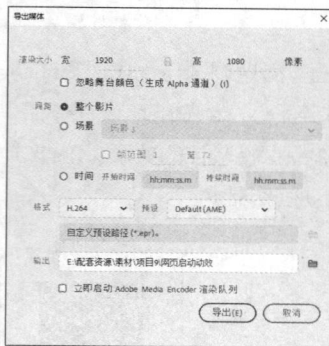

> 微课视频
>
> 将网页启动动效导出为视频

图9-17　"导出媒体"对话框

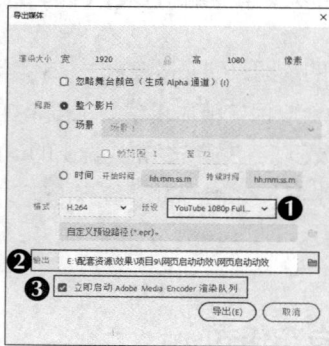

图9-18　设置参数

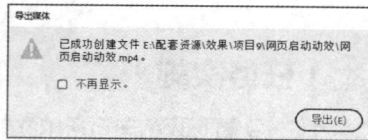

图9-19　"导出媒体"提示对话框

发布和导出护肤品动态Banner

某护肤品品牌曾委托设计公司制作一个护肤品动态Banner，该品牌希望将该动画发布到互联网上，并导出相关图像和视频用于宣传推广。在发布和导出护肤品动态Banner时，可使用"发布设置"对话框和"导入图像""导出视频/媒体"命令来完成，参考效果如图9-20所示。

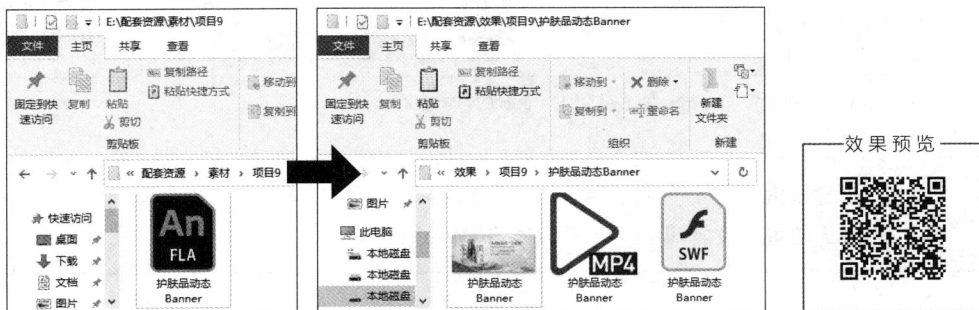

课堂练习

图9-20　发布和导出护肤品动态Banner的参考效果

素材位置： 素材\项目9\护肤品动态Banner.fla
效果位置： 效果\项目9\护肤品动态Banner\

综合实战　测试和发布鞋子动态Banner

米拉在处理某同事制作的鞋子动态Banner时，发现其主要动画形式为补间动画，并且场景图调整了亮度，造成动画文件较大，测试与发布的时间较长。在征得该同事的同意后，米拉准备根据测试结果优化动画，并将其发布和导出为JPEG格式和MP4格式的文件。

【实战描述】

实战背景	老洪在挑选展示到平台的优秀设计作品时，感觉某员工制作的鞋子动态Banner色彩鲜明，主题突出，动画形式简洁清爽，便将其添加到优秀设计作品清单中，让米拉负责测试、优化、发布与导出该设计作品
实战目标	① 发布和导出尺寸为1920像素×900像素，时长为4s，帧速率为24帧/秒，平台类型为ActionScript 3.0的动画文件
	② 通过测试和优化文件的操作，在尽量不改变画面视觉效果的前提下，减小动画文件
	③ 通过发布和导出文件的操作，导出符合要求的文件，并将这些文件放置在与动画名称一致的文件夹中
知识要点	"输出"面板、"测试"命令、"发布设置"对话框、"导出视频/媒体"命令

本实战的参考效果如图9-21所示。

图9-21　测试和发布鞋子动态 Banner 的参考效果

素材位置： 素材\项目9\鞋子动态 Banner.fla、活动文本 .png、鞋场景 .jpg
效果位置： 效果\项目9\鞋子动态 Banner\

【思路及步骤】

　　由于鞋子动态 Banner 文件平台类型的限制，可在文件的属性对话框里查看文件大小，然后从动画整体、色彩和元素3个方面入手减小动画文件；再设置发布设置参数来发布动画和导出 JPEG 格式的图像，最后再导出 MP4 格式的文件，如图9-22所示，参考步骤如下。

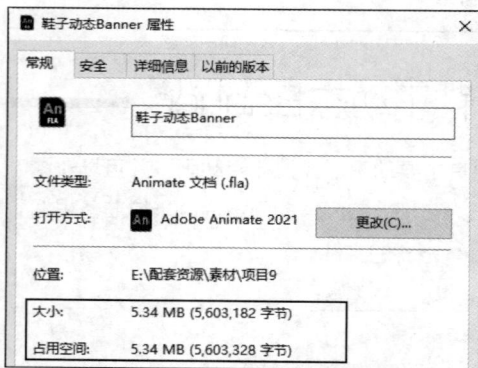

① 查看动画文件大小

② 替换场景图

③ 替换活动文本图像

图9-22　测试和发布鞋子动态 Banner 的思路

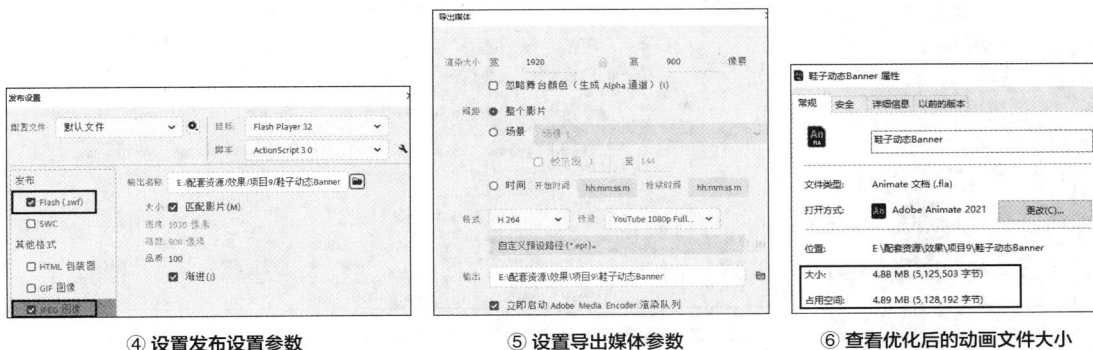

④ 设置发布设置参数　　　　⑤ 设置导出媒体参数　　　　⑥ 查看优化后的动画文件大小

图9-22　测试和发布鞋子动态Banner的思路（续）

（1）打开文件，按【Ctrl＋Enter】组合键以测试文件，如果正常打开一个窗口，表示可以正常加载动画，再查看"输出"面板，没有警告信息，表示整个动画过程无误。在Animate外部选择并查看该文件的属性，可知该文件的大小为5.34MB，可以适当减小文件。

（2）选择场景图，在"属性"面板中设置亮度为"0"，在"库"面板双击"鞋场景.jpg"图像素材前方的图标，打开"位图属性"对话框，导入已经调整好亮度的同名图像，通过删除色彩效果来减小文件。

（3）双击舞台中的活动文本图像，进入元件编辑窗口，删除文本图层，然后按照与步骤（2）相同的方法，导入已添加好文本的同名图像，以此减小文件，在舞台中调整位置后，返回主场景。

（4）将播放头移至最后一帧处，选择【文件】/【发布设置】命令，打开"发布设置"对话框，勾选"Flash（.swf）""JPEG图像"复选框，设置发布位置、品质等参数后，发布动画并导出动画最后一帧的图像。

（5）选择【文件】/【导出】/【导出视频/媒体】命令，打开"导出媒体"对话框，设置预设、输出等参数，等待导出进度条和Adobe Media Encoder渲染结束，返回Animate，关闭"导出媒体"对话框。

（6）保存文件，按照与步骤（1）相同的方法查看文件大小为4.88MB，已达到减小动画文件的目的。

课后练习　测试和发布网页横幅动画

　　某能源企业计划在官网中添加以"绿色环保"为主题的网页横幅动画，要求设计师完成动画效果的制作后，将其发布与导出为SWF格式的文件，并且动画文件较小，加载速度较快，以便传输和使用。设计师可使用"测试"命令评估动画，并根据评估结果来优化动画，如删除场景图的色彩效果、更换场景素材，以及将补间动画转换为传统补间动画等，然后设置发布设置参数，将其发布，再使用"导出影片"命令导出文件，参考效果如图9-23所示。

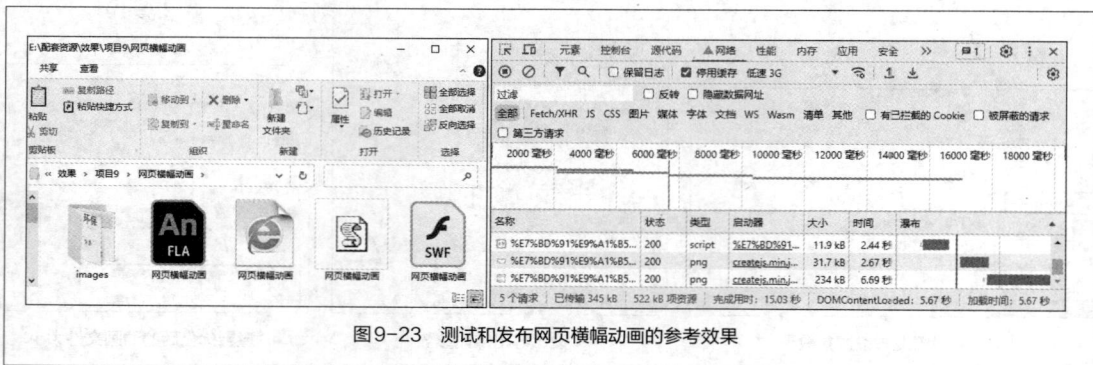

图9-23　测试和发布网页横幅动画的参考效果

素材位置： 素材\项目9\网页横幅背景.jpg、网页横幅动画.fla
效果位置： 效果\项目9\网页横幅动画

项目 **10**
商业设计案例

情景描述

　　自米拉加入公司以来，她的工作内容逐渐从与同事合作进行动画制作，变为独立完成动画制作，且每次的动画效果都让客户很满意。老洪认为米拉已经可以独自负责商业设计任务，于是便告诉她："你接下来将接触到更具商业性、实用性和创新性的设计任务。这些设计任务需要以客户需求为中心，需要制作更加精美的视觉效果、更加丰富的动画效果，这对提升个人设计水平有很大的帮助。"

案例展示

任务 10.1 "北极熊"动态表情设计

【案例背景及要求】

项目名称	"北极熊"动态表情设计	接受部门：人员	设计部：米拉
项目背景	"极地屋"是一个主营各类饮品的品牌，该品牌打造了一个象征纯洁、可爱和友善的北极熊形象，使其成为品牌标识，传达出该品牌的产品和服务能为消费者带来温暖和愉悦的体验，使品牌形象深入人心。为进一步推广品牌形象和饮品，该品牌决定推出基于北极熊形象制作的动态表情，并以此来测试消费者对添加了品牌形象和饮品图像的动态产品的接受度，以便后续推出一系列同题材的动态产品，提升品牌知名度		
基本信息	● 品牌名称：极地屋 ● 北极熊形象：白色的北极熊，象征纯洁、可爱和友善		
客户需求	● 北极熊的形象与品牌标识基本一致 ● 北极熊的动态表情具有亲和力，能传递友善和温暖的服务态度 ● 北极熊动态表情的内容能体现出该品牌的主营业务 ● 北极熊动态表情的内容能与消费者产生互动		
项目素材	图像素材： 品牌标识　　　奶茶		
作品清单	动画源文件和GIF文件各一份：尺寸为240像素×240像素，帧速率为24帧/秒，时长为1s，平台类型为ActionScript 3.0		

动态表情

知识补充

　　动态表情是一种可以表达情感和表情的动画，通常用于聊天应用程序。与传统的静态表情相比，动态表情可以包含动画效果，例如眨眼、微笑、摇头等，使表情更有趣、生动，更具互动性。动态表情可分为企业动态表情和个人动态表情。其中企业动态表情既可以增加员工对品牌的认同感，也可以对外宣传品牌形象；个人动态表情用于表达个人的情感和意图，以提高沟通的乐趣和表达的准确性。动态表情的长宽比常为1∶1，尺寸为120像素×128像素、240像素×240像素，大小不超过500KB，若是尺寸过大，上传到平台时通常会被压缩，导致画面细节丢失或模糊。

【案例分析及制作】

1. 案例构思

● **图像设计**。根据客户需求，北极熊的形象需要与品牌标识基本一致，因此，在设计过程中应先分析北极熊的形象，它主要由不规则图形、椭圆形和半圆组成，可使用不同绘图工具绘制对应部分，如使用钢笔工具绘制躯干，使用椭圆工具绘制耳朵、眼睛和腮红。此外，品牌标识添加了帽子、围巾、绿植等复杂装饰，可以将它们删除，使动态表情与品牌标识有所区别。

同时，为了避免画面单调，可为动态表情添加由椭圆形组成的草丛作为装饰，象征品牌饮品的健康和新鲜；在草丛上方添加棱角分明的红心图像，象征品牌真诚待人的企业文化；还可以在画面中增加一些直线，与画面中的多条曲线形成对比。

- **文本设计**。为了与消费者进行互动，可以在动态表情中添加"一起尝尝？"文本信息，向消费者发出邀请，拉近与消费者之间的距离，塑造亲和形象。同时，在选择字体时，选择笔画转折处比较圆滑的字体，以便更好地与北极熊外形特点适配，避免显得突兀。

- **色彩设计**。由于北极熊全身为白色，若继续使用白色作为背景色，则北极熊和背景将融为一体，无法突出北极熊形象。因此，可先为草丛填充绿色，再采用与草丛同色系但更淡的颜色作为背景色，同时绿色与奶茶的黄色互为类似色，能给人带来明亮、活泼和愉悦的感觉，符合品牌的理念。装饰物的填充色则采用与绿色互补的红色，并在北极熊中使用粉色，构建色彩的反差感，同时丰富北极熊的色彩，如图10-1所示。

#C8F8D4　#44B072
#FFFFFF　#FFE0E0
#FCC926　#FF0000
#181818

图10-1　动态表情色彩设计

- **动效设计**。可为北极熊设计一个挥舞手中奶茶的动作，以及微笑的表情，模拟店员向消费者打招呼的姿态，展现该品牌的亲和力，以及友善和温暖的服务态度。为红心图像设计缩放的动态效果，象征情感的起伏变化，传达出活力和生命力，为动态表情注入更多的情感和表现力。

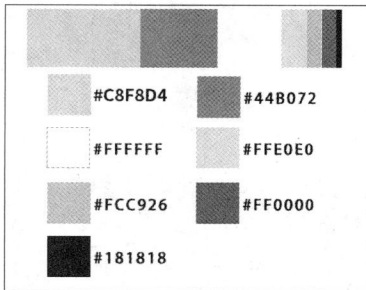

本案例的参考效果如图10-2所示。

图10-2　"北极熊"动态表情的参考效果

素材位置： 素材\项目10\"北极熊"动态表情\
效果位置： 效果\项目10\"北极熊"动态表情.fla、
　　　　　　"北极熊"动态表情.gif

效果预览

微课视频

"北极熊"动态表情设计

2．制作思路

制作动态表情时，可先导入参考图像到粘贴板，然后不断新建图层并使用绘图工具绘制第一张动态表情，使北极熊动态表情的各个组成部分分布在不同图层上，接着不断在每个图层上创建关键帧和元件，调整每帧中的图像和元件，运用逐帧动画和引导动画原理制作动态效果，最后将其导出为GIF格式的文件，制作过程参考图10-3～图10-10。

图10-3　绘制与编辑北极熊图形

图10-4　绘制装饰图形并调整图层

图10-5　输入文本　　　　图10-6　制作"浮动心"元件　　　　图10-7　复制与编辑"浮动心"元件

图10-8　插入并编辑关键帧（1）

图10-9　插入并编辑关键帧（2）

图10-10　插入并编辑关键帧（3）

设计素养　在设计动态表情时，应该准确地在作品中表达情感，考虑到表情的使用场景和受众群体。同时，还需要考虑到受众的多样性和包容性，避免出现争议内容或冒犯性内容，应遵守相关法律法规，不设计和传播具有粗俗含义的动态表情，给受众留下低俗、不专业的印象，引起受众反感和误解，降低动态表情的可接受性和应用性，从而对品牌形象和个人职业形象造成负面影响。

任务10.2　"阅元素"App 启动动效设计

【案例背景及要求】

项目名称	"阅元素"App 启动动效设计	接受部门：人员	设计部：米拉
项目背景	随着移动互联网的普及和数字阅读的兴起，人们对便捷、高效的阅读方式有了更高的需求。在这一背景下，一款专注于数字阅读的"阅元素"App 应运而生，该App 可以让用户随时随地开始和享受阅读。为了向用户展示"舒适生活、享受阅读乐趣"的品牌理念，以及该App 对于数字阅读的独特理念和热情，开发商准备制作App 的启动动效，引导用户进入愉悦而充满期待的数字阅读之旅		
基本信息	● App 定位：阅读软件 ● 动效主要内容：动态图像和文本 ● 品牌理念：舒适生活、享受阅读乐趣		
客户需求	● 能够引导用户进入App，图像能展示App 推崇享受阅读的内核 ● 动画效果具有舒适、享受阅读的氛围感，符合品牌理念 ● 布局简洁，视觉风格美观大气		
项目素材	图像素材： 地毯　　凳子　　花盆　　绿植　　人　　沙发　　手指　　蒸汽1　蒸汽2　蒸汽3　桌子		
作品清单	动画源文件和SWF 格式的动画各一份：尺寸为1080 像素 ×2160 像素，帧速率为24 帧/秒，平台类型为ActionScript 3.0，动画时长为3s		

【案例分析及制作】

1. 案例构思

- **图像设计**。根据客户需求，搜集人物在室内阅读书籍的图像素材，将其作为App启动界面的主要图像。通过人物手捧实体书的画面，传达出使用该App阅读的体验能与传统阅读方式相媲美。同时，通过添加家居、绿植等图像，营造舒适的阅读环境，使用户感觉到阅读是一种舒适的体验，从而激发读书兴趣。

- **文本设计**。为塑造简洁的布局风格，只需要添加少量的文本信息，展示App名称和该界面的作用。使用"阅元素 开启阅读"文本作为界面的文本内容，再使用黑色、规整、笔画略粗的字体，强调其存在感。

- **色彩设计**。饱和度较低的颜色通常给人一种平静、舒适和放松的感觉，能塑造成熟、沉稳和专业的形象，因此可选用蓝灰配色作为该界面的主要色系，与颜色较深的人物图像和文本信息形成对比。

- **布局设计**。由于App启动界面为横窄竖长的矩形，视觉中心在界面的中上区域，因此可将图像放在该区域，将文本放在界面中下区域。为避免界面下方空旷，可在该区域添加进度条图像和装饰图像，形成上图中文下图的布局样式，如图10-11所示。

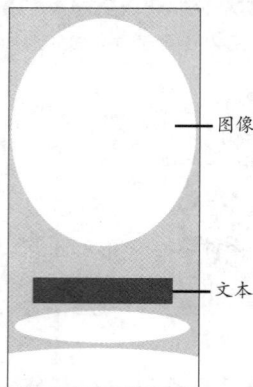

图10-11　App启动界面布局设计

- **动效设计**。动效可分为两种类型。一种是使用传统补间动画和遮罩动画的动画形式，为添加的图像和文本制作出场动效；另一种是使用补间形状动画和传统补间动画的动画形式，制作手指划过进度条的动效，通过该动效来指引用户进入App的首页。为了实现两种动效的自然衔接，可使第二种动效的开始时刻与第一种动效的结束时刻重合，而不是第一种动效结束后再出现。

本案例的参考效果如图10-12所示。

图10-12　"阅元素"App启动动效设计的参考效果

素材位置：	素材\项目10\"阅元素"App素材\
效果位置：	效果\项目10\"阅元素"App启动动效.fla、"阅元素"App启动动效.swf

2. 制作思路

制作App启动动效时，可先通过导入素材、输入文本和绘制图形等操作制作启动界面的大致画面，然后根据画面元素的作用将其分为进度条元素、家居元素、人物元素、文本与装饰元素，再分门别类地逐步制作出场动效和手指划过进度条动效，制作过程参考图10-13～图10-20。

图10-13　导入并编辑素材　　　图10-14　输入文本　　　图10-15　绘制图形

图10-16　在元件内部制作进度条读取动效

图10-17　在元件内部制作手指划过进度条动效

图10-18　制作家居图像的出场动效

图 10-19　制作人物图像的出场动效

图 10-20　制作文本和装饰图像的出场动效

任务 10.3　茶叶网页动态 Banner 设计

【案例背景及要求】

项目名称	茶叶网页动态 Banner 设计	接受部门：人员	设计部：米拉
项目背景	在春季新茶上市的重要营销节点到来之际，某家主要经营茶叶销售的企业准备开展以"春风十里茶飘香"为主题的上新活动。该企业计划在此时期更换官网首页中的Banner，以配合营销。为了确保 Banner 能准时准点地发布，并提前为上新活动做好准备，现需要设计师制作一款效果精美的动态 Banner		
基本信息	• 上新活动信息：实付满 300 元立减 40 元，实付满 500 元立减 100 元，活动时间为 3 月 10 日—3 月 27 日 • 主题：春风十里茶飘香		
客户需求	• 呈现茶田在春季的自然风光，具有生机盎然之意 • 画面中表现采茶人亲手采摘茶叶 • 风格雅致，具有我国传统文化元素 • 动态效果自然、真实、细腻		

项目素材	图像素材： 采茶人　　茶田　　茶叶丛　　茶叶丛2　　单茶叶　　　水汽 文本框　　宣传语　　叶子
作品清单	动画源文件和发布文件各一份：尺寸为1920像素×900像素，帧速率为24帧/秒，时长为5s，平台类型为HTML5 Canvas

【案例分析及制作】

1. 案例构思

- **图像设计**。根据客户需求，搜集一张身着民族服饰、头戴斗笠和腰绑竹筐的采茶人图像，再搜集茶田、茶叶丛等图像，并将其汇总成一幅春日里采茶人在茶田中采摘茶叶的画面，以此作为网页动态Banner的主要画面。

- **文本设计**。网页动态Banner的文本信息包括主题文本和活动文本，可采用不同的字体和字体颜色进行区分。例如，主题文本可使用黑色的毛笔字体，笔画肆意潇洒，展示传统文化；活动文本可使用绿色的黑体字体，笔画规整稳健，彰显活动信息的正式性，并添加文本框来区分背景图像、活动文本。

- **色彩设计**。为了营造春日景象并突出茶叶的绿色，可使用不同饱和度的绿色作为网页动态Banner的主要颜色。同时，人物衣服的蓝色穿着与绿色形成对比，可以突显人物。另外，黑色在绿色和蓝色的衬托下会更加引人注目，使消费者迅速看到此次营销活动的主题。

- **布局设计**。为了展现较多的图像，可将文本置于画面的左上方，图像主要集中在右侧和下方，带给消费者整齐、统一的感觉，如图10-21所示。

文本　　　　　　　　　　　　　　图像

图10-21　网页动态Banner布局设计

- **开场和结尾动画设计**。为吸引消费者的视线，开场动画可以利用摄像头动画先展示采茶人采摘茶叶的手部特写，再通过缩小和移动画面，切换到中景，达到转换画面布局的目的，及时展现文本。结尾动画需要将画面中的元素调整为最终效果，可通过摄像头动画展示画面的近景，使整个画面呈现从特写到中景再到近景的景别变化，并通过设置图层深度营造画面的空间感，让整个动画效果更加真实。

- **主体动画设计：** 为了展现茶田的自然风光和盎然生机，可设计一阵春风吹过导致茶叶飞舞、茶叶丛微倾斜、云雾移动的动态效果，为整个动画添加自然、生动的感觉；为了让采茶人采摘茶叶的效果更加逼真，可为人物图像和手中的茶叶图像添加骨骼，制作出采茶人从茶叶丛中采摘新鲜茶叶的动画效果；为主题文本制作逐字出现的动画效果，同时为了让两处文本的动画具有承接效果，可以让活动文本从主题文本下方出现，使整个动画效果更加连贯、流畅，增强视觉冲击力。

本案例的参考效果如图10-22所示。

图10-22　茶叶动态网页Banner的参考效果

素材位置： 素材\项目10\茶叶网页动态Banner
效果位置： 效果\项目10\茶叶网页动态Banner

效果预览

2. 制作思路

制作网页动态Banner时，可先将部分素材导入舞台完成布局，再根据制作需要添加文本和其他素材。然后使用舞台中的元素依次制作茶叶飞舞、云雾移动、主题文本和活动文本出场、人物采茶等动画，以不同形式的动画丰富画面的动态效果。最后使用摄像头动画来调整画面的景别，使镜头一开始聚焦在人物的手部，逐渐变为画面的中景、近景，制作过程参考图10-23 ~ 图10-30。

微课视频

茶叶网页动态
Banner设计

图10-23　导入素材并布局画面

图10-24　创建与编辑文本元件

图10-25　制作茶叶飞舞动画效果

图10-26　制作云雾移动动画效果

图10-27　制作主题文本出场动画效果

图10-28　制作活动文本出场动画效果

图10-29　制作人物采茶动画效果

图10-30　制作切换景别动画效果

任务10.4　"几何艺术展"动态海报设计

【案例背景及要求】

项目名称	"几何艺术展"动态海报设计	接受部门：人员	设计部：米拉
项目背景	某艺术中心一直致力于推广和展示优秀的艺术作品，近期该艺术中心将举办"几何艺术展"，让游客见证线条和形状的交错之旅。为了更好地展现这种独特的艺术风格，该艺术中心计划制作一版动态海报，通过这种形式生动地展现几何艺术的魅力。同时，动态海报也将发布在各大社交媒体中，用于吸引更多游客前来观展，提高艺术展的知名度和影响力		
基本信息	● 理念：线条和形状的交错之旅 ● 地点：成都市的×××艺术中心 ● 时间：2024年1月24日至3月17日		
客户需求	● 具有现代主义设计风格，画面元素与理念相契合 ● 动态效果生动、新颖，能够展示几何图形的美感 ● 海报视觉效果美观、布局合理		
项目素材	图像素材： 不规则　　　　月牙		
作品清单	动画源文件和GIF动图文件各一份：尺寸为900像素×1600像素，帧速率为24帧/秒，时长为3s，平台类型为ActionScript 3.0		

【案例分析及制作】

1. 案例构思

● **图像设计**。根据艺术展的主题，在海报中绘制常见的圆形、五边形等图形，再添加一些月牙状和不规则的图形，以丰富画面。另外还可以绘制一些曲线和直线，并通过直线构成矩形，以呼应"线条和形状的交错之旅"的艺术展理念。

● **文本设计**。为了简化画面元素，文本需要展示艺术展理念、举办时间和地点，以及艺术展名称等关键信息，可选用较粗的字体和黑色，以强调关键信息。

- **色彩设计**。现代主义设计风格追求独特的视觉效果，为提升海报中图像的吸引力、层次感和个性，可以运用渐变颜色。例如，可以选择红蓝、蓝紫、橙红等渐变颜色，使图像呈现柔和而流畅的色彩过渡效果，在视觉上更加丰富多彩。此外，为了在视觉上形成统一感，可以为部分艺术展名称文本使用与几何图形相近的颜色。

- **布局设计**。使用中心布局，将艺术展名称、举办时间和地点文本放在海报的中下区域，使核心内容更加显眼，然后在其四周放置图像，在海报右上角放置艺术展理念文本。同时为了平衡画面，在海报左下方放置艺术展名称的拼音文本。这种布局方式可以给人稳定、整齐的感觉，使游客感到舒适和愉悦，同时文本信息清晰明了，游客可以快速找到所需的内容，如图10-31所示。

图10-31 动态海报布局设计

- **变形动画设计**。通过制作变形动画效果来展示几何图形的魅力，如将弧形变形为五边形，将曲线变形为直线等，并且随着外形的变换，自身的颜色也随之变换，展现几何图形的多样性，从而吸引游客的注意力。

- **装饰动画设计**。装饰动画主要为海报中心区域的图像制作动画效果，通过缩放、位移、旋转等多种形式，增添动画效果的趣味性，使游客的视线集中在中心区域，为文本动画的出现做铺垫。另外，这种小幅度的动画效果还能够保持海报原有的布局，避免破坏画面的美感。

- **文本动画设计**。由于文本被放置在3个区域，且重要程度各不相同，因此可为处于中心区域的文本设计新颖的动画效果，用于吸引游客的目光，勾起其好奇心；为位于右上方的理念文本制作从顶部逐字出现的动画效果，以呼应该文本的竖排布局；为左下方的艺术展名称的拼音文本制作渐显的动画效果，增加游客的期待感，从而达到再次强调艺术展名称的目的。

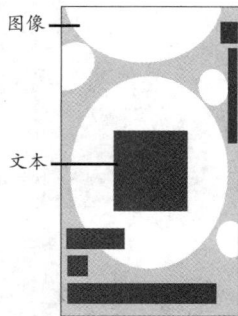

效果预览

本案例的参考效果如图10-32所示。

图10-32 "几何艺术展"动态海报设计的参考效果

素材位置： 素材\项目10\"几何艺术展"动态海报设计\
效果位置： 效果\项目10\"几何艺术展"动态海报.fla、
"几何艺术展"动态海报.gif

微课视频

"几何艺术展"动态海报设计

209

2. 制作思路

在制作动态海报时，可先使用形状工具组和"颜色"面板来绘制渐变图形，再导入素材和输入文本来布局海报，然后按照变形动画、装饰动画、中心文本和其他文本的顺序依次使用对应的元素来制作，制作过程中可结合补间形状动画、传统补间动画、遮罩动画等动画形式来设计动态效果，制作过程参考图10-33～图10-40。

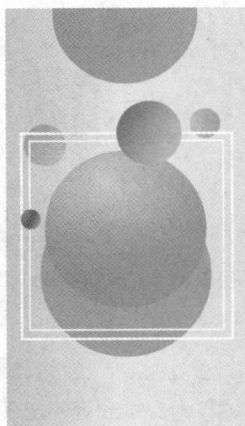

图10-33　绘制图形　　　　图10-34　导入与编辑图像　　　　图10-35　输入与编辑文本　　　　图10-36　绘制曲线

图10-37　制作顶部和底部图形的变形动画效果

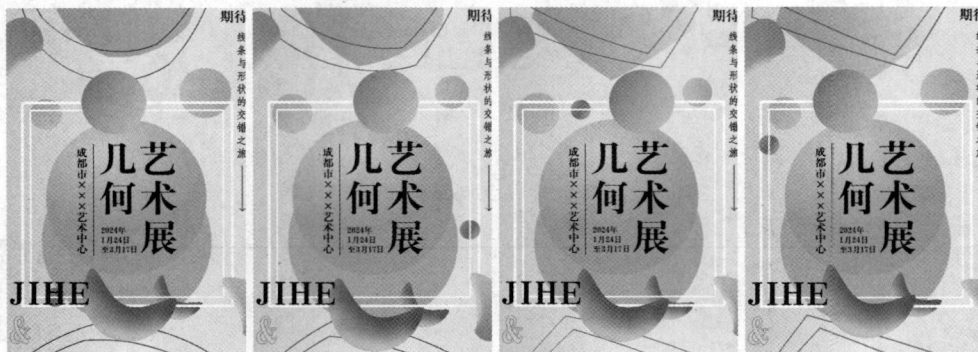

图10-38　制作装饰图形的移动动画效果

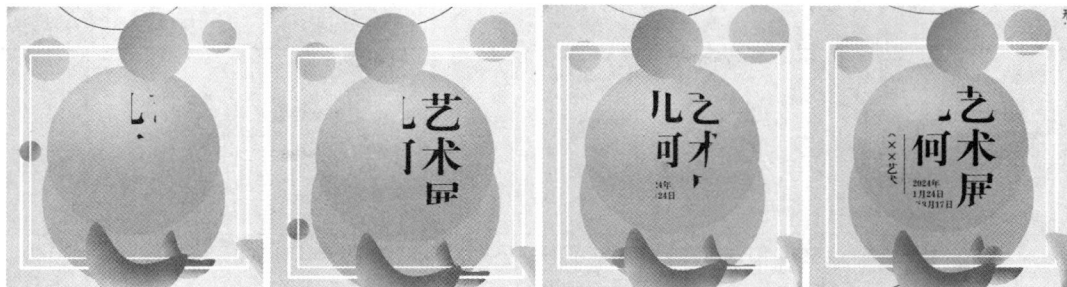

图10-39　制作中心文本的出场动画效果

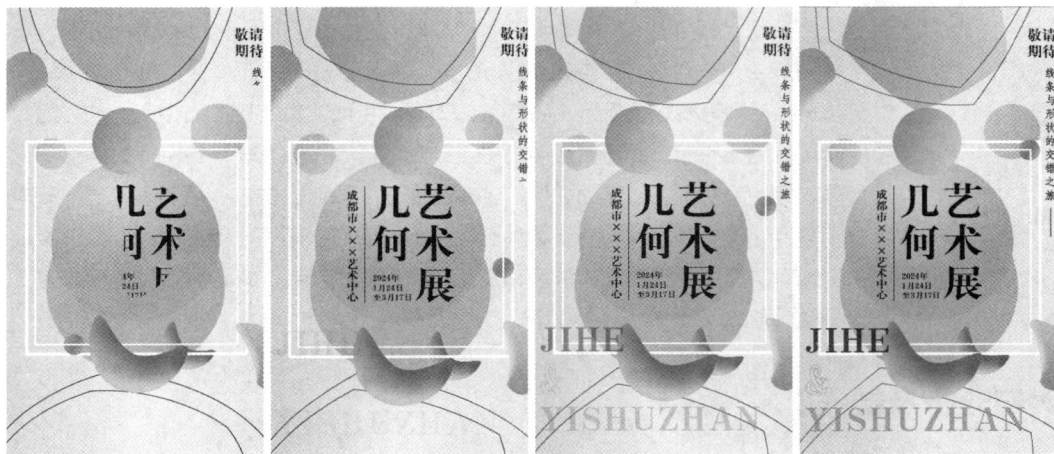

图10-40　制作其他文本的出场动画效果

任务10.5　促销活动弹窗广告设计

【案例背景及要求】

项目名称	促销活动弹窗广告设计	接受部门：人员	设计部：米拉
项目背景	某电商平台意识到提高消费者对平台活动的关注度对于业务发展至关重要，恰逢春节这一重要营销时期，该电商平台决定举办一场盛大的促销活动。为了引导消费者参与活动，计划在平台中插入促销活动弹窗广告，向消费者发放50元的优惠券，传达促销活动的信息和优惠福利，增加消费者参与活动的可能性，进而带来可观的商业回报		
基本信息	• 促销优惠：50元优惠券 • 促销活动名称：庆新年 领优惠		
客户需求	• 动态效果能够指引消费者领取优惠券 • 视觉效果美观，能够渲染促销活动氛围 • 内容精简、重点突出		

续表

项目素材	图像素材： 红包　　金币1　　金币2
作品清单	动画源文件和SWF文件各一份：尺寸为1080像素×1600像素，帧速率为24帧/秒，时长为3s，平台类型为ActionScript 3.0

弹窗广告

知识补充

弹窗广告是一种在网页或应用程序中以弹窗形式显示的广告，包含图像、文本、动画和视频等多媒体元素。与传统的横幅广告或文本链接广告相比，动态的弹窗广告具有更强的视觉冲击力和更高的互动性。通过按钮、表单或倒计时等互动元素，可以促使消费者参与互动或执行特定的操作，如点击广告、填写表单或下载应用程序等。为了提供良好的消费者体验，弹窗广告应该遵循一定的原则，如适度控制弹窗频率、提供关闭广告的选项和避免过度干扰消费者等。这样可以确保广告既能吸引消费者的注意力，又不会带来过多的困扰。

【案例分析及制作】

1. 案例构思

● **图像设计**。根据活动意图，可以将红包和金币的组合图像作为弹窗广告的主体图像，将两者巧妙地融合在一起，可向消费者传达参与活动的好处。这样不仅能够吸引消费者，还能够让他们联想活动带来的实际利益。

● **文本设计**。弹窗广告中可添加促销活动名称文本、促销优惠文本，以及用于提示消费者领取优惠券的文本，并通过添加文本框来美化文本。其中促销活动名称文本和促销优惠文本可使用较大、笔画较粗的字体，以进行强调；提示文本可使用中等大小、较为纤细的字体，使其与其他文本在视觉上有所区别。

● **色彩设计**。为渲染活动氛围，以及迎合活动主题，可为弹窗广告使用红橙黄配色，为设计注入活力和热情，并传递积极的情绪，同时营造喜庆的氛围，如图10-41所示。

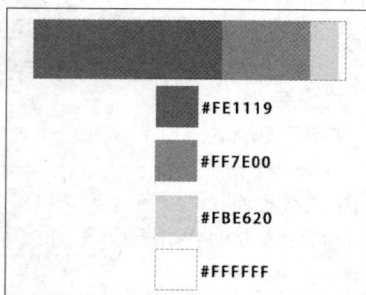

	#FE1119
	#FF7E00
	#FBE620
	#FFFFFF

图10-41　促销活动弹窗广告的色彩设计

- **布局设计**。使用中心布局，将主体图像放置在中心位置，将促销活动名称文本和促销优惠文本放在其上方，将提示文本放在主体图像下方，并使其与图像融为一体。

- **动画设计**。本例弹窗广告动画设计的核心是为各个组成部分设计出场效果，以及为出场后的部分元素增添动画效果，使弹窗广告在整个展示期都具有动画效果。在设计动画效果时，可以运用不同形式的动画。例如，使用传统补间动画、遮罩动画和引导动画设计各个组成部分的出场动画效果；使用补间动画设计金币掉落动画效果；使用逐帧动画设计提示文本框的变色效果，有效地吸引消费者的注意力，从而达到提示其领取优惠券的目的。

本案例的参考效果如图10-42所示。

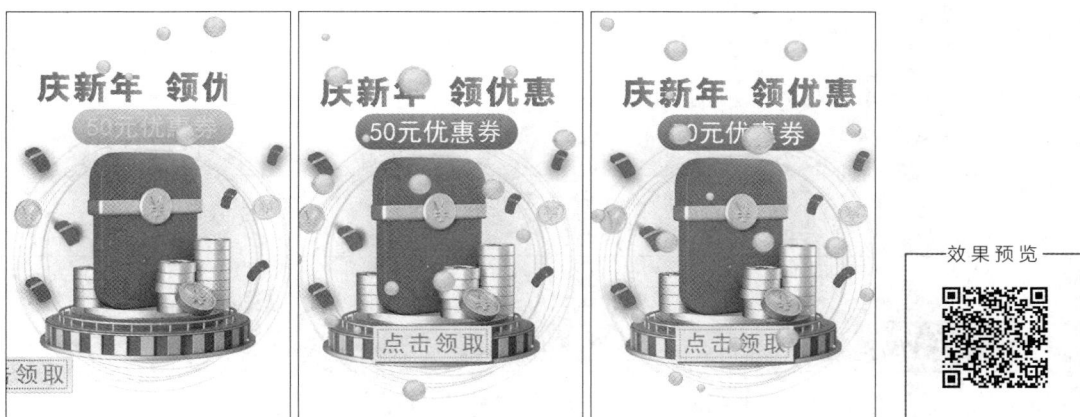

图10-42 促销活动弹窗广告设计的参考效果

素材位置： 素材\项目10\促销活动弹窗广告设计\

效果位置： 效果\项目10\促销活动弹窗广告设计.fla、促销活动弹窗广告设计.swf

2. 制作思路

制作促销活动弹窗广告时，可先导入素材并添加文本，然后通过创建与编辑元件，依次为促销活动弹窗各个组成部分制作出场动画效果和其他动画效果，如为主图制作渐显、旋转、缩放三者结合的动画效果，为活动名称文本制作逐字出现的动画效果等，以多种动画效果来丰富画面的视觉效果，制作过程参考图10-43 ～图10-51。

微课视频

促销活动弹窗广告设计

图10-43 导入素材

图10-44 输入文本

图10-45 创建与编辑元件

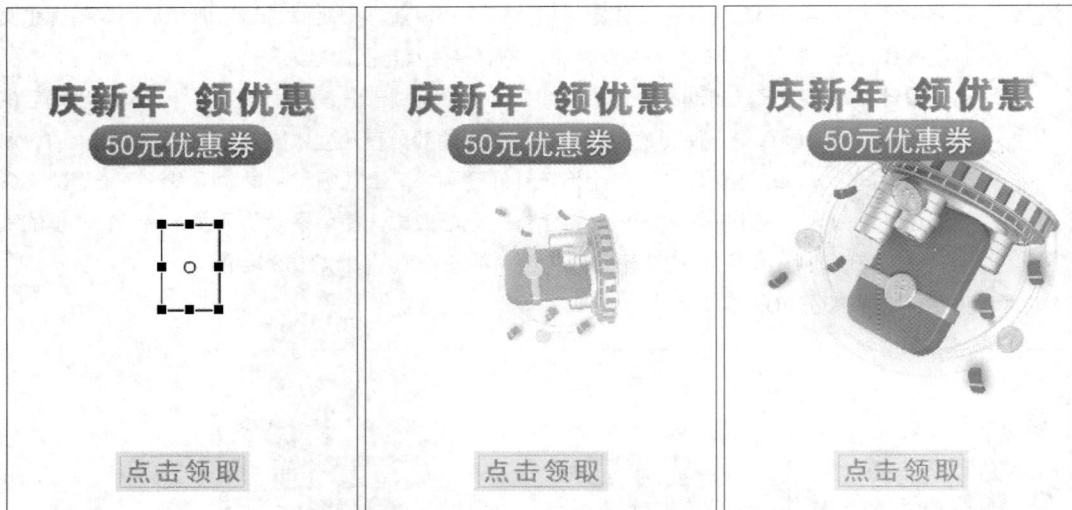

图10-46 制作主图的出场动画效果

图10-47 制作活动名称文本的出场动画效果

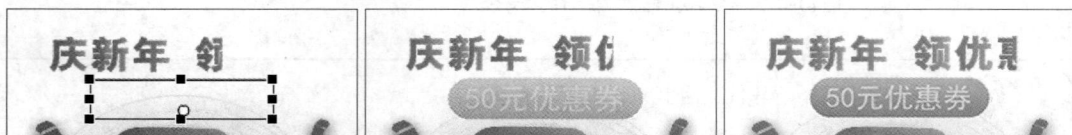

图10-48 制作促销优惠文本的出场动画效果

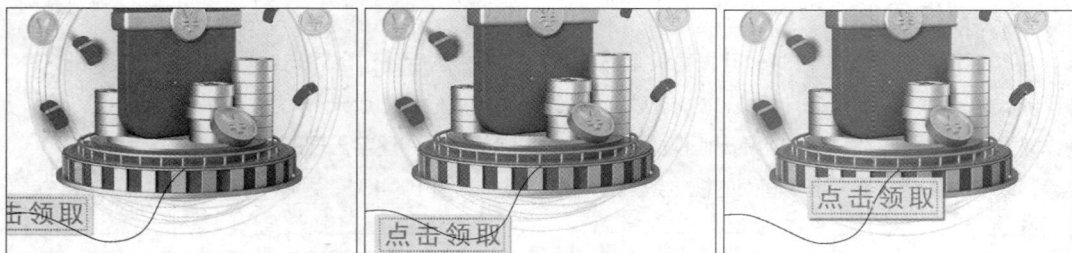

图10-49 制作提示文本的出场动画效果

图10-50 制作提示文本框的变色效果

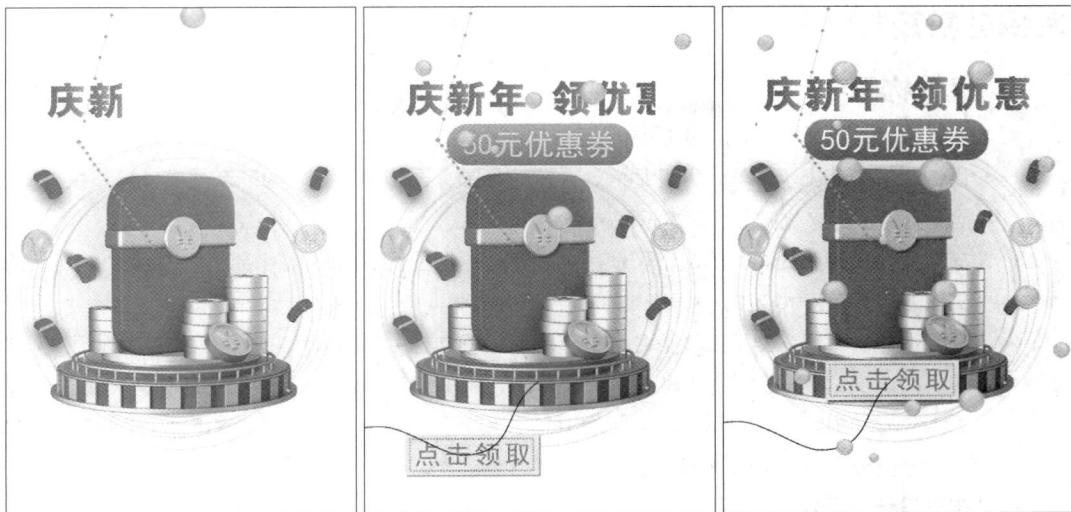

图10-51 制作金币掉落的动画效果

任务10.6 《影幕千秋》节目片头动画设计

【案例背景及要求】

项目名称	《影幕千秋》节目片头动画设计	接受部门：人员	设计部：米拉
项目背景	某文化公司计划推出一档以《影幕千秋》为名称的节目，旨在介绍皮影戏这一非物质文化遗产的历史沿革与发展现状。该公司需要设计师为该节目设计片头动画，让观众在短时间内对节目的核心内容有所了解，并激发他们对节目的观看欲望，同时提高节目的观赏性		
基本信息	● 节目名称：影幕千秋 ● 节目副标题：非遗皮影戏文化 ● 主体图像：皮影		
客户需求	● 背景声音风格与画面视觉效果相适配，听觉感受较佳 ● 动画中展示皮影的各种姿态，动作流畅 ● 视觉效果美观，采用水墨风格，动画效果多样		
项目素材	图像素材： 		
作品清单	动画源文件和MP4文件各一份：尺寸为1280像素×720像素，帧速率为24帧/秒，时长为4s，平台类型为ActionScript 3.0		

【案例分析及制作】

1. 案例构思

- **图像设计**。由于提供的皮影图像具有古典风格特点，因此可使用水墨风格的图像作为背景，通过背景中的山水元素，营造恬静、含蓄的氛围。再使用梅花作为装饰图像，为节目片头动画增添更多的文化内涵和艺术价值。

- **文本设计**。片头动画中的文本可使用书法字体，与图像的水墨风格相适配，更好地呈现传统文化的韵味和艺术特点。

- **色彩设计**。背景主要采用浅蓝色，营造清新宁静之感，并更好地衬托画面中的其他元素；梅花图像以浅红色系为主，与蓝色背景形成反差；文本以黑色为主、红白色为辅，更显庄重、深沉，与水墨风格相适配；皮影图像以红黑色为主，可分别与梅花、文本色彩相呼应，同时表现出皮影戏的神秘和独特。

- **布局设计**。观众的视线常聚焦于画面的中上区域，为此可将文本置于这一区域，以便更好地展示节目名称。另外，为凸显皮影图像的主体地位，可以较大尺寸将其放置在画面的中下区域，进一步吸引观众视线，如图10-52所示。

图10-52　节目片头动画的布局设计

- **主体图像的动画设计**。皮影戏的主角通常为人物，这是因为在皮影戏中，人物具有表演和传达故事情节的重要作用。皮影戏表演者通过操控人物的四肢与各个关节，可以流畅地展示人物的跑动、行走等动态，以推进剧情。因此，该片头可结合骨骼动画，为皮影图像设计行走的动态效果，以展示皮影戏独特的表演形式。

- **其他元素的动画设计**。为梅花图像制作摇动的动画效果，再制作花瓣飞舞的动画效果，展示美丽景象，增加观众的沉浸感。为文本制作渐显、缩放、旋转三者合一的出场动画，增加视觉冲击力。为整个片头动画制作由特写切换到全景的动画效果，提升片头动画的艺术表现力和观赏价值。

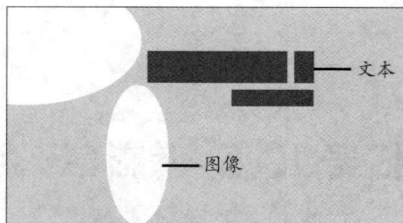

效果预览

本案例的参考效果如图10-53所示。

图10-53　《影幕千秋》节目片头动画设计的参考效果

素材位置： 素材\项目10\《影幕千秋》节目片头动画设计

效果位置： 效果\项目10\《影幕千秋》节目片头动画设计.fla、《影幕千秋》节目片头动画设计.mp4

2．制作思路

制作片头动画时，可按照时间顺序逐步制作，先导入并调整图像素材，然后使用文本工具输入节目名称和副标题，并将其转换为元件进行编辑，再导入皮影图像，大致布局出完整的画面。接着为画面中的各个元素制作动画效果，如树枝摇动、花瓣飞舞、文本信息出场等，制作过程参考图10-54～图10-63。

微课视频

《影幕千秋》节目
片头动画设计

图10-54　导入并调整图像素材

图10-55　输入文本信息

图10-56　创建与编辑文本信息元件

图10-57　导入与调整皮影图像

图10-58　制作梅花树枝的摇动效果

图10-59　制作花瓣飞舞的动画效果

图10-60　制作文本信息的出场动画效果

图10-61　制作皮影人物行走的动画效果

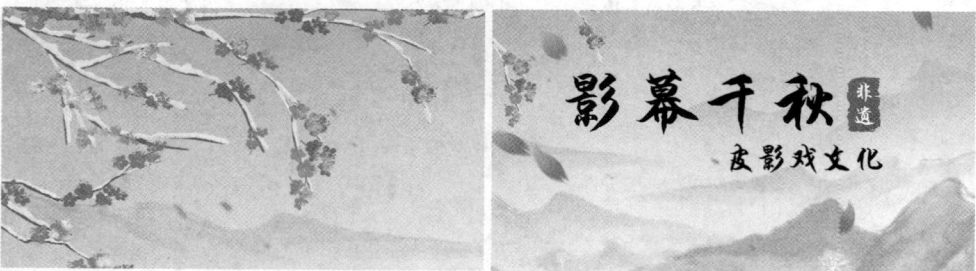

图10-62　制作不同景别的动画效果

图10-63　添加与编辑背景声音

任务10.7　"科幻城市" MG动画设计

【案例背景及要求】

项目名称	"科幻城市" MG动画设计	接受部门：人员	设计部：米拉
项目背景	某游乐园新开了一个以"科幻城市"为主题的园区，园区内设有许多创新的科技设施和场景，让游客能够身临其境地感受到未来科技的魅力和无限可能性。为了打造更加浓厚的科幻氛围，该游乐园现需要设计师制作一个MG动画，打算将其投放到园区入口处的屏幕上进行播放，以展示园区的主题，并营造逼真的科幻氛围，帮助游客更好地融入这个"科幻城市"		

基本信息	● MG动画主题：科幻城市 ● 核心内容：展示未来科技的魅力，欢迎游客前来游玩
客户需求	● 呈现一个虚幻而充满先进科技的城市 ● 具有未来、奇幻、浪漫等氛围，以及沉浸式体验效果 ● 视觉效果美观，声音效果与画面风格相契合
项目素材	图像素材： 飞行器　　　　　　　　城市素材
作品清单	动画源文件和MP4文件各一份：尺寸为1280像素×720像素，帧速率为24帧/秒，时长为7s，平台类型为ActionScript 3.0

【案例分析及制作】

1. 案例构思

● **图像设计**。由于动画主题为科幻城市，因此可以搜集城市素材和各种高科技的飞行器素材来展现科幻的场景。为了表现人类与自然和谐相处，可以添加鸟图像。人类多次登月展示出了科技的重大进步，因此月亮也可作为一个象征未来的重要符号，将其添加到画面中。

● **文本设计**。在动画中添加园区名称和欢迎游客等文本，并为文本使用笔画较为圆润的字体，表现柔和、温馨的感觉，让游客仿佛置身于一个充满人情味、温馨舒适的环境。

● **色彩设计**。紫红配色具有神秘、浪漫和科技等特性，因此可使用紫红色作为天空的颜色，创造出具有吸引力和激情的美学情感。同时，为外围建筑使用黑色，显得沉稳可靠，为内围建筑使用紫色，与天空色彩搭配和谐；为月亮使用饱和度较高的黄色，提升画面的亮度和活力；为鸟和各种飞行器使用白、蓝、橙、紫等颜色，作为画面的点缀色，以丰富画面的色彩，体现科幻城市的生命力。

● **布局设计**。将文本置于画面的中下区域，作为画面的分界线，并且在该区域放置内围建筑图像。在文本上方放置月亮、各种飞行器和鸟图像，在文本下方放置外围建筑图像，画面布局平衡且丰富，如图10-64所示。

图10-64　MG动画的布局设计

● **天空动画设计**。为营造科幻城市的神秘感，可设计飞行器外形的遮罩，以制作天空图像的遮罩动画。

● **主体动画设计**。在天空动画的持续过程中，可以呈现主体动画，通过制作建筑物、月亮、飞行器、鸟图像的出场动画，展示科幻城市的外貌。同时通过鸟与飞行器同时在天空中近距离飞行，展示科幻城市的科技水平。

● **文本动画设计**。文本动画可在城市场景展示完毕后出现，其内容包括文本主体动画和文本装饰动画。可为文本主体设计从画面中央逐渐展开的动画效果，同时设计具有朦胧效果的文本装饰动画，增强文本的层次感。

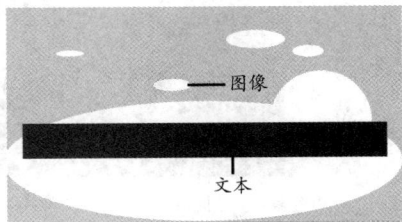

本案例的参考效果如图10-65所示。

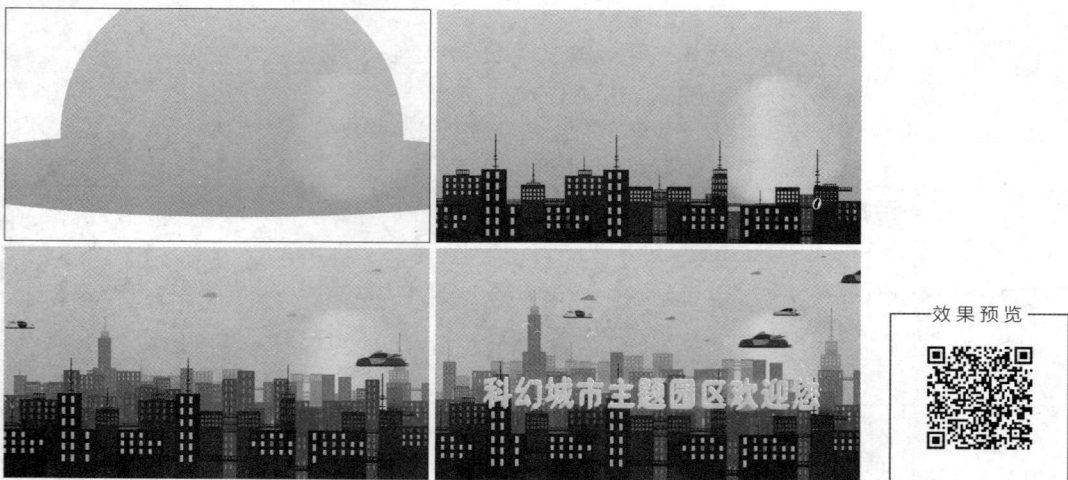

图10-65 "科幻城市"MG动画设计的参考效果

素材位置： 素材\项目10\"科幻城市"MG动画设计\

效果位置： 效果\项目10\"科幻城市"MG动画设计.fla、"科幻城市"MG动画设计.mp4

2. 制作思路

制作MG动画时，可先打开素材文件、导入素材，为大部分素材创建与编辑元件，再使用椭圆工具和遮罩层制作天空图像出场的遮罩动画；然后依次为城市元件、鸟元件、飞行器元件制作出场动画，组成主体动画；接着输入与编辑文本，复制文本图层制作文本动画效果；最后添加背景声音素材，制作过程参考图10-66 ~图10-73。

图10-66 打开文件并导入素材

图10-67 创建与编辑元件

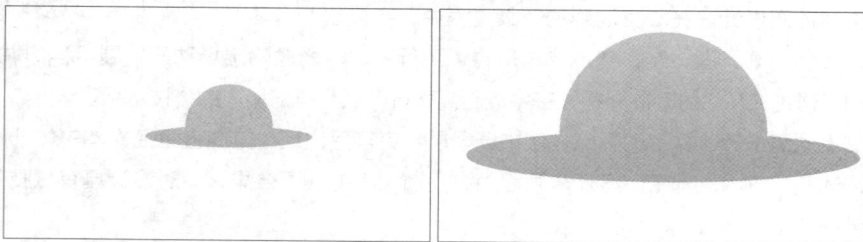

图10-68 制作背景出场动画效果

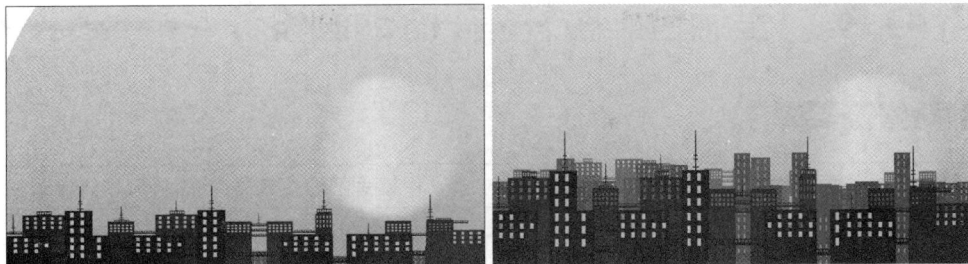

图10-69　制作城市出场动画效果

图10-70　制作鸟飞行动画效果

图10-71　制作飞行器出场动画效果

图10-72　制作文本出场动画效果

图10-73　添加背景声音素材

任务10.8 "爱俪包"拉杆箱H5动画设计

【案例背景及要求】

项目名称	"爱俪包"拉杆箱H5动画设计	接受部门：人员	设计部：米拉
项目背景	爱俪包是一家集研发、生产、销售、物流于一体的箱包企业，产品线涵盖拉杆箱、背包、单肩包和户外背包等百余种品类，能满足消费者多样化的出行需求。为不断提升产品的种类，现推出一款蓝色的拉杆箱，需要设计师制作H5动画进行宣传推广		
基本信息	• 主题图像：人物、狐狸和拉杆箱 • 产品特色：坚固耐磨，可用时间长 • H5页面页数：6页，第1页为首页、第2～5页为内页、第6页为尾页		
客户需求	• 展示拉杆箱的不同面 • 动画内容能与消费者产生情感共鸣 • 消费者能自行控制H5动画的播放 • 使用水彩插画风格，视觉效果美观		
项目素材	图像素材： 草　草坪　狐狸　内页背景1　内页背景2　内页背景3　热气球 狐狸和人物形象　手　箱包　小王子　星空背景　行李箱　星球		
作品清单	动画源文件和HTML文件各一份：尺寸为640像素×1150像素，平台类型为ActionScript 3.0		

H5动画

知识补充

　　H5是HTML5的缩写，而HTML5是第5代超文本标记语言（Hyper Text Markup Language）。此处的H5动画中的H5一词并不是指HTML5本身，而是指运用HTML5制作的页面效果。通过HTML5能够独立完成视频、音频等的制作，制作出来的动画不仅有较好的视听效果，而且因其灵活性高、开发成本低、制作周期短、可操作性与互动性强、展现方式多样、表现形式丰富等特性广受欢迎。

【案例分析及制作】

1. 案例构思

- **图像设计**。将首页和尾页设计为人物与狐狸一起带着拉杆箱周游世界的画面，为加强整体性，首页和尾页背景可采用相同的星空图像。内页则采用西安和北京等知名旅游城市的自然风光或代表性建筑图像作为背景，并通过在内页和尾页添加相同的热气球图像，增强内页与尾页内容的关联性。

- **文本设计**。使用可以展现广告主题和情感的文本作为文案，可使用笔画圆润、卡通风格的字体，与插画风格的图像相适配。另外，使用较大的字体，可以让观众更易识别内容。

- **布局设计**。6页H5页面使用相同的布局，可加强画面的统一性。通常情况下，H5页面是一个宽度小于高度的矩形。由于文本字数较少，可将文本放置在页面的顶部区域，以提高其存在感；而幅面较大的图像则铺满整个页面，使图像的天空区域位于页面的顶部区域，主要图像则位于页面的中部和底部区域；按钮放置在页面右下角，这样既不遮挡图像和文本，又符合消费者的操作习惯，如图10-74所示。

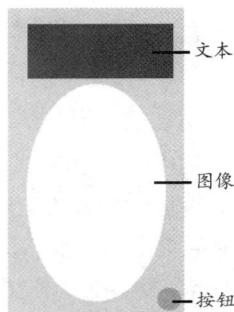

图10-74 H5动画的布局设计

- **色彩设计**。白色能够带来温和、纯粹、纯真的感觉，当其配合饱含真情的文本时，可以提升感染力。

- **跳转动画设计**。跳转动画的设计核心为页面跳转，单击第1页～第5页的控制按钮可以实现跳转到下一页的动画效果，单击第6页的控制按钮可以重新回到第1页，以便重新浏览H5动画。另外，实现页面的跳转需要控制第1帧不自动播放，这些需要通过添加脚本代码来实现。

- **鼠标指针跟随动画设计**。为了提示消费者通过单击控制按钮来实现页面的跳转，可通过添加脚本代码，将鼠标指针替换为手指点击样式的图像，并制作鼠标指针的跟随动画效果，提升H5动画的精致度，让消费者能感受到动画的精心设计，传达企业的诚意，从而提升消费者对该企业的好感度。

本案例的参考效果如图10-75所示。

图10-75 "爱俪包"拉杆箱H5动画设计的参考效果

素材位置： 素材\项目10\"爱俪包"拉杆箱H5动画设计\

效果位置： 效果\项目10\"爱俪包"拉杆箱H5动画设计\

2. 制作思路

制作H5动画时，可分图层添加不同类型的内容，制作出6页面的具体画面后，再制作控制按钮元件和鼠标指针跟随效果的影片剪辑元件，并分别为它们设置实例名称，最后为不同帧和元件添加脚本代码，实现页面的跳转效果，制作过程参考图10-76～图10-80。

微课视频

"爱俪包"拉杆箱
H5动画设计

图10-76　制作不同页面的画面

图10-77　创建与编辑下一页按钮元件

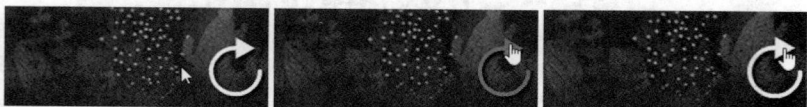

图10-78　创建与编辑返回按钮元件

内容的关联性。

- **文本设计**。使用可以展现广告主题和情感的文本作为文案，可使用笔画圆润、卡通风格的字体，与插画风格的图像相适配。另外，使用较大的字体，可以让观众更易识别内容。

- **布局设计**。6页H5页面使用相同的布局，可加强画面的统一性。通常情况下，H5页面是一个宽度小于高度的矩形。由于文本字数较少，可将文本放置在页面的顶部区域，以提高其存在感；而幅面较大的图像则铺满整个页面，使图像的天空区域位于页面的顶部区域，主要图像则位于页面的中部和底部区域；按钮放置在页面右下角，这样既不遮挡图像和文本，又符合消费者的操作习惯，如图10-74所示。

图10-74 H5动画的布局设计

- **色彩设计**。白色能够带来温和、纯粹、纯真的感觉，当其配合饱含真情的文本时，可以提升感染力。

- **跳转动画设计**。跳转动画的设计核心为页面跳转，单击第1页～第5页的控制按钮可以实现跳转到下一页的动画效果，单击第6页的控制按钮可以重新回到第1页，以便重新浏览H5动画。另外，实现页面的跳转需要控制第1帧不自动播放，这些需要通过添加脚本代码来实现。

- **鼠标指针跟随动画设计**。为了提示消费者通过单击控制按钮来实现页面的跳转，可通过添加脚本代码，将鼠标指针替换为手指点击样式的图像，并制作鼠标指针的跟随动画效果，提升H5动画的精致度，让消费者能感受到动画的精心设计，传达企业的诚意，从而提升消费者对该企业的好感度。

本案例的参考效果如图10-75所示。

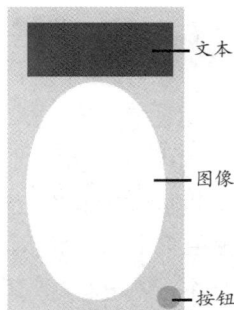

图10-75 "爱俪包"拉杆箱H5动画设计的参考效果

素材位置： 素材\项目10\"爱俪包"拉杆箱H5动画设计\

效果位置： 效果\项目10\"爱俪包"拉杆箱H5动画设计\

2. 制作思路

制作H5动画时，可分图层添加不同类型的内容，制作出6页页面的具体画面后，再制作控制按钮元件和鼠标指针跟随效果的影片剪辑元件，并分别为它们设置实例名称，最后为不同帧和元件添加脚本代码，实现页面的跳转效果，制作过程参考图10-76～图10-80。

微课视频

"爱俪包"拉杆箱
H5动画设计

图10-76　制作不同页面的画面

图10-77　创建与编辑下一页按钮元件

图10-78　创建与编辑返回按钮元件

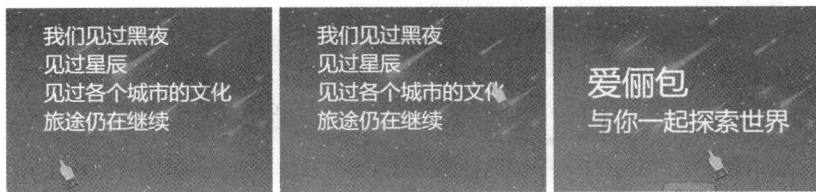

图10-79　制作鼠标指针跟随动画效果

图10-80　制作跳转页面动画效果

附录1 拓展案例

本书精选15个拓展案例供读者练习，从而提升使用Animate设计动画的能力。每个案例的制作要求文件、素材文件、效果文件请登录人邮教育社区下载。

【动态海报设计】

【动态Banner设计】

【节目片头动画设计】

附录2 设计师的自我修炼

要成长为一名优秀的设计师，需要了解设计的基本概念、设计的发展、设计形态，运用设计的思维去观察、分析、提炼、重构事物；学习色彩的基础知识，培养对色彩的感知能力和表达能力，加深对色彩的关系、色调的强调、色彩的情感性表现等的认知；能够运用平面构成、色彩构成、立体构成的理论和方法设计出符合功能需求和审美需求的作品。